U0692555

高职高专经济管理类规划教材

浙江省高等教育重点建设教材

浙江省科协育才工程资助项目

创新与创业指导

Innovation And Entrepreneurship Guidance

杨 敏 编著

浙江大学出版社
ZHEJIANG UNIVERSITY PRESS

序

    大学生创业风生云起,已经引起社会各界的重视和关注。目前,我国大学生毕业后选择自主创业者已超过 1‰,特别是高职学生创业比例明显增加。在美国,许多著名的高科技大公司是由大学生创业者利用风险投资创造出来的。随着国家自主创业鼓励政策的完善和落实,我国大学生毕业后从事创业活动的热情必将日益高涨。假以时日,大学生的创业活动将成为我国社会经济发展的一支不可忽视的有生力量。我们应该响亮地为大学生创业喝彩,满腔热情地为大学生自主创业推波助澜。

    我国大部分高校已经逐步将大学生创业教育列为学校育人系统工程的重要内容。高校的创业教育不仅在于传授创业的理论知识,更重要的在于提高大学生的创业素质、创业能力和创业精神,并且为他们毕业后从事创业活动提供各种条件。大学生创业教育已经成为高校探讨人才培养模式,对大学生强化素质教育的有效途径。如本人早在 1998 年就与另外三位同事在浙江大学发起创办了"创新创业强化班",每年从全校非管理类专业中选拔 60 位非常优秀的学生进行创业素质、能力和精神的培养,至今已经是第十三届了,这些学生在不同的领域运用不同的模式从事着创业活动。通过学生创业教育实践证明,创业教育不但对大学生毕业后就业有帮助,对大学生在校学习有很大的激励作用,而且对大学生毕业后自主创业,以及今后在不同岗位上从事任何一项工作也将会产生巨大的影响。

    当然,我国大学生创业教育尚处起步开创阶段,包括创业教育的内容、方式、方法以及培养模式的创新等,都需要教育工作者付出更为艰辛的努力。我以为,大学生的创业教育在培养理念上至少要有四个转变。一是培养对象要从传统型人才向创新创业型人才转变,要大力营造敢于创新、勇于竞争和宽容失败的人才成长环境。二是优秀人才的流向应该从机关事业单位、垄断行业向竞争性企业和自主创业转变,促进创新人才向充分参与市场竞争的企业集聚。三是创业人才的开发要从数量增长向质量提高转变,加快培养一批适应未来全球竞争的领军人才和创新团队。四是人才培养机制要从单纯的专业培养模式向素质培养模式转变,让每一个大学生都有机会接受创业素质、能力和精神的培养。要做好以上四个转变,必须依靠全社会的努力,为我国创新创业型人才的涌现提供良好的环境。

    浙江的高校秉持独特的"浙江精神",在大学生创业教育方面做了大量卓有成效的工作。大学生创业的社会环境、政策体系、文化氛围都极大地鼓舞着浙江大学生的创业激情。我们期待着本书的出版将进一步推动浙江大学生创业教育的进程,也对全国高校的大学生创业教育起到一个推进作用。

是为序。

2011 年春于求是园

(本序作者系浙江大学管理学院教授,博士生导师,
国家教育部"创新管理与持续竞争力"哲学社会科学创新研究基地主任)

前　　言

　　我很想写一本有关创业启蒙的书,但一直有些犹豫。看过市面上众多创业题材的书,每一本都没能让我坚持看完。不是因为专业水平,只因为自己曾经有过一些名不见经传的创业经历,而看了那些书不禁会让我后怕起来,原来我曾如此无知地做着那些看似如此高深、复杂的创业之事。于是,我有一个很主观的念头,倘若一个人对创业有某种好奇心,万万不能因为一本让他去求知的书挡了他的路,断了他的梦想。

　　就像一位大学新生刚入学,千万不要让一张毕业证书的获取成为他大学生涯的最终目标,这会让他从此不爱学习、害怕考试。对于一个想创业的人,千万不要让一份创业计划书成为他的拦路虎,使他从此谈虎色变。创业好难,要钱,要机会,要与工商打交道,要与税务斡旋,要养员工,还有无数风险,这是现代大部分大学生对创业的认知。倘若一个打算谈恋爱、憧憬美好爱情的年轻人,听说未来的婚姻生活会遭遇诸多风险时,那么结婚对他或她来说就是一件非常可怕或不敢尝试的事情。婚姻如此,创业犹是了。

　　"要欢乐,不要说教!"这是《喜羊羊与灰太狼》主人卢永强在开发故事脚本时坚持的原则。同样地,我想创业就是人生的重要内容,就像一枚硬币一样永远有两面性,甚至多面性,如果能从欢乐的角度去看,也许创业不是一件让人害怕与恐惧的事。在我们的传统教育中,往往将知识传授与学习变为老师的辛劳,孩子的负担,但如果能通过一些简单的方式让孩子喜欢上学习后的结果,同时也接受学习的过程,那么天才就可能不会像方仲永那样夭折,人人都可以成为唯一的天才。学习如此,创业亦是。有了动机和兴趣,创业和学习只是伴随人生的过程而已,之后的快乐也随之而来了。

　　因此,当我撰写此书时本着"想创业,不害怕,爱学习,会快乐"的原则,有三个阶段是我们需要去经历的:第一是蓄势待发期。一只小羊总要学着长大,长大就意味着自食其力,创业便是它最直接的选择。从无知到向往创业,需要一个培育和引导的过程,在这个充满传奇的事物中我们通过创新与创意去了解它,关注它并爱上它。第二是精心谋划期。爱一个人或事物都需要条件,比如能力、精力、资源等,自己是否有资格去真正爱它,这需要现实的验证,否则不是真爱而是空想,因而通过信息的获取和基本的论证才能作出创业的选择。第三是下海起航期。任何目标的实现都需要通过计划与实施来完成,在具体实践中会有很多游戏规则要遵循,要考虑风险因素,三思而后行,最佳方式是写下一份书面材料以作佐证和监督。

起航篇

☆模块9 法律税务环境

☆模块10 经营管理规划

☆模块11 风险评估防范

☆模块12 创业计划拟定

谋划篇

☆模块5 创业机会选择

☆模块6 市场价值评估

☆模块7 竞争策略设计

☆模块8 赢利能力预测

蓄势篇

☆模块1 创新改变生活

☆模块2 创意变成生意

☆模块3 创业决定人生

☆模块4 创业素质测评

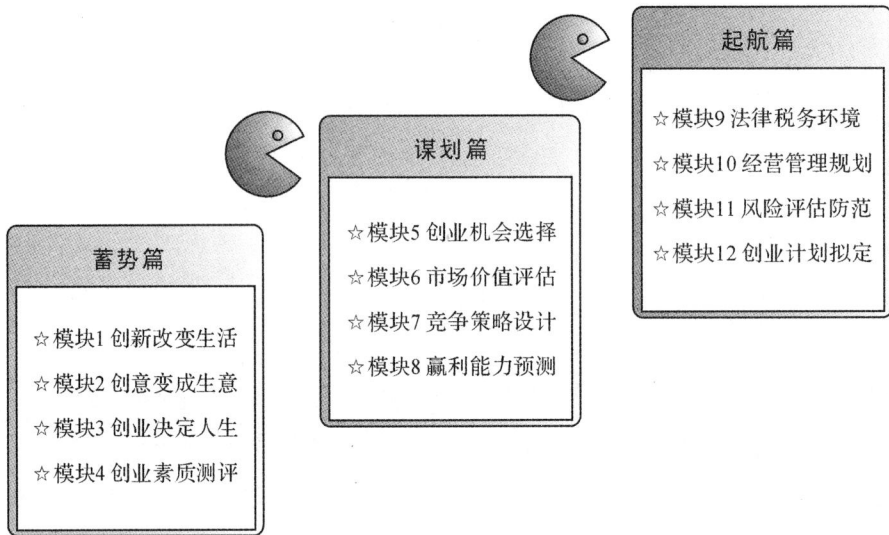

　　当我终于动笔时，我首先回顾了自己十余年的创业路程。从好奇、憧憬开始，小心翼翼地下水，当有一天发现水越来越深，快要让我无法在水中行走时，我才仓促间想到要上岸，因为发现自己不曾学会游泳，再执迷不悟，必将有灭顶之灾。

　　所以，我想这本书要做的事只是将一片蔚蓝蔚蓝的天和深蓝深蓝的海，以及耳边呼啸而过的海鸥的欢叫声一同展现给正年轻着的朋友们，让他们有机会去呼吸那蓝色的空气，让他们慢慢从沙滩走向海浪，让他们在有勇气的同时习得一些水性，慢慢地、慢慢地他将成为海的儿子，或者她将成为海的女儿，童话中的王国也将慢慢地实现。

　　我想这便是本书的由来与目标。创业只是一所未知的宫殿或城堡，当我们发现它时一定会被它的魅力所吸引，轻轻地、轻轻地我们会将其推开，因为那扇门从未向我们关闭！

杨　敏

钱塘江畔　2011 年春

目　录

起　航　篇

蓄 势 篇

　　在这个篇章,我们将通过对生活的感知去发现每一天世界所发生的改变。"不是我不明白,这世界变化快!"而这些改变是从哪里来的呢? 其实就是对现状的不满足,对未来的期许。那它又是怎样改变的呢? 是人们运用大脑的智慧,每天在对技术进行创新,每天在对文化进行创意,在劳动付出之后,换来了世界的进步,也换来了经济的增长。那些通过创新或创意劳动换取财富的人最终成为创业者。没有创业者就没有我们今天的生活,没有年轻人热爱的时尚和潮流!谁将成为那些改变世界、创造新奇的人呢? 我们,就是我们!

模块一 │ 创新改变生活

四小虫血拼数码城

　　默沫、盒子、月儿和果子是四个大一小女生,刚进大学开始独立生活。国庆放假了,听说市区有好多数码城,四人心里早就痒痒的了。一拿到爸妈给的过节费,她们飞也似的奔向数码城。只见柜台里手机、电脑、相机、MP(X)数不胜数,用潮人潮语说,那就一个字:"炫!"N小时之后,四小虫人手一台笔记本招摇过市了。

内容提要

生活天天在变,时时在变,是创新给我们新的生活,新的起点。了解什么是创新,创新的价值,如何去创新,创新的思维和技法。

第一节　什么是创新

"未来的市场需求"和"现有技术的不足"是创新的源泉。预测未来的最高境界是发明未来。

——中国激光照排技术创始人　王选[1]

任何买来的东西都是一时的,只有人和人的创造力是永久存在的。要想自立于世界民族之林,就必须要有自己的创新,包括创新的思维,创新的产品,创新的管理方法,创新的机制、体制等。中国发展要走一条创新的路子,即少消耗资源、少污染环境,附加值要高,要走循环经济的道路。

——中国科学院院士　周光召[2]

创新是以新思维、新发明和新描述为特征的一种概念化过程。创新(Creative)一词起源于拉丁语,它原意有三层含义:一是更新;二是创造新的东西;三是改变。创新是人类特有的认识能力和实践能力,是人类主观能动性的高级表现形式,是推动民族进步和社会发展的不竭动力。一个民族要想走在时代前列,就一刻也不能没有理论思维,一刻也不能停止理论创新。创新在经济、商业、技术、社会学以及建筑学这些领域的研究中有着举足轻重的分量。口语上,经常用"创新"一词表示改革的结果。既然改革被视为经济发展的主要推动力,促进创新的因素也被视为至关重要[3]。

日常生活是创新和创业的主要场所,也是体现创造力精神最多但又最被忽视的舞台。弗洛伊德[4]曾说过,健康的生活有两个显著的标志:爱和工作能力。创新犹如焖烧东西,焖烧时必须加入三种基本调料才会烧出美味的佳肴,创新也必须具备三个基本要素。

第一,便是在特定的领域具有专长和本领。这正如蔬菜或肉制品是焖烧时必不可少的部分。这些专长反映了你是否精通这个领域,如你是否可以谱写一首优美的曲子,是否可以熟练使用计算机的表格程序,又或是你能否出色地完成一项科学试验。周杰伦在出唱片前被迫用一个月时间写了几十首歌,为了节约时间和成本,天天吃泡面。曾任微软中国区总裁的唐骏在公

---

① 王选,第四届中国科学家论坛上的书面发言,科技日报网络版,2005-09-01.
② 科技日报,2005-08-25.
③ http://baike.baidu.comview15381.htm? fr=ala0_1.
④ 西格蒙德·弗洛伊德(Sigmund Freud,1856.5.6—1939.9.23),犹太人,奥地利精神病医生及精神分析学家。精神分析学派的创始人。

司的第一份工作是做基层程序员,每天第一个上班,最后一个下班,没有这些持续非凡的付出无以达到专业的水平。

第二,就是创新思维技巧。这好比在焖烧过程中放入调味品和香料,使原料更美味可口,这些调料使味道独一无二,渗透至焖烧的食物,使其与众不同。这些创新思维的技巧包括充分发挥想象力,持之以恒地解决问题以及对于工作的高标准。创新思维也可以指转换思考问题的能力,将新奇的事物变为自己所熟悉的,将熟悉的变为奇异的。许多这样的技巧是建立在独立思考问题之上的,即你甘愿去承担某些风险并且具有尝试新事物的勇气。

第三,要有内在的热情。最终焖烧出一锅美味佳肴的元素便是热情,心理学中把它称为内在的动机,那种纯粹为了自身的愉悦而焕发的激情,绝不仅仅是为奖品或补偿。这种动机的反面便是人们的外在动机,你并非自身想去做某件事,而是由于你应该这样做,你为了某种回报,或是为了愉悦某人,又或是为了获得一次晋升的机会。不少年轻人在求学过程会把获取文凭作为最大的学习动机,这自然是缺乏内在的热情。

一位诺贝尔物理学奖获得者曾被问过具备创造力和不具备创造力的科学家的最大区别是什么。他回答,那关键看他们的工作过程是否到处洋溢着"爱"。从某种程度而言,强大的热情可以弥补先天的不足。李书福在造第一辆汽车时并没有得到社会的认可,反而换来更多嘲讽与不解,这么多赚钱的事不做非得去做明摆着不赚钱的事情,但他自始至终保持着一颗对自有汽车产业的热爱之心,最终赢得全社会的敬佩。热情就好比锅下的团团火焰,它使一切沸腾起来,将各种元素融化后重塑成美味无比的佳肴。

第二节　创新的魔力

每一个时代的理论思维,包括我们时代的思维,都是一种历史的产物,在不同的时代具有非常不同的形式,并因而具有非常不同的内容。

——思想家　恩格斯

人的创造性思维过程就绝不是单纯的抽象思维,总要有点形象思维,甚至要有灵感思维。因此,离开抽象思维或形象思维,就没有创造性思维。

——科学家　钱学森

要想立于不败之地,就要第一个开发出新产品,而又第一个淘汰它。

——英特尔公司副总裁　达维多

在市场竞争激烈、产品生命周期趋短、技术突飞猛进的今天,不创新,就灭亡。创新是企业生存的根本,是发展的动力,是成功的保障。在今天,创新能力已成为国家的核心竞争力,也是企业生存和发展的关键,是企业实现跨越式发展的第一步。

1. "魔术活字典"刘谦[①]

出生于中国台湾高雄的魔术师刘谦在 2009 年央视春晚中,以长达八分半钟的近景魔术《魔手神彩》而红遍中国。他 7 岁时开始对魔术表演产生兴趣,12 岁时获得世界知名魔术师大卫·科波菲尔颁发的"全台湾儿童魔术大赛冠军"。由于兴趣盎然,求学期间仍不断钻研魔术知识及技巧,并且受教于多位国内外大师。大学毕业后,遂决定走上职业魔术师之路。日文系毕业的刘谦,他的科班背景带给他相当大的帮助,从而开始与日本魔术界频繁的交流,使他在日本的魔术界和商业界都具有相当的知名度。非凡的国际观及不断的自我充实是他的独特之处。为了充实专业领域及格局,他同时还涉猎音乐、舞台美术、剧场、工业设计、电视、广告、摄影等等的艺术相关知识。他在业界有"魔术活字典"的称号。并多次受邀至世界各地的国际性魔术师大会担任演出嘉宾及专题讲座的讲师。其前卫的风格及惊人的创意,俱获海内外同行之赞赏。他是全世界的同业间最具知名度的台湾魔术师。

2. 从"门外汉"到"领跑者"的比亚迪[②]

比亚迪股份公司创立于 1995 年,由 20 多人的规模起步,2003 年成长为全球第二大充电电池生产商,同年组建比亚迪汽车。以做电池起家的比亚迪谈到造汽车,无非是在扮演一个"门外汉"的角色。正是利用了"自主知识产权"的响亮名号和对秦川汽车的收购行为,使得比亚迪有了相对于其他新手的先发优势。

比亚迪汽车遵循自主研发、自主生产、自主品牌的发展路线,矢志打造真正物美价廉的国民用车,产品的设计既汲取国际潮流的先进理念,又符合中国文化的审美观念。短短一年内,比亚迪汽车的产品线由原来单一的"福莱尔"微型轿车,迅速扩充为包括 A 级燃油车、C 级燃油轿车、锂离子电动汽车、混合动力汽车在内的全线产品。比亚迪主攻的是 5 万元以下的微轿市场,目前这个细分市场的竞争非常激烈,已经历了多次价格战,但比亚迪还是率先把价格下调,证明了民营企业在价格上的竞争力和灵活性。

金融海啸席卷全球,美国三大汽车巨头深陷危机泥潭,车市面临结构调整、产业升级。世界各汽车厂家纷纷押宝电动车,通用汽车宣布 Volt 于 2010 年上市,2011 年进入中国市场;丰田新型可插电式混合动力车也将于 2010 年实现量产。业内人士普遍认为,到 2010 年,全球主要汽车市场将形成以混合动力汽车为主的新能源汽车产业化高潮,未来十至二十年,是全球节能和新能源汽车产业格局形成的关键时期。比亚迪经过 5 年的创新与积累,比亚迪 F3DM 双模电动车的上市,是中国力量第一次在世界汽车技术领域扮演领跑角色,也是中国改革开放三十年伟大成果的最好见证。比亚迪 DM 双模技术对汽车业的发展具有颠覆性意义。

---

① http://baike.baidu.comview71919.html.
② http://baike.baidu.comview443096.html.

3. 手机备备诞生记①

1981年,方毅出生于浙江省温州市。18岁入党,1999年保送浙江大学并进入混合班学习,2001年进入浙江大学创新与创业管理强化班并担任班长,2003年保送攻读浙江大学计算机学院硕士研究生。2005年10月份研究生在校期间就创办了杭州每日科技有限公司,担任董事长兼总经理,发明了"八项专利、世界首创"的手机数据备份的"无知觉解决方案"——充电的时候把数据备份到充电器上去。

混合班"以培养学生创新精神和创新能力为核心,强化基础,优化知识能力结构,注重学生个性发展"的培养模式,使他在前两年打下了扎实的公共基础和强化的理科素质。大量的扎实有效的社会工作极大锻炼了方毅团队运营的能力。在进入大学前担任过10年的班长,来浙大之后先后担任了学生会学习部副部长、生活部部长、党支部副书记、创业团队队长和强化班班长等职务。研究生期间继续担任党支部书记、ASES_ZJU主席并创办了浙大学生科协和成为Google Camp的资深顾问。毕业后还担任着金融班实验班班主任,浙江大学竺可桢学院同学会会长和华星时代广场联合党支部书记。在校期间,方毅所带领的创业大赛团队最终获得浙江省二等奖,并主要负责承办了浙江大学的挑战杯创业比赛。

在公司设立之初,这群初出茅庐的学生军认为"两个星期可以做出原形",做一个全世界没有的东西,在技术实现的无数细节上面都具有相当的难度,需要积累和攻克来解决。目前不同品牌的手机不仅是充电器接口的形状不一样,其电池额定的电流、电压标准也不尽相同,如果要统一的话,就要对电路板配置进行不少改造,幸好公司在电源的模块设计方面有着强大的技术实力,核心人员曾经设计过多种军工和民用的电源系统,因此能够做到对各种手机的兼容支持,还能够适应于各个国家的电源。随着国家手机充电器标准的推出,这个问题将会得到更好的解决,目前主流机型当中只有诺基亚的是充电和数据线分开,而新出的款式大都统一到 mini USB 接口,可以靠使用多线头的方式来解决现有手机充电及数据备份问题。

曾经很多次,研发工程师在经历过长时间苦战未果会冲到方毅的办公室,瘫坐在地上说"老大,搞不出来了",当时"近百万"、"十几个人"、"快一年"、"搞不定"、"泡汤"、"怎么办"一系列关键词一个接一个涌现脑海,但是必须挺过去,而且作为"带头大哥"还必须镇定地组织攻坚讨论,请教领域高手,并参与到每个技术细节的讨论中,共同解决并最终攻克一个又一个的难题。这当然绝不轻松,这家叫做每日科技的公司凝聚着一群年轻人的创业梦想。"up and down",方毅用这个词汇来形容他们最难过的坎。

无论是个人还是企业,无论是大学生还是社会人士,如果具备了创新的意识,勇于实践与探索,都有可能产生意想不到的成果。"创新"是一种魔力,它可以改变个人,改变生活,改变世界!

---

① 陈龙春,杨敏.大学生创业实践.杭州:浙江大学出版社,2008.

4. 中国"山寨"手机 ①

深圳华强北路,全世界有名的消费电子产品卖场,这里每天人流量为 60 万—80 万人次(2010 年在上海举办的世博会日人流量最高时 50 万—60 万人次),车流量为 10 万—20 万车次,这个地方的年销售额达 300 多亿元,是名副其实的"中华商业一条街"。

2008 年,这里大大小小的卖场里,大大小小的柜台上,摆放的是各式各样的手机。苹果、诺基亚、三星等等,不管什么样的品牌,这里全有,而且价格便宜得吓你一跳;MP3、拍照、大屏幕、触摸屏、双卡双待、手机电视等功能,只要你能想到的,这里全都有,而且很多是你想不到的新奇产品。它将手机产业的门槛拉低,众多企业争先恐后地生产手机,为了赢得客户,各种匪夷所思的功能都被集中在手机上。在这一派繁荣的背后,是盗版、仿制等种种产业痼疾。这里的手机被称为"山寨机",华强北路也是世界有名的"山寨机"集散地。

"山寨"手机的商业模式是由多个基本模块组合而成:技术研发模块(芯片技术、数码影像技术、IC 设计等)、生产模块(芯片、机壳、摄像头等)、客户服务模块(客户需求管理、交付渠道管理等)、资源整合平台(网上定制、零部件采购、支付系统等),这些模块构成了一个虚拟的、高拆合性、高效率、低成本、即时反应、按需定制、集体智能型的商业模式。

中国企业这些年来一直走的是模仿和跟随的道路,低成本是大部分中国企业的最终竞争力。由于是模仿和跟随,对如何发现和定义消费者高端需求能力一直比较欠缺,因为只要能仿制别人的产品就可以了,无须去思考产业领先者为什么和怎样推出这样的产品。

因为竞争力集中在低成本上,所以没有足够的利润去支撑研发,也没有足够的资源去做更为前瞻的市场调查。在原材料、土地、人力资本等价格普遍上涨的情况下,企业的低成本竞争力将会走到尽头。如果企业一味地走低成本价格竞争战略,那就会陷入重复模仿、甚至侵权的产业生态恶性循环。

差异化竞争是企业获得超额利润的关键战略。差异化的根本是要洞察消费者的价值生存机制,并以此为起点高效地完成企业产业价值链整合。在 IT 技术时代,企业的价值创造来自每位顾客独特的、个性化的消费,定制化生产成为企业提供高附加值产品的重要来源,因此,创新的模式向个体化延伸。

发展中国家的企业应不再是创新的旁观者,应不再单纯追随模仿发达国家的企业创新,因为低收入阶层的差异化,个性化的需求同样是创新的主要来源。印度和中国的许多企业正是利用了这种低收入阶层的差异化需求机会,实现了对创新的追赶。华为、联想等中国民营企业是关注低端客户进行创新的典范。

企业家才能是一种重要而稀缺的生产要素资源,合理整合与配置企业家才能对产业价值链创新与升级具有重要作用。

以下就是一款在国外畅销的中国山寨机——中国娃娃版山寨手机,在国外还获得了手机创新

---

① http://sdzshh.blog.163.comblogstatic/121158092200910291111059399/

奖①(图1-1至图1-4)。

图1-1 中国娃娃版山寨手机(正面)

图1-2 中国娃娃版山寨手机(背面)

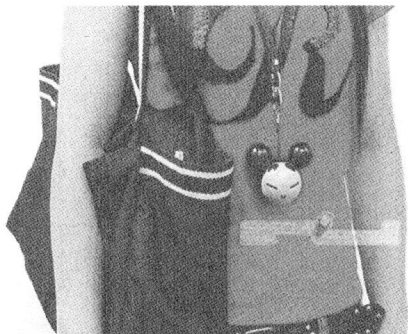
图1-3 中国娃娃版山寨手机(用户使用效果)

图1-4 中国娃娃版山寨手机功能界面

5. 国外手机创新产品②

日本富士通公司在2009年发起了一个面向2011年的创新手机设计大赛,其中不乏充满创意的亮点设计。部分展品参加了2010年的100% design东京设计展,在此一窥这些灵感和创意的真面目。

横着翻,侧着翻,斜着翻。翻盖手机见得多,但是这种像纸一样叠起来的手机,还真是第一次见到! 这台手机名为Fold-A-Phone,由Hanna Sahlen和Sachiko Munakata两位设计师共同设计。它能像折纸一样叠到一起,这台手机获得了大赛的头等奖(图1-5)。

下面这"根"Adjustick棒状手机获得了评委会特别奖。理由很简单:它在最小的空间上集中了最基本的手机功能,同时又考虑到操作的方便,用户只需简单地旋转按钮就能完成操作(图1-6)。

下面这台是评委会特别奖中公认"最能讨mm欢心"的设计。这台由设计师Yasuma等人推出的Sliced-up Phone最大的特点是可以任意拼接。当同样的2台、4台、6台甚至8台放在一起时,能自动地拼合成多种模式的显示墙,输出其中某台手机的显示内容,从而扩大显示面积。这才叫"多屏"手机(图1-7)!

① http://bbs.dospy.com/thread-2650002-1-1.html。
② http://www.xici.net/main.asp? url=/b1131937/d104008695.htm。

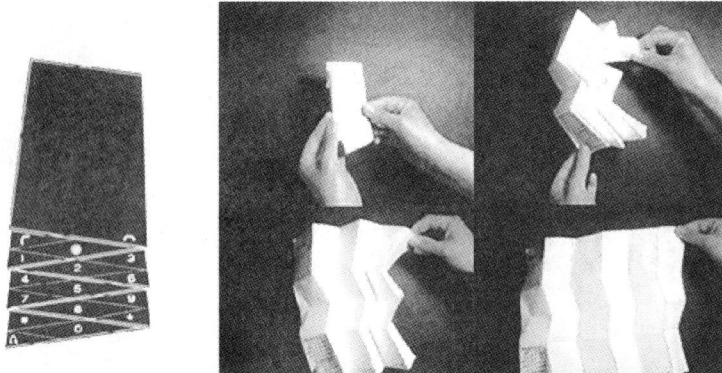

图 1-5　Fold-A-Phone 手机

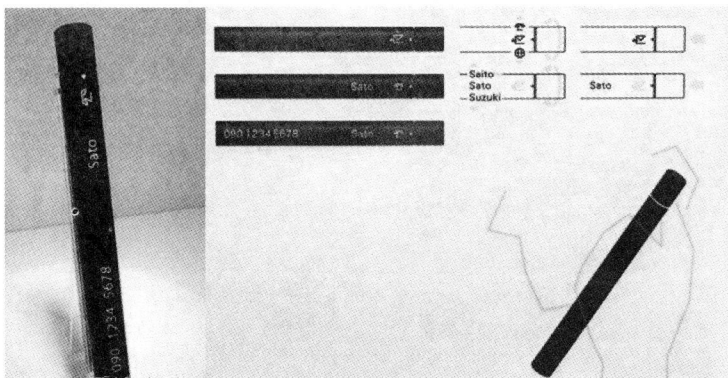

图 1-6　Ajustick 棒状手机

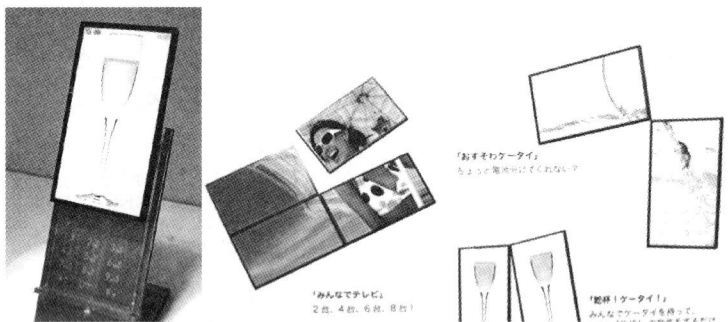

图 1-7　Sliced-up Phone"多屏"手机

这台 Chamelephone"隐形"手机,应该是本届展会最有趣的设计了。它采用全屏幕设计,整个外壳都是显示屏。当不用的时候,它能在屏幕上显示手机背面的景色,从而像变色龙一样"隐形",瞬间和周围融为一体。不过这样的手机对于爱乱放东西的人来说是个挑战(图 1-8)。

看过这些充满灵动和创意的设计,不难明白:创新才是整个产业前进的动力源泉,一味地抄袭和仿造是没有前途的,希望我国的手机厂商能迎头赶上。

图 1-8 Chamelephone"隐形"手机

6. 李开复的"创新工场"①

目前,在中国,创业者通常要面临很多挑战。比如,缺少创业和管理经验、欠缺初期启动资金、难以吸引卓越技术人才等,诸多因素使得创业实际成功率并不高。而美国硅谷这个创业者的摇篮,已经形成了从天使投资到中后期风险投资的完整的、流水线式的体系。一个好的想法哪怕是在概念验证期都可以获得 10 万～50 万美元天使资金的支持。而天使投资人又往往是前成功创业者或公司高管,有着深厚的业界经验和背景,除了资金之外能够给创新公司拓展他们的视野和业界关系,导入专业人员和管理经验,之后风险投资会对天使项目后期跟进。2008 年,美国的天使投资占风险投资总体的 40%—50%,共有 26 万多个活跃的天使投资人和组织。然而在中国,虽然 2000 年以来风险投资快速发展,但是天使投资群体还未成熟,天使投资领域仍是一大块空白。风险投资苦于找不到足够多的好项目,创业者苦于找不到足够的早期支持。

2009 年 9 月 4 日,李开复②宣布离开谷歌中国,创办了"创新工场"(Innovation Works),www. innovation-works. com。他准备利用这一平台,在未来五年内投入 8 亿元,支持中国青年创业。李开复解释自己转行的原因时说,他被"创新"、"中国"、"青年"的旋律打动。过去的 20 年,无论在硅谷还是中关村,李开复都是成功的职业经理人。他多年来热心关注中国学生的成长,成为许多大学生的偶像。现在他放弃谷歌中国总裁的工作,全身心投入青年创业平台——"创新工厂"。他的选择值得尊敬,因为中国需要有人来承担这样的事业,而李开复是合适的人选。

自古英雄出少年。青年是一个社会中最活跃的力量。青年时代的努力,往往能奠定一个人一生的成就。孙中山、毛泽东、周恩来、邓小平这些影响了中国近现代历史轨迹的人物,无不是在青年时代就执著地追求理想,开始自己奋斗毕生的事业。在商业世界,青年人的活力同样不可低估。微软、苹果、Google、Facebook、Twitter 这些重新定义人类信息时代的产品,创意都源自二十几岁青年人的头脑。提供适当的环境,比如在美国的硅谷,他们可以将这些构想建造成世

---

① 李开复在发布会上的发言稿全文(2009 年 9 月 7 日)。

② 李开复(1961 年 12 月 3 日—),是一位信息科技公司的执行官和计算机科学的研究者。1998 年,李开复加盟微软公司,并随后创立了微软中国研究院(现微软亚洲研究院)。2005 年 7 月 20 日加入 Google(谷歌)公司,并担任 Google(谷歌)全球副总裁兼中国区总裁一职。

界级的企业,创造数以亿计的财富。过去三十年,中国经济增长领先世界,却鲜有像比尔·盖茨这样青年成功创业的事例。中国青年缺少创业精神吗?一部分人出于现实的考虑,追求稳定的工作,规避创业的风险和艰辛,这种现象客观存在。①

今日中国的青年一代,同父母辈相比,有更多机会接受良好教育,具备国际视野。这个被称为80后的群体,拥有充沛的脑力和体力,会外语,懂网络。但是,不少大学毕业生工作无着,成为依靠父母的"啃老族"。很多找到工作的,也对自己的工作和待遇不满意,认为才华无处施展。为了分配有限的就业资源,大批青年的智慧和青春被消耗在竞争激烈的考试中。一个公务员职位上千人竞争,甚至为了一个事业编制的"淘粪工"岗位而激烈竞争,其中很多人的素质都是超过"胜任"的要求的。不少一流大学的学生,花大量的时间背记生僻的GRE词汇,在一轮轮的选拔中,很多有抱负、有创造力的人才被无情淘汰,这对社会而言是一种巨大的浪费。因此,除了一般就业,创新与创业应当是年轻人涉足的更广阔领域!

当然,像美国这样一个大规模的天使投资群体在中国不是能一蹴而就的,创新工场的诞生就是要填补这个空白,带来规模化、产业化的天使投资,用一套完整、成熟的体系,甄选出最优秀的创意、创业者、工程师,把每一个创业环节和资源进行最佳整合,帮助创业者确保其初期的良性发展,最终能够建立"天使投资+创新产品构建"这样一个全新的创业投资模式。

创新工场将立足信息产业最热门领域,即互联网、移动互联网和云计算,选择相关技术作为创业起点。创新工场的主要预期分为三部分:从人才培养的角度,希望看到越来越多的青年在其帮助下实现梦想、创造奇迹;从公司商业运作的角度,希望每年能够孵化出3—5个成熟的公司,看到其一天天地成长;从投资者的角度,希望在几年之后能够对投资者有优厚的回报。

第三节　创新的思维

什么叫创新,就是人家都反对你而你还坚持去做。如果你和大家的观点一致,这叫创新吗?

——吉利集团董事长　李书福②

一个从不犯错的人是不可能有所创新的。

——阿尔伯特·爱因斯坦

创新应当是企业家的主要特征,企业家不是投机商,也不是只知道赚钱、存钱的守财奴,而应该是一个大胆创新、敢于冒险、善于开拓的创造型人才。

——奥地利经济学家　熊彼特

日日创新。

——日本索尼公司

---

① 中国需要"创新工场":发布于2009-9-10来自:FT中文网。
② http://auto.163.com/08/0605/14/4DMCGVC2000816HJ.html.

思维是一种复杂的心理现象,是人的大脑的一种能力。当代的心理学家认为,思维是人脑对客观事物的概括的、间接的反映。从字面上考察,"思"就是思考,"维"就是方向或秩序,因此思维也可以理解为沿着一定方向、按照一定秩序的思考。客观事物是复杂的,而人的大脑思维有一个特点,就是一旦沿着一定方向、按照一定秩序思考,久而久之,就形成了一种惯性。

创新的思维就是打破常规,克服习惯性的思维障碍。一个日常勤于思维的人,就易于进入创造思维的状态,就易激活潜意识,从而产生灵感。创新者在平时就要善于从小事做起,进行思维训练,不断提出新的构想,使思维具有连贯性,保持活跃的态势。

托马斯·爱迪生一生拥有 1039 项专利,这个纪录至今仍无人打破。他就是给自己和助手确立了创新的定额,每 10 天有一项小发明,每半年有一项大发明。有一次他无意中将一根绳子在手上绕来绕去,便由此想起可否用这种方法缠绕碳丝。

如果没有思维的连贯性,没有良好的思维态势,是不会有如此灵敏的反应的。可见,只有勤于思维才能善于思维,才能及时捕捉具有突破性思维的灵感。目前对创新的理解存在一些误区,比如认为创新具有偶然性。实际上,每一次的创新看似偶然而绝非偶然,偶然是必然的结果。

这里介绍几种常见的创新思维方式。

1. 抽象思维与形象思维

抽象思维也称逻辑思维,是用概念、范畴、规律、假说等元素,进行判断、类比、归纳和演绎的程序,即逻辑化的操作程序。它可以还原、可以检验、步骤分明。逻辑思维不仅包括形式逻辑,而且发展为包含辩证逻辑、数理逻辑、语言逻辑、科学逻辑、模糊逻辑、模态逻辑等多支学科的、在人类思维活动中占主导地位的思维形式。历史上的很多科学家与发明家,运用归纳推理思维、演绎推理思维、相似推理思维、组合推理思维等抽象思维方法,做出了许多伟大的发现与发明。形象思维是以形象材料起主要作用的思维活动形式,有具体形象思维、言语形象思维与形象逻辑思维三种,形象思维凭借的形式是表象、联想和想象。表象是单个的,它相当于抽象思维中的概念;联想是两个或两个以上表象的联络;想象是许多表象的融合。

2. 发散思维与收敛思维

发散思维亦称扩散思维、辐射思维,是指在创造和解决问题的思考过程中,从已有的信息出发,尽可能向各个方向扩展,不受已知的或现存的方式、方法、规则或范畴的约束,并且从这种扩散、辐射和求异式的思考中,求得多种不同的解决办法,衍生出各种不同的结果。收敛思维是指在解决问题的过程中,尽可能利用已有的知识和经验,把众多的信息和解题的可能性逐步引导到条理化的逻辑序列中去,最终得出一个合乎逻辑规范的结论,亦称汇聚思维、聚合思维。

在商战中常常出现"跟风"现象,很多商家一旦发现什么商品利润高,便紧随其后组织货源进行销售。结果常常是使市场的这类商品供大于求,不但不能盈利而且还造成亏损。具有发散思维的商家将预测学的原理应用于经营之中,通过对信息的搜集筛选与分析判断,得出符合事物发展规律的结论。利润来源是多渠道的,降低成本、提高工作效率也可以创造利润,进而制定相应的策略。沃尔玛是世界上第一家试用条形码即通用产品码(UPC)技术的折扣零售商。1980年试用,结果收银员效率提高50%,故所有沃尔玛分店都改用条形码系统。①

3. 逆向思维与正向思维

逆向思维,又叫逆反思维,即突破思维定势,从相反的方向去思考问题。逆向思维是与正向思维相对而言的。逆向思维是与一般的正向思维,与传统的、逻辑的或习惯的思维方向相反的一种思维。它要求在思维活动时,从两个相反的方向去观察和思考,这样可以避免单一正向思维和单向度的认识过程的机械性,克服线性因果律的简单化,从相向视角(如上—下、左—右、前—后、正—反)来看待和认识客体,往往别开生面,独具一格,取得突破性的成果。

逆向思维与正向思维互为前提、相互转化。逆向思维与正向思维是相对的,没有正向思维,也就无所谓逆向思维。在某种情况下的正向思维,在另外一种情况下很有可能为逆向思维,逆向思维在很大程度上就是别的方向上的正向思维。没有一定的正向思维为基础,是很难产生逆向思维的。许多创造性成果虽然从表面上看是逆向思维所致,但在其产生过程中,既需要以正向思维为基础,又需要从逆向思维的角度进行思考。

[方式颠倒案例]

20世纪80年代中期,日本五十铃汽车公司在美国推出的一则轰动一时的电视广告,由滑稽艺人大卫·里特饰演一个名叫"五十铃约瑟"的"吹牛皮大王"。镜头一,里特说:"五十铃房车被汽车杂志权威评为汽车大王。"字幕打出一行醒目的字:他在说谎!镜头二,里特说:"五十铃房车最高时速可达300英里。"字幕打出:他在说谎!镜头三,里特说:"五十铃房车经销商非富即贵,因此,他们把它贱卖,只售美金9美元整!"字幕打出:他在说谎!镜头四,里特说:"假如你明天来看看五十铃的话,你可得到一栋房子作赠品。"字幕打出:他在说谎!镜头五,里特说:"我绝不会说谎,绝不是吹牛皮的人。"字幕打出:他在说谎!这则广告推出后,产生了强烈的轰动效用,不但得到了消费者的一致好评,而且取得了五十铃在美国销售前所未有的效果。这则广告为什么能收到如此出其不意的效果呢?

原来,事物都有自己的"起作用的方式",此方式发生变化,事物的性质、特点和作用也会随之发生变化。这是事物与其起作用的方式之间的固有联系。基于这种联系,在创新思考中,就可以有意识地颠倒事物起作用的方式,导致事物的特点和作用等发生相反变化,以引发某种新设想、新创意和新效果。这就是所谓"方式颠倒"的逆向思维。美国实业巨子艾科卡曾经说过一句耐人寻味的话:"表扬某个人,用公文;批评某个人,用电话。"这话道出了批评更要尊重人的深刻道理。而上面广告之所以能收到如此出其不意的效果,是因为它与一般的广告所运用的思维方式不同而产生的奇效。一般广告都赞扬自己的产品,而这则广告却反其道而行之,故意说自

① 陈晶:《浅议企业创新的意义及内容》,中国知识产权网 www.cnipr.com.

己在说谎。因而给消费者一种耳目为之一新的感觉,反倒觉得这种产品更可靠了。于是,出奇制胜的效果也就这样产生了。①

[过程颠倒案例]

1984 年,瑞典坎路汽车公司所生产的 T 型汽车市场需求量急剧增长,供不应求,主要原因是工人手工组装汽车,生产方式落后。总经理德拉汉姆格外着急。有一次,他去一家肉食品公司参观,发现该公司的屠宰场是由一条条先进的生产线组成的,只见:牲畜被送进去,经过流水线,被制成一块块、一包包肉食产品。整个过程只需要十几分钟。他深深地被这一场景所吸引,心里问自己:能不能把屠宰场的这种生产方式运用于汽车生产呢? 汽车生产的过程和屠宰场相仿,能否将汽车的零部件送进去经过流水线后就组装成一部汽车呢? 于是,就按照这种设想,从欧洲各国请来了设计高手,与本公司的专家共同研究,经过一次次试验,终于研制出了被称为"坎路生产方式"的汽车生产线,结果大大提高生产率,很快在全球范围内掀起了一场新的生产方式的革命,各种工业生产都先后从"坎路生产方式"中得到了启发或借鉴。

事物起作用的过程具有确定的显著的方向性。当事物的发展过程发生了方向颠倒的重大改变后,人们对它的认识和态度也会随之做相应调整。因此,在某一创新问题的思考过程中,如果有意识地就事物起作用的过程从相反的方向思考,便有可能从中引发新设想的萌生。

[观念颠倒案例]

日本一家人造丝织品公司曾从美国杜邦公司获得了尼龙和涤纶的垄断权,很容易地发了一笔大财。后来,由于化纤制品声誉日渐下降,该公司不得不一再减产,因此企业出现了严重的危机。正当此时,这家公司的一位班长发现,所有丝织行业都是将 5 根纱纺成 1 根线,为了提高质量,都在想方设法让这 5 根纱粗细均匀。他一反常态地打破了这种传统观点,大胆地提出了自己的设想,有意识地将粗细不匀的线混纺在一起,岂不是一条更好的新路子吗? 于是,他将这种设想作为一项提案送到了公司高级管理层,立刻引起了公司的高度重视。公司立即组织有关人员研制开发。而此时社会上出现了喜欢穿表面粗糙而松软的衣服的潮流。要制成这种面料,就必须要加入 30% 像被虫蛀过一样的粗细结合的混纺线,而这种混纺线正是公司开发而且已获得专利申请的实用新型产品。由于该公司垄断了这种产品,再次获得了巨大的利益,化解了企业的危机。

既然客观事物可以倒过来想,那么在把关于客观事物的思想观点作为对象进行反思的时候也可以倒过来想,也就是将一种观点从相反的方向思考,以便从中获得新的认识,形成新的见解。这就是所谓的"观点颠倒"。观点颠倒也是一种创新的思考方法,在生活和工作中有重要应用。最初,面对断臂的女神维纳斯雕像,人们都感到莫大的遗憾。不少艺术家还曾多次为她做过重塑双臂的尝试,但都失败了。于是,艺术家们纷纷从中悟出了一个"倒过来想"的观点:在一定条件下,某种不完整、不对称的"缺陷",也可以是一种美。近年来,人们在街头巷尾会惊奇地

---

① http://www.chinaacc.com/new/287_294_/2009_4_21_wa88642448541124900214080.shtml.

发现,竟然有不少男男女女,身穿"破破烂烂"、"千疮百孔"的"叫花子服",洋洋自得地"招摇过市"。这种时髦的现代乞丐服,正是服装设计师们按照观点颠倒的"缺陷美"审美观设计出来的。

4. 横向思维与纵向思维

横向思考法,是英国知名思维训练专家德波诺的《新的思维》中提出的。即在条件相近的情况下,对相似事物的发展情况进行比较,从中找出差距,发现问题,然后提出解决问题的办法。所谓横向思维,是指突破问题的结构范围,从其他领域的事物、事实中得到启示而产生新设想的思维方式,它不一定是有顺序的,同时也不能预测。有人把这种利用"局外"信息来发现问题的途径的思维方式同眼睛的侧视能力相类比,称它是"侧向思维"。横向思维由于改变了解决问题的一般思路,试图从别的方面、方向入手,其广度大大增加,有可能从其他领域中得到解决问题的启示,因此,横向思维常常在创造活动中起着巨大的作用。

纵向思维,是指在一种结构范围中,按照有顺序的、可预测的、程式化的方向进行的思维方式,这是一种符合事物发展方向和人类认识习惯的思维方式,遵循由低到高、由浅到深、由始到终等线索,因而清晰明了,合乎逻辑。我们平常的生活、学习中大都采用这种思维方式。人们在进行思考、解决问题时,常常存在着纵向思维的优势想法,这是一些建立在知识经验基础上的得心应手而且根深蒂固的对待问题的方式,它决定并支配着整个思维过程。显然,优势想法不利于提出新观念、新思想,是创造性思维的一种障碍。很多事实表明,运用横向思维有助于打破优势想法,冲破旧观念、旧秩序的束缚,产生新观点,推动对问题的解决。因此,横向思维已成为创造性思维的重要组成部分。但这绝不是说在创造活动中,要完全抛弃纵向思维而由横向思维取而代之。相反,一个真正有创造性的人,往往是将两者有机地结合起来运用。

有了创新的思维,创造力也油然而生,很多创造力源于你平日所见。生物学家亚历山大·弗莱明度假回来后发现,他的某个培养皿里的细菌全部死亡,他并不像大多数生物学家那样认为这个实验彻底失败了。相反,他觉得一定发生了什么他从未想到过的重大事情,而就在他对这个所谓"事故"的调查过程中,青霉素被发现了。这是一种从无关现象中发掘有用信息的能力。另一种创造性发现方法是把你所观察到的相关信息组合到一起。查尔斯·达尔文把那些与他同时代的其他科学家都已知悉的事实结合起来,他最本质的贡献就在于组织了全部事实并把它们很好地加以利用,有力地支持了他的进化论。[1] 阿里巴巴的创始人马云在早期说服客户和投资人时,也把互联网的相关信息进行全部充分的利用,甚至借用比尔·盖茨的名义向他人宣传互联网时代的来临和未来不可估量的市场价值。

在大部分人身上,创新精神和批判之声一直在进行着激烈的斗争。甚至在你还没有将想法理清,更没提出成果的时候,批判之声就会用一连串否定的话语将它们镇压。马云在对 20 个合作者宣讲创业计划和未来蓝图时,19 个人持反对态度,仅一位说同意他去冒险,但告诫万一失败

---

① [美]丹尼尔·戈尔曼等.每个人都有创造力[M].上海:上海人民出版社,2004.

还要走回头路。

很多有创业想法的人都听到过这样的声音："你的收入会很不稳定。""他们会认为你准是疯了。""记住，你父母从来就没有取得过什么成就。""如果你这次失败了，你就再也没有机会了。"这种精神上的斗争每天都在进行，还影响着各种日常生活和关系，直至让别人看到你的成功。是的，创业是有风险的，但有时它的风险比参加全国高考要低一些，因为它是"开卷"的，没有人会因为你和别人合作创业而认为是作弊行为，这也就意味着你可向无数人请教或求助，当然也可以一起创业。

5. 创新源于自我淘汰

有一次欧洲篮球锦标赛上，保加利亚队与捷克斯洛伐克队相遇。当比赛只剩下 8 秒钟的时候，保加利亚队以 2 分的优势领先。但那次锦标赛采用的是循环制，保加利亚队必须在本场比赛中超出 5 分才能出线。可是在 8 秒钟内要拿到 3 分，可能性几乎是零。

这时，保加利亚队的教练站起来，要求暂停。许多人认为教练即使有回天之术，也无力改变大局，对此付之一笑。

暂停结束，比赛继续进行。这时一幕令所有人目瞪口呆的情景出现了：一个保加利亚队员拿到球后，迅速运球向自家篮下跑去，然后起跳投篮，球应声入网，双方打成平局。

紧接着，比赛结束的哨声响了。保加利亚队教练的脸上露出了一丝笑容，旁边的人以为他被气疯了，却很快就明白了：裁判宣布双方打平要加时。保加利亚队以这一惊人的一球，为自己创造了起死回生的机会。

加时比赛的结果，保加利亚队赢了 6 分，如愿出线。

在创业过程中，存续与变革永远是一对相辅相成的矛盾，因为今天要变革的，就是曾经由创业者和员工一手一脚创造的昨天的辉煌，以及今天仍然维持着组织存在的东西。但是为了明天的发展，又必须放弃或改变已经熟悉甚至带有感情的东西，因为创新的根本就是要抛弃过去。阿里巴巴公司在 2009 年十周年司庆时，全体创始人包括马云在内做了一件惊人的举措，一夜工夫他们集体辞去了作为公司创始人的职务，而是成为被公司聘用的一名员工。这是一个重大变革，更是对公司未来发展的重大突破，公司要得以长期生存和发展不能永远依赖于创始人的智慧，而需要更多的新鲜血液和后备力量，通过这种制度上的变革才能给后继者一个真正的舞台。

鹰是世界上寿命最长的鸟类，年龄可以达到 70 岁。但是为了活到 70 岁，它必须在自己生命的中途完成一次凤凰涅槃般的艰苦再生。当鹰活到 40 岁左右的时候，它会面临丧失生存能力的危机：翅膀会变得十分沉重，因为上面的羽毛又厚又重，飞起来会十分吃力。更可怕的是，它的利爪也开始老化，变得僵硬而迟钝，再也抓不住哪怕是跑得最慢的兔子。同时，它的喙会变得又长又弯，再也无法将发起攻击的蛇啄成两段。

这时，它会努力飞到能够尽可能避免外界攻击的悬崖之上，在那里筑巢，不再飞翔和捕食。它首先用自己的喙啄打岩石，直至旧的喙脱落，新的喙长出来。它用新的喙把自己爪子上的指甲拔掉,把翅膀上的羽毛一根根地拔掉。

如果鹰能够在这个过程中熬过了饥渴,逃过了攻击,忍受住了寂寞,那么 5 个月以后,新的指甲和羽毛长出来,体重也下降了,鹰就获得了再生,可以在以后的 30 年中翱翔长空,捕抓猎物。

鹰淘汰自己的勇气和智慧是惊心动魄的,但对于人来说却是必须要知道和学习的:当一项工作成为不是最需要的或者是快要成为过时的东西时,一个优秀的决策者就要敢于中止这项工作。

比如,杜邦公司随时准备放弃任何工程项目,不管它过去已经花去多少钱和精力,也不管它享有多高的声誉,只要它已经开始有衰退的迹象,就要坚决地放弃。这是杜邦公司成功的原因之一。但如果出现一个新动向,杜邦公司总是站在开发新领域的最前列。

再如,英特尔公司在产品开发和推广上奉行达维多定律,使得公司获取了丰厚的回报。英特尔公司始终是微处理器的开发者和倡导者,他们的产品不一定是性能最好的和速度最快的,但却一定是最新的,为此,他们不惜淘汰自己哪怕是市场正卖得好的产品。例如 486 处理器,当这一产品还大有市场的时候,他们有意缩短了 486 的技术生命,由奔腾处理器取而代之。英特尔公司把供货商和消费者吸引在自己周围,而把竞争对手远远地甩在背后,它引导着市场,也掌握着市场。

不断创造新产品,及时淘汰老产品,使成功的新产品尽快进入市场,形成新的市场和产品标准,也就是掌握行业标准,制定游戏规则。要做到这一点,其前提是要在技术上永远领先。

第四节 创新的技法

良好的方法能使我们更好地发挥天赋的才能,而笨拙的方法则可能阻碍才能的发挥。

——法国著名生理学家 贝尔纳

方法是任何事物所不能抗拒的、最高的、无限的力量。   ——黑格尔

最有用的知识是关于方法的知识。   ——笛卡儿

心理学家认为,人脑有四个功能部位:一是从外部世界接受感觉的感受区;二是将这些感觉收集整理起来的储存区;三是评价收到的新信息的判断区;四是按新的方式将旧信息结合起来的想象区。只善于运用储存区和判断区的功能,而不善于运用想象区功能的人就不善于创新。据心理学家研究,一般人只用了想象区的 15%,其余的还处于"冬眠"状态。开垦这块处女地就要从培养幻想入手。

想象力是人类运用储存在大脑中的信息进行综合分析、推断和设想的思维能力。在思维过程中,如果没有想象的参与,思考就发生困难。特别是创造想象,它是由思维调节的。爱因斯坦说过:"想象力比知识更重要,因为知识是有限的,而想象力概括着世界的一切,推动着进步,并

且是知识进化的源泉。"爱因斯坦的"狭义相对论"就是从他幼时幻想人跟着光线跑,并能努力赶上它开始的。世界上第一架飞机,就是从人们幻想造出飞鸟的翅膀而开始的。幻想不仅能引导我们发现新的事物,而且还能激发我们作出新的努力、探索,去进行创造性劳动。

青年人爱幻想,要珍惜自己的这一宝贵财富。幻想是构成创造性想象的准备阶段,今天还在你幻想中的东西,明天就可能出现在你创造性的构思中。

如果把创造和创新活动比喻成过河的话,那么方法和技法就是过河的桥或船。方法和技巧可以说比内容和事实更重要。创新技法是从创造技法中套用过来的,是创造学家根据创造性思维发展规律和大量成功的创造与创新的实例总结出来的一些原理、技巧和方法。它的应用既可直接产生创造、创新成果,同时也可启发人的创新思维,可以提高人们的创造力、创新能力和创造、创新成果的实现率。

1. 设问法

发明、创造、创新的关键是能够发现问题,提出问题。设问法就是对任何事物都多问几个为什么。

(1)奥斯本核检表法

这是奥斯本提出来的一种创造方法。即根据需要解决的问题或创造的对象列出有关问题,一个一个地核对、讨论,从中找到解决问题的方法或创造的设想。其基本做法是:首先选定一个要改进的产品或方案;然后,面对一个需要改进的产品或方案,或者面对一个问题,从下列角度提出一系列的问题,并由此产生大量的思路;第三,根据第二步提出的思路,进行筛选和进一步思考、完善。

1)可以引入吗?(是否能够从其他领域、产品、方案中引入新的元素,新的材料、新的造型、新的原理、新的工艺、新的思路,以改进现有的方案或产品)

2)可以替换吗?(是否能够用其他东西或替代现有的产品、方案或其一部分)

3)可以添加、增加、扩大吗?(是否能够增加一些元素,或者使现有的元素的数值增加,比如新的材料、色彩、加大)

4)可以减少、缩小吗?(是否能够通过缩小某一要素的数值,比如长度、体积、大小、容量,或者减少一部分成分来实现改进)

5)可以引出吗?(可以将该产品或方案的原理、结构、材料、成分、思路等用于其他地方吗?)

6)可以改变吗?(可以改变该产品的名词、动词、形容词属性和特征,以实现改进吗?)

7)可以逆反吗?(能否在程序、结构、方向、方位等方面逆反,以实现更好的效果)

8)可以组合吗?(能否把现有的产品或方案,与其他产品或方案组合起来,以形成新的思路?)

9)可以用于其他领域吗?(本产品或方案,能否用于其他领域,扩大用途,或者稍作变化后用于其他领域或其他用途)

10)其他任何提问(可以扩展吗、可以改变功能吗? 可以放弃或舍去吗? 可以涂改吗? 等等)

核检表法的优点是具有较强的启发创新思维的效果。这是因为它强制人去思考,有利于突破一些人不愿提问题或不善于提问题的心理障碍。提问,尤其是提出有创见的新问题本身就是一种创新。它又是一种多向发散的思考,使人的思维角度、思维目标更丰富。另外,核检思考提供了创新活动最基本的思路,可以使创新者尽快集中精力,朝提示的目标方向去构想、去创造、创新。

使用核检表法应注意的几点:

1)要一条一条地进行核检,不要遗漏;

2)要多核检几遍,效果会更好,或许会更准确地选择出所需创造、创新、发明的方向;

3)在检核每项内容时,要尽可能地发挥自己的想象力和创新能力,产生更多的创造性设想。

核检方式可根据需要,一人核检也可以,三至八人共同核检也可以。集体核检可以互相激励,产生头脑风暴,更有希望创新。

【案例】一个用核检表法改进玻璃杯的案例

表 1-1 玻璃杯改进思路

序号	核检项目	发散性设想	初选方案
1	能否他用	作灯罩 可食用 当量具、作装饰 拔火罐 作圆规	装饰品
2	能否借用	自热杯 磁疗杯 保温杯、电热杯 音乐杯 防爆杯	自热磁疗杯
3	能否改变	塔形杯 动物杯 防溢杯、自洁杯 密码杯 幻影杯	自洁幻影杯
4	能否扩大	不倒杯 防碎杯 消防杯、过滤杯 多层杯	多层杯
5	能否缩小	微型杯 超薄杯 可伸缩杯 扁形杯 勺形杯	伸缩杯
6	能否代用	纸杯 一次性杯 竹木制杯 可食质杯 塑料杯	可食质杯
7	能否调整	系列装饰杯 系列高脚杯 系列口杯 酒杯 咖啡杯	系列高脚杯
8	能否颠倒	透明不透明 彩色非彩色 雕花非雕花 有嘴无嘴	不透明雕花杯
9	能否组合	与温度计组合 与香料组合 与中草药组合 与加热器组合	与中草药组合杯

(2)和田十二法

和田十二法又称聪明十二法,是我国创造学者许立言等与上海和田路小学根据奥斯本的检核表法并结合和田路小学的实际而提出的。具体体现为:加一加、减一减、扩一扩、缩一缩、变一变、改一改、联一联、学一学、代一代、搬一搬、反一反、定一定。

1)搬一搬

解释:把这件东西搬到别的地方或将某一个想法、道理,某一项技术搬到别的场合或地方来达到你想要达到的目的。

思路:把这件东西搬到别的地方,还能有什么用处吗? 或将某一个想法、道理,某一项技术搬到别的场合或地方,能派上别的用处吗?

实例：

一件东西原有的功能搬到别的地方发挥新的效益。

- 镜子：能反射阳光和热量，反射到昏暗的角落里照亮暗处，寻找滚落的小物品；集中到易燃物上，阿基米得集中许多镜子烧敌舰。
- 灯：发光，航标照亮航道。
- 暖箱：孵化小鸡。
- 灭虫器：杀灭害虫。

2）变一变

解释：改变一下事物的形状、颜色、音响、气味、位置、方向或改变一下事情的次序或操作的顺序来达到你想要达到的目的。

思路：改变一下事物的形状、颜色、音响、气味、位置、方向会产生什么结果？改变一下事情的次序或操作的顺序又会产生什么结果？

实例：

一件东西不太满意，变一变，新东西克服了原来的缺点。

- 圆杆铅笔容易滚落，变成六边形杆铅笔不再容易滚落了。
- 单色的马路长途车司机易疲劳，不同色彩提示路况的马路，司机始终集中注意力。
- 田忌赛马总是输给齐王，出场次序变化，田忌获得胜利。
- 衣架容易被风吹落，衣架钩加长并循环一圈，衣架不再被风吹落。
- 漏斗水流不畅，漏斗管子改为方形，水流畅了。

3）代一代

解释：用一种东西代替另一种东西来达到你想达到的目的。

思路：有什么东西能代替另一件东西吗？如果用别的材料、零件、方法等代替另一种材料、零件、方法行不行？会产生哪些变化？会有什么效果？能解决哪些问题？

实例：

遇到问题，问题的关键用什么替代来解决问题。

- 曹冲称象，秤无法称起大象，很多小石头分别装船；称出全部小石头重量。
- 花盆敲碎，使根部泥土不碎落，搪瓷碗、塑料瓶稍作改动，可临时替代使用。
- 手帕用后就脏，一天内反复使用，手巾纸则一次性使用。
- 携带很多现金占空间、不安全，银行卡以现代技术作支撑，方便地异地取款。

4）定一定

解释：为了解决某一问题或改进某一件东西；为了提高学习、工作效率，防止可能发生的事故或疏漏；为了生活得更美满，做出了某些规定来达到你想达到的目的。

思路：为了解决某一问题或改进某一件东西；为了提高学习、工作效率，防止可能发生的事故或疏漏；为了生活得更美满，需要定出什么吗？这个规定的作用究竟是什么？

实例：

表 1-2   用"定一定"规则解决问题

遇到问题	问题的关键	定一定规则	解决问题
行车秩序	要有规则	靠右行驶；红灯停，绿灯行	畅通安全
马路噪声	缺少提示	安装分贝显示器禁鸣标志	减少鸣笛、相对安静
灭火器过了有效期	没有提示或提示不明显	安装液晶显示器，电池的耗电时间与灭火器有效时间一致	提醒及时更换灭火器里的药剂
读写姿势差	没有提示		
		秦始皇统一文字	
			电饭煲温控开关控制烧饭温度

试一试：生活中常见的东西，如果有新的功能，多好！你看上表空白处添加些什么才可能成为现实？

5）反一反

思路：如果把一件东西的正反、里外、上下、左右、前后、横竖颠倒一下会有什么结果？如果把平时习惯的思考方向逆反过来能解决什么问题？

表 1-3   用"反一反"规则解决问题

遇到的问题	常规操作思路	反一反的思路	解决问题的具体操作
小孩掉进水缸	让小孩离开水缸	让水离开小孩	司马光砸破水缸救小孩
敌军将到，手下无兵	紧闭城门，坚守	打开城门	诸葛亮空城退司马懿
侠客跳上房顶	侠客往上弹跳	侠客从房顶跳下	拍好的电影片子反着放映
走楼梯很累	楼梯不动，人走动	人不动，楼梯动	自动扶梯、电梯
造大桥	桥墩在下支撑桥面	钢索在上拉住桥面	斜拉索大桥，方便轮船通过

6）仿一仿

解释：根据某些事物的形状、结构或学习它的某些原理、方法来达到你想达到的目的。

思路：有什么事物可以让自己模仿、学习一下？模仿它的某些形状、结构或学习它的某些原理、方法。这样做，会有什么良好的效果？这样会创造出什么新的东西？

实例：

原来的东西具有的独特功能，仿一仿，造出新的东西，实现仿一仿的目标。

- 鸟、蜻蜓等能在空中飞翔,飞行器、飞机、飞船也能在空中飞翔。
- 小虫钻进硬木,小虫身上有硬壳,盾构施工法开凿越江隧道。
- 风吹吊灯摆动,来回摆动一次时间相等,机械钟相对精确的计时。
- 有锯齿的小草,割破鲁班的手指,锯子能方便地锯木头。
- 蛋壳能承受很大的压力,造出薄壳球形屋顶建筑,减少支柱,又能抗压。

7）改一改

解释:把某件东西的一部分或缺点、不足之处——减去来达到你想达到的目的。

思路:某件东西在使用过程中,还有哪些缺点或不足? 把这些缺点与不足排一排,再分析一下,看看哪个缺点是主要的或必须马上解决的,怎样改进才能克服或尽量减少缺点,给人们带来方便。

实例:

一件东西不太满意,改一改,新东西,克服了原来的缺点。

- 篮球架只能一人投篮,改成有几个篮圈的,可以使多个学生一起练习。
- 普通杯子冬天不能保温,改成有保温功能的杯子,达到冬天保温的目的。
- 雨伞,柄太长携带不便,伞柄可折的折伞,携带方便。
- 雨伞,雨夜行走不安全,伞面改用荧光布,司机能及时发现行人。
- 公交线路牌,晚上看不清字,使用荧光材料,晚上能让乘客看清。

8）加一加

解释:在这件东西上添加些什么或把这件东西跟其他东西组合在一起来达到你想达到的目的。

思路:在这件东西上添加些什么或把这件东西跟其他东西组合在一起,行不行? 加一加后会变成什么新东西? 这新东西有什么新的功能?

实例:

一件东西添加些什么,变成新的东西,有了新的功能。

- 铅笔＋橡皮＝带橡皮头的铅笔,铅笔有了擦改的功能。
- 电话＋录音机＝录音电话,电话有了录音功能。
- 锅子＋电炉＝电暖锅,锅子本身带有了烧煮的功能。
- 收音机＋录音机、CD 机＝多功能收录机,有了录音及听磁带、CD 片的功能。
- 衣服＋裙子＝连衣裙,衣服与裙子合而为一。

9）减一减

解释:在某件东西上减去部分东西或在操作过程中减少次数来达到你想要达到的目的。

思路:能在某件东西上减去什么部分呢? 能把某样东西的重量减轻一点吗? 能在操作过程中减少次数行不行? 这些从形态上、重量上、过程中的“减一减”能产生什么好的效果吗?

实例:

从原来东西中减些什么,变成新的东西,有了新的功能。

- 繁体汉字,减去笔画,变成简体汉字,识读、书写都方便。
- 传统照相机,减去很多零件,变成一次性照相机,携带方便,一次性使用。
- 每次乘公共汽车都要买票,能否一次买票解决多次乘车,预售本票、一卡通,许多公共汽车上都能通用。
- 扇子带柄,减去柄,成为无柄扇子,可以方便地放进小包里。

10)扩一扩

解释:把某样东西放大、扩展来达到你想要达到的目的。

思路:这样东西如果放大、扩展(声音扩大、面积扩大、距离扩大……),它的功能与用途会有哪些变化? 这件物品除了大家熟知的用途外,还可以扩展出哪些用途?

实例:

- 电视机,屏幕扩大,大屏幕电视机,观赏视觉效果更好。
- 小卡车,整体扩大,大卡车载重更多。
- 雨伞,伞面扩大,成为恋人伞、双人伞,可以两人同时使用。
- 围棋棋盘、棋子,扩成挂式围棋,供大场面讲解使用。
- 普通望远镜,扩成天文望远镜,可以观察月亮宇宙空间。

11)联一联

解释:把某件事情的起因和结果结合起来思考问题来达到你想达到的目的。

思路:某件事情的结果跟它的起因有什么联系? 能从中找到解决问题的办法吗? 把两样或几样事物联系起来,会发现什么规律? 把几样东西联在一起,或几件事情联系起来,能帮助我们解决什么问题?

实例:

表1-4 用"联一联"规则解决问题

目的	现象	联想和判断	解决问题或达到目的
郑成功要挖井找水	副将被蚂蚁咬了一口	蚂蚁也要喝水,蚂蚁窝边一定会有水	循着蚂蚁的足迹找到蚂蚁窝,然后打井,挖到5米,井底冒出清泉
某科学家要发明专治艾滋病的新药	3亿年前的蟑螂与现在的蟑螂很相似	蟑螂体内必有一种物质,使蟑螂有顽强的生命力	在蟑螂的体内提炼出上千种物质一一检验,终于成功开发出一种很有疗效的新药
喝茶时,茶叶总是喝进嘴里			淘米箩淘米,水流出而米没流出
预防小偷以万能钥匙开门行窃		每个人的指纹都是独一无二的	
	磁铁能吸铁		集装箱可以方便地装运许多东西

12)缩一缩

解释:把某件东西压缩、折叠、缩小来达到你想要达到的目的。

思路:把某件东西压缩、折叠、缩小,它的功能、用途会发生什么变化?

实例:

一件东西,缩小了什么,变成新的东西,有了新的功能。

- 风景区,微缩风景区,世界著名景区集于一处,如上海世博会。
- 传统电池,体积缩小,成纽扣电池、细菌电池,可以使用在很小的用品内。
- 热水瓶,体积缩小,变成保温瓶。
- 一般饼干,体积缩小,成为压缩饼干,携带方便。
- 大量书籍,信息占用空间,用光盘节约空间、携带方便。

(3)5W 1H(6W2H)法

美国陆军部提出 5W1H 法,即:通过连续提六个问题,构成设想方案的制约条件,设法满足这些条件,便可获得创新方案。我国著名教育家陶行知先生提出 6W2H 法,他把这种提问模式叫做教人聪明的"八大贤人"。为此他写了一首小诗:

"我有几位好朋友,曾把万事指导我,

你若想问真姓名,名字不同都姓何:

何事、何故、何人、何如、何时、何地、何去,

还有一个西洋名,姓名颠倒叫几何。

若向八贤常请教,虽是笨人不会错。"

①Why　　　何故,为什么需要创新?

②What　　何事,创新的对象是什么?

③Where　　何地,从什么地方着手?

④Who　　　何人,谁来承担创新任务?

⑤When　　何时,什么时候完成?

⑥How　　　何如,怎样实施?　　　　5W1H

⑦How Much 何多,达到怎样的水平?

⑧Which　　何种,　　　　　　6W2H

1)为什么(why)?

为什么采用这个技术参数? 为什么不能有响声? 为什么停用? 为什么变成红色? 为什么要做成这个形状? 为什么采用机器代替人力? 为什么产品的制造要经过这么多环节? 为什么非做不可?

2)做什么(What)?

条件是什么? 哪一部分工作要做? 目的是什么? 重点是什么? 与什么有关系? 功能是什么? 规范是什么? 工作对象是什么?

3)谁(who)?

谁来办最方便?谁会生产?谁可以办?谁是顾客?谁被忽略了?谁是决策人?谁会受益?

4)何时(when)?

何时完成?何时安装?何时销售?何时是最佳营业时间?何时工作人员容易疲劳?何时产量最高?何时完成最为适宜?需要几天才算合理?

5)何地(where)?

何地最适宜某物生长?何处生产最经济?从何处买?还有什么地方可以作销售点?安装在什么地方最合适?何地有资源?

6)怎样(How to)?

怎样省力?怎样最快?怎样做效率最高?怎样改进?怎样得到?怎样避免失败?怎样求发展?怎样增加销路?怎样达到效率?怎样才能使产品更加美观大方?怎样使产品用起来方便?

7)多少(How much)?

功能指标达到多少?销售多少?成本多少?输出功率多少?效率多高?尺寸多少?重量多少?

【案例】某商店改变生意清淡的方法

表 1-5　用 5W2H 法解决商店生意清淡问题

序号	提问项目	提问内容	情况原因	改进措施
1	为什么	此处设这个店行不行	有需求	应保留
2	做什么	批发零售?百货专营?维修服务搞不搞?	本处适合零售	零售为主,增加服务项目
3	何地	店设何处?离车站近,离居民区也近	为旅客服务	增加旅客上车前后所需商品
4	何时	何时购物?旅客寄存行李后	无处寄存	办理托运,特别是晚上
5	何人	谁是顾客?旅客?居民?	未把旅客当做主要顾客	增加为旅客服务项目
6	怎样	怎样招徕更多旅客?	此店不醒目	增设路标和购物指示牌
7	多少	改进需多少投入?能得多少效益	本店有投资能力	装修扩大需 1.5 万元,预计增长 20%

2. 组合型技法

组合型技法是按照一定的技术原理或功能目的将现有的事物的原理、方法或物品作适当组合而产生出新技术、新方法、新产品的创新技法。创新组合的特点:

①由多个特征组合在一起。

②所有特征相互支持、补充,共同为改善、强化同一目的。

③一定要产生新效果,达到 $1+1>2$ 的飞跃。

组合基本类型有:

1)主体附加　在原有的设想中补充新的内容,在原有的产品中增加新的附件。

①特点　以原有的设想和原有的产品为主体附加,设想只起完善补充和利用主体设想的作用。附加物可以是已有的产品,也可以是根据主体特点为主体专门设计的附带装置。

②步骤　有目的、有选择地确定一个主体运用缺点列举法全面分析主体的缺点,运用希望点列举法对主体提出希望,考虑能否在不变或稍变主体的前提下,通过增加附属物来克服或弥补主体的缺陷。考虑能否利用或借助于主体的某种功能,附加一种别的东西使其发挥作用。

例如:电扇加定时器,电冰箱加温度显示器。

2)异类组合　两种或两种以上的设想(技术思想)的组合,或不同物质产品的组合。

①特点:组合对象(技术思想或产品)来自不同的方面,一般无主次关系。参与组合的对象从意义、原子、构造、成分、功能等任一方面和多方面互相渗透,整体变化显著。

②异类组合是异类求同的创新,创新性很强。如台表圆珠笔、花瓶台灯、电冰箱、电视机、计算机、音响等的组合;污泥处理与酵素处理结合可开发洁面乳,大受女士的欢迎。疏通下水道的工作者与清洁剂制造商结合,生产出工业用清洁剂。

3)同类组合　若干相同的事物的组合对象是两个或两个以上同一事物。参与组合的对象在组合前后基本原理和结构一般没有根本的变化,往往具有组合的对称性或一致性的趋向。如子母灯、双向拉锁等。

4)重组组合

重新组合各组成部分的相互关系。如过去电话送话器和听筒是分离的,将送话器与听筒连为一体,就是现在的电话机。重组作为手段,可以更有效地挖掘和发挥现有技术的潜力。如飞机的螺旋桨装在尾部就是喷气式飞机,装在顶部为直升机。如积木、组合拆装模型,都有利于儿童建立重组意识,培养重组能力。

【案例】重组练习:

①中国的汉字重组。请给下面每个字各配一个字,再将两字拆一拆,拼一拼,变成一个常用语。

例:估＋(弋)＝(古)(代)

　　勋＋(　)＝(　)(　)　　　汗＋(　)＝(　)(　)

　　夯＋(　)＝(　)(　)　　　汕＋(　)＝(　)(　)

　　杆＋(　)＝(　)(　)　　　杳＋(　)＝(　)(　)

　　柱＋(　)＝(　)(　)　　　洽＋(　)＝(　)(　)

②主体加上一笔成新字

原字　灭　旧　柱　玉　舌　亚　泊

中国的汉字重组(参考答案)

勋＋(云)＝(动)(员)　　汗＋(胡)＝(干)(湖)

夯＋(田)＝(奋)(力)　　汕＋(可)＝(山)(河)

杆＋(对)＝(树)(干)　　杏＋(一)＝(日)(本)

柱＋(反)＝(主)(板)　　洽＋(工)＝(合)(江)

加一笔(参考答案)

原字　　　　　灭　旧　柱　玉　舌　亚　泊

加上一笔成字　灰　阳　桩　压　乱　严　洎

3. 逆向转换法

逆向转换技法的"逆"可以是方向、位置、过程、功能、原因、结果、优缺点、破(旧)、立(新)矛盾的两个方面等诸方面的逆转。

1)原理相反：制冷与制热、电动机与发电机、压缩机与鼓风机、逆向转换法—逆向反转型

2)功能相反：保温瓶(保热)装冰(保冷)

3)过程相反：吹尘与吸尘

4)位置相反：野生动物园的人和动物的位置

5)因果相反：原因结果互相反转即由果到因。如数学运算中从结果倒推回来以检查运算是否正确。因果相反就是把通常的"因为—所以"的思维方式用"应该—但是"的逆向思维所代替。例如，因为我很健康，所以我不买保险。应该说你很健康，可以不买保险。但是，天有不测风云，人有旦夕祸福。正如汽车行走不可能一路绿灯，也有黄灯和红灯。拒绝的客户正是你要找的客户。让客户明白人生的风险性。

6)程序相反：(科学假设与实验验证 居里夫人发现镭)

7)观念相反：(大而全到专门化)(以产定销，以销定产)

【案例】

万宝路香烟的广告形象：女士香烟→男士香烟

和平时期的战争题材：提醒人们有危机意识，居安思危，如电影《阿凡达》

垃圾的作用：本来是废物，经过处理可以变废为宝，如垃圾发电厂。

青霉素的诞生：细菌成为治病的药物。

造纸少放了一种原料，成了废品，写字洇成一片，利用这一点做成吸墨纸。

案例分析

请运用创新技法理论对下面产品创新方式进行分析。[①]

1. 迷你浴盆

这款迷你浴盆长宽约为 26 寸,厚度仅为 1 寸,仿摇篮的造型设计可以让您的宝宝沐浴得更安心。软塑料的材质能将其放入任何一个水槽里,非常方便宝宝洗澡。它应用了抗细菌及抗真菌设计,便于清洗。小巧的造型方便存放,还非常吸引人的眼球(图 1-9)。

图 1-9 迷你浴盆

2. 间谍笔

这款间谍笔是由东京一家制造商设计。其外形和普通的圆珠笔完全一样,但它具有非凡的功能。笔长 14 厘米,直径为 1.5 厘米,重 30 克。它的顶部有一个摄录按钮,和其邻近的是一个针孔摄像镜头,背面分别是 LED 灯和重置按钮。它可以拍摄每秒 30 帧,分辨率为 736×480 的通用视频文件(AVI)。也可以拍分辨率为 1280×960 的通用图像文件(JPG)。它的存储量为 4GB,电池可以使用 70 分钟。您可以通过内部的 USB 接口与电脑连接并传输文件,它支持 Windows XP 以上系统和苹果系统。(图 1-10)

3. 棒球帽花瓶

这是一款造型新颖的瓷质花瓶,它由纯手工打造,做工精美,连牛仔布的褶皱和褪色都做得十分逼真。生活化十足的棒球帽造型应该十分适合送给喜爱运动的男士们。(图 1-11)

[①] http://www.patent-cn.com/专利之家.

图 1-10　间谍笔

图 1-11　"棒球帽"花瓶

4. 赛车躺椅

魅惑如此的躺椅出自一位匈牙利设计师之手,设计灵感来源于 F1 红色法拉利赛车。这款躺椅采用了玻璃纤维作为原材料,在聚光灯下闪耀动人。符合人体工程学的曲线形造型更是为这款躺椅增加了人气。瞧,设计师在躺椅脚踏处的设计将 F1 赛车的鼻翼模仿得惟妙惟肖!(图 1-12)

图 1-12　赛车躺椅

5. 易拉罐杯盖

要想让杯子里的热饮保温,那就得给它找一款合适的盖子。但若您在饮料热乎的时候将杯子密封盖好,随着饮料温度下降,杯盖也会更加牢固地贴紧杯子,等到需要开启的时候,就会十分麻烦。这款易拉罐杯盖则没有这一缺点。它既能为杯内饮料保持温度,又能借助小拉环的力量,将杯盖轻松开启、闭合,让您喝上美味的保温热饮。(图 1-13)

图 1-13　易拉罐杯盖

6. 高跟鞋

　　这款高跟鞋的设计灵感来自意大利名车造型,流线型的鞋身两侧还有对称的反光镜,鞋头处配备了保险杠。鞋子的两侧印有警察的英文字样,脚跟处还有白色的报警呼叫电话。脚后跟的设计更是精致,汽车尾灯、排气管、排热孔一个不少,五盏警务灯和一个警察英文字样的 LED 灯饰显得非常耀眼。鞋底和鞋头两侧还有一组数字,象征着警车号码,造型十分逼真。(图 1-14)

图 1-14　高跟鞋

7. 铅笔套

　　铅笔用到最后常常会因为过短而不好持握,但若是将其丢弃又会造成浪费。所以,设计师便推出了这款铅笔套,它可以延长铅笔长度,或将两节短铅笔拼接起来使用。如此一来,便能在不浪费木材,也不影响使用的情况下,将资源合理运用了。(图 1-15)

图 1-15　铅笔套

8. 环保自行车

这是一款新型多功能环保自行车,它由铝和可回收材料制造而成,比普通的自行车更加绿色。设计者考虑到不同人的出行需求,在自行车上设置了丰富的功能模块。你可以在后轮上方放置儿童坐椅,也可以放置小型储物箱,还可以为平衡性差的人设置两个后轮以增加平衡。有这么一款功能丰富并且环保的自行车,相信会吸引更多的人加入环保行列!(图 1-16)

图 1-16　环保自行车

9. 下水道格挡

竖条铁栅是最常见的下水道口格挡,而通过设计师的巧妙设计,下水道格挡也变得更加漂亮了。这些带有不同花纹的下水道口格挡经过抛光处理,过水冲刷之后反而更见其魅力,仿佛一幅幅版画被框在了方形"画框"中。(图 1-17)

图 1-17　下水道格挡

10."丝瓜"沙发

这款取名为"丝瓜"的沙发是由一位日本设计师用硬板纸制作而成,特殊的结构让它十分牢固,能够承受一定重量。沙发的尺寸为长 90 厘米,宽 90 厘米,高 75 厘米。看起来,是不是很像北京的"鸟巢"体育场呢?(图 1-18)

图 1-18　"丝瓜"沙发

11. 安全插座

在日常生活中,插座承担着接驳各式电器的重任。但当插座满满当当地插满电器插头的时候,要想将其安全拔出,而又不影响到其他电器插头的工作,还是挺困难的。这款便捷弹出插座便为您解决这一问题。只要挤按插座两边,插头就会弹出,方便您彻底切断电源。(图 1-19)

图 1-19　安全插座

12. 提醒雨伞

这款"提醒雨伞"的把手部分可以拆分、拉开。这样,当使用后有水时,它就能够悬挂在桌边了,而不必占用原本就不是很宽阔的桌面空间。除了可以悬挂之外,经过拉伸,雨伞把手就会显示出提醒信息,让雨伞更加醒目,而不至于在离开的时候忘记携带。(图 1-20)

13. 可分割花盆

要想将生长得日益繁茂的花草分放到多个花盆,确实不是一件容易的事情。而这款采用轻巧材料制成的分享花盆则可以帮您免除这一烦恼。当花草长好之后,您只要将花盆切

图 1-20　提醒雨伞

割即可将其分成若干份,馈送亲友。(图 1-21)

图 1-21　可分割花盆

实训练习

目前,在我国大中城市公共候车亭是一种非常普遍的,随处可见的公共设施,它的形成与发展与百姓生活便利程度密切相关。在 20 世纪 80 年代,一般公交车站只有一根标杆或一块牌子用来识别候车地点,到 20 世纪 90 年代逐渐在一些经济发达城市开始由政府统一规划设计,在公交站牌旁会专门设立供乘客短时候车的候车亭。从目前已有的设施来看,其主要功能是挡风遮雨,另外有部分坐等功能,以免候车人长时站立容易疲惫。代表性的候车亭如图 1-22 所示。

A　　　　　　　　　　　B

图 1-22　常见公共候车亭

根据图 1-22 的情况,运用 5W2H 法进行分析如表 1-5。

表 1-5

序号	提问项目	提问内容	情况原因	改进措施
1	为什么	候车亭有用吗?	挡风遮雨,不怕日晒	应保留
2	做什么	让乘客方便、不累	站立时间久会很累,身上还有包袱	有个坐等的地方
3	何地	路边、汽车停靠站	为乘客服务	只能在指定小区域
4	何时	随时需要乘车,至少 12 小时以上	可能等的车多、人多时间会久	白天、夜间都会有

续　表

序号	提问项目	提问内容	情况原因	改进措施
5	何人	男女老少	每个人身体素质不同	要照顾老弱病残,或行李较多者
6	怎样	1. 候车是项公共服务,不能让乘客抱怨 2. 候车亭不够美观,整体效果要好	1. 一般在天气不好时,乘客会因疲劳而烦恼 2. 对市容有影响,要让广告牌吸引人	1. 增加可坐等的位置 2. 整体设计要美观大方
7	多少	改进需多少投入?	一次建设成本不能太高,日常维护成本要低	要节能、环保,控制成本

由表 1-5 中第 6 项提出的方案,将候车亭设计改进如图 1-23。

C

D

E

图 1-23　改进后的候车亭

在此基础上,再次对候车亭进行提问,如表 1-6 所示。

表 1-6

6	怎样	1. 候车者一般都会向车辆开来方向守望,以免错过车次 2. 候车亭座位少可能坐不下几个人或被长时间占用 3. 很多想同站换车者需要提前知道本站车次情况	1. 现在的座位都是面向马路对面,不利于观望车辆来往情况 2. 大部分乘客还是没有位子可坐 3. 乘客只有走近站牌才能知道站点车次情况,可能走冤枉路	1. 让座位方向朝向车辆驶来方向 2. 增加座位数量及利用率 3. 让行人或车上乘客能在远处提前了解换乘情况

F

G

H

I

图 1-24　国内外各类候车亭样式

经过上述讨论与思考,参考国内外各类候车亭样式(图 1-24),综合考虑形成图 1-25 方案。

图 1-25 中②、③为电子显示屏,用于动态显示本站通行车次情况(可带语音提示),让远处行人或车上乘客能提前了解换乘信息;⑥、⑦为固定围栏,主要用于保护广告牌不受碰损,同时可供乘客用作靠背减轻站立者疲劳程度,中间有几处小立柱可供乘客钩挂一些随身小件物品;⑧供候车者小坐的坐具,为加强流通率座位,不宜太舒适,因此设计成窄面同时为便于清洁维护,坐具中间有小间隙,不易积尘垢及雨水。

请学生参考候车亭方案改进思路,自拟选题进行创新方案设计。

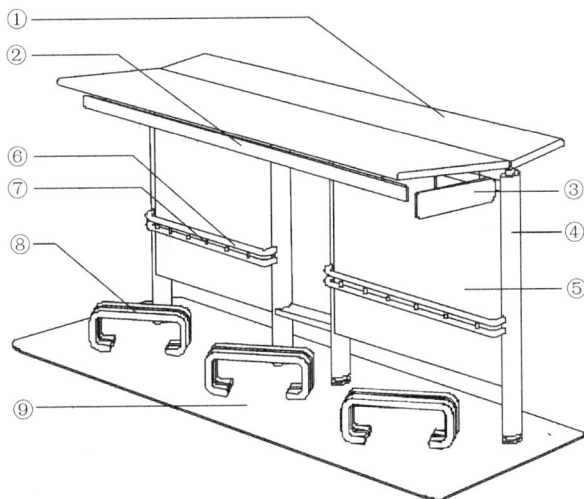

图 1-25

游戏训练

童年趣事

参与人数:不限　　时间:5~15 分钟　　场地:实训室

材料:表格(见附表),笔,小奖品,几首儿童歌曲

附:小时候的行为表格

玩过家家	打小报告	表达情感的纸条	摔倒后哭泣
穿妈妈的高跟鞋	涂抹口红	看小人书	跟同学吵架
爬树	考试作弊	跳绳	与同桌画分割线
暗恋老师	吹嘘妈妈很厉害	犯错误罚站	偷偷去游泳
上课捣乱	偷拿家里的钱	跟家人撒谎	藏自己的日记

这个游戏主要用来活跃现场气氛,让大家在相识的同时,加深彼此的印象。游戏的主要步骤如下:

1. 发给每个人一张表格。

2. 告诉人们可以四处走动,去找符合表中描述的人,请他签名,对方最多可签两个。

3. 为了使整个过程更加好玩,可以开展一个比赛,当自己手中的表格有三行或三列全部签满人名的时候,快速交到老师那里。

4. 前三个完成的人有奖品,最后三个完成的人要表演节目。

5. 游戏限时 4 分钟。

6. 请前三名和最后三名上台,分别领奖和表演节目。

7.之后,问他们六个人同样的问题:谁给他们签的"玩过家家"?

谁给他们签的"犯错误罚站"?　（可以这样问下去,也可以问全场所有的人。）

8.结果大多是人们只注重比赛,而忘记了谁给自己签的名。

9.给大家一次机会,去找刚才给自己签名的人,去听一听对方童年的趣事。

10.如果时间充裕,最后可以请几个人分享一下听到的童年趣事,这会增强人与人之间的亲近感,有利于彼此记住对方。

用一个巧妙的方法,将人们在日常生活中的行为,通过游戏反映出来。做这个游戏之前,建议主持者做好以下准备:

1.不妨事先准备一些儿童歌曲,在游戏的过程中播放,营造氛围。

2.为了增加游戏过程中的紧张气氛,培训师在宣布完前三名有奖后,可以刻意用加重的语气说:"最后三名可要给大家表演节目哟!"

3.在这个游戏中,游戏意义的引申格外重要,主持者应多在这里下工夫。

在游戏结束的时候,建议大家讨论如下问题:

1.为什么没有记住为你签名的人? 在游戏的过程中你在想什么?

2.我们如何在注重结果的同时,充分享受过程的乐趣?

3.原本充满乐趣的事情,为何有了竞赛,我们就开始忽视别人,而只专注于自己的胜利?

4.通过玩这个游戏,你有什么特别的收获吗?

在这个游戏中,如何调动大家的积极性? 关键是做好引导,让大家进行联想思维,这样就能记起更多的童年往事。这种联想思维是一种很重要的商业思维,优秀的企业家就善用联想思维来开发蓝海空间。

相关链接

300 多年前,一位奥地利医生给一个胸腔有疾的人看病。由于当时技术落后,医生无法发现病因,病人不治而亡。后来经尸体解剖,才知道死者的胸腔已经发炎化脓,而且胸腔内有积水。这位医生非常自责,决心要研究判断胸腔积水的方法,但始终不得其解。恰好,这位医生的父亲是个酒商,他不但能识别酒的好坏,而且不用开桶,只要用手指敲敲酒桶,就能估量出桶里面酒的数量。医生由此联想到,人的胸腔不是和酒桶有相似之处吗? 父亲既然能通过敲酒桶发出的声音判断桶里有多少酒,那么,如果人的胸腔内积了水,敲起来的声音也一定和正常人不一样。此后,这个医生再给病人检查胸部时,就用手敲敲,然后听声音。他通过对许多病人和正常人的胸部的敲击比较,终于从几个部位的敲击声中,诊断出胸腔是否有病。这种诊断方法现代医学称为叩诊法。

后来,这种叩诊法得到进一步的发展。1861 年,法国男医生雷克给一位心脏病妇女看病时,非常为难。正在此时,他忽然想起了一种儿童游戏:孩子们在一棵圆木的一头用针乱划,用耳朵贴近圆木的另一头能听到刮削声。由此,他有了主意。他请人拿来一张纸,把纸卷成一个圆筒,一端放在那妇人的心脏部位,另一端贴在自己的耳朵上,果然听到病人心脏的跳动声,而且效果很好。后来他就将卷纸改成小圆木,再改成橡皮管,另一头改进为贴在患者胸部能产生共鸣的小盒,逐步改进成了现在的听诊器。

联想思维让生活中的很多不可能成为可能。实际上,很多的商业创意也是在联想中建立起来的,善于运用联想思维的创业者才有可能向蓝海挺进。

模块二 │ 创意变成生意

四小虫云游创意市集

　　听说市里要举办第一届创意文化节,在和平会展中心有一个创意产业博览会。四小虫一接到消息,连周末懒觉也顾不上了,一大早出发,颠簸了近两个小时,终于从学校赶到目的地。扑面而来的是大大小小、五花八门、琳琅满目的漂亮东东,一问价格还合适,先前的疲惫之感立马抛至九霄云外。

内容提要

不是只有技术创新才是唯一的出路。创意经济时代已经到来,好创意也可能创造财富。了解创意的由来、创新的用处,如何让创意创造财富,学会创意的方法。

第一节　创意的由来

今后的世界,并不是以武力统治,而是以创意支配。

——松下幸之助

20 世纪 80 年代挣钱靠勇气,90 年代靠关系,现在必须靠知识和能力!

——阿里巴巴集团主席和首席执行官　马云

创意是什么? 创意是传统的叛逆,是打破常规的哲学。[①] 创意源自生活,却又高于生活。好的创意便是从平凡中感受到不平凡,并把它表现出来让人们都能理解并认同。也有人说,创意就是创新、创造(Creation),是与模仿、加工截然不同的,虽然不是绝对意义上的独创性,但却是在原有事物的基础上有所发展和突破。要区分创新与创意的差别,可以从几方面去比较:一是创新更多用于指向技术的革新,创意更多用于文化层面的变化;二是创新更多用于有形产品,如设备的更新换代,创意更多用于无形产品,如广告的策划设计。

总之,创意是人类大脑创造性思维的产物,是人类运用智慧的结晶。在此解释为:创意是一门新兴的学科,它所涉及的领域涵盖物质运动规律方面和办事规律方面,既是动态的过程也是过程运动的结果,创意本身也是有其自身运动规律的。[②]

美国学者 Parnes(1967)提出"创意解难"(Creative Problem Solving)的教学模式,是发展自 Osborn 所倡导的脑力激荡法及其他思考策略,此模式重点在于解决问题的过程中,问题解决者应以有系统有步骤的方法,找出解决问题的方案。

创意设计典型代表是"开花结果"的书——瓜果书。[③]

"瓜果书",通俗讲就是一种"书本里能长出花花草草、瓜瓜果果的有机书"。"瓜果书"最早起源于日本,日本最早致力于农业高新技术产业化研发推广,"瓜果书"的设计和制作发轫于无土栽培技术

图 2-1　瓜果书

---

①　http://baike.baidu.comview36293.htm? fr=ala0_1.

②　陈放.武力.创意学[M].北京:金城出版社,2007.

③　http://baike.baidu.comview36293.htm? fr=ala0_1.

的勃发。在日本农产省和日本有机农业研究会的共同推进下,"瓜果书"应运而生。

"瓜果书"本质上是结合了工业设计的先进理念和园艺栽培技术的成熟技术,从而打造出的极具创新意识的工业产品。"瓜果书"里含有膨化剂,高效营养介质以及迷你种子。在日本,各地商场和书店均有"瓜果书"出售,诸如"番茄书"、"黄瓜书"、"茄子书"等应有尽有。这些外貌似书本的产品表面包装有防水纸,其内塞有石绒、人造肥和种子等。人们购回后按照其内附赠的种植说明,只要每天浇水,便能长出手指粗细的黄瓜、弹丸似的番茄、拳头大的黄瓜等;一般情况下,一本"番茄书"经培育可长出150～200个迷你果,一本"黄瓜书"可结出50～70条袖珍瓜。这种时尚新颖的创意产品一度在日本成为最为畅销的工艺创意产品。(图 2-1)

现在的瓜果书,还处于书本与有机介质的结合阶段。有机介质借助于书本外观的创意设计,从而实现有机介质和种子的生长发芽,开花结果。瓜果书的未来充满诱惑,瓜果书的未来就是"书本开花结果"的童话的成真。

第二节　创意的妙用

创意是火车头,是播种机。

——英国首相　布莱尔

创意犹如原子裂变,一盎司创意就会带来无以计数的商业效益。

——微软公司创始人之一　比尔·盖茨

创意可以为生活增添精彩和美妙。与创意相关的产业很多,如广告、建筑、时装、音乐、影视、音像、表演、艺术、媒体、游戏、动漫、软件、设计、工艺、玩具和网络等。

1. 广告案例　雀巢咖啡品牌广告三部曲[①]

世界上最大的速食食品公司是成立于 1867 年的瑞士雀巢集团,以创始人亨利·雀巢(Nestle)的名字命名,德语意思是小小雀巢。雀巢产品主要涉及咖啡、矿泉水、猫狗食品、冰淇淋,在同行业中均处于领先地位。此外在奶粉、调味品、巧克力糖果、眼科医疗用品等产业也享有较高声誉。雀巢公司是如何让雀巢咖啡深入人心的? 除了保证产品品质外,成功的广告策略是关键——让消费者在记住生动广告的同时,记住了雀巢咖啡。全球广告的标准化,大量投放广告是雀巢公司的一大特色。

雀巢广告在我国广告战略中可分为两个阶段。第一阶段:20 世纪 80 年代,雀巢产品再次进入中国,在宣传策略上强调使用中国人的形象。一句经久不变的广告语——雀巢,味道好极了,拉近了雀巢与中国民众的距离。广告以"味道好极了"的朴实口号作为面市介绍,劝说国人也品

[①]　http://creative.wswire.com/htmlnews/2005/12/20/632435.htm.

品西方的茶道。当初雀巢在中国推出速溶咖啡的时候,面对中国人传统的喝茶的习惯,雀巢首先做的是培养中国人喝咖啡的习惯。雀巢用广告等多种手段,着意来宣传喝咖啡是一种时尚、潮流,成功地吸引了一群年轻人对茶背叛之后选择了咖啡。品尝雀巢咖啡,代表的是体验一种渐渐流行开来的西方文化。"味道好极了"广告运动持续了很多年,尽管其间广告片的创意翻新有过很多次,但口号一直未变。直到今日,说起"味道好极了",人们就会想到雀巢咖啡。(图 2-2)

图 2-2　雀巢咖啡广告

第二阶段:90 年代后,中国年轻人的生活形态发生了变化。一是年轻人渴望做自己的事,同时又保留传统的伦理观念;二是意识到与父辈之间的差异,也开始尊敬他们的家长;三是渴望独立,并不疏远父母;四是虽然有代沟,但有更多的交流与理解;五是有强烈的事业心,也要面对工作的压力和不断地挑战。这就是当今年轻人的生活形态。雀巢敏锐地感受到年轻一代的生活形态的微妙变化,广告口号变成了"好的开始"。广告以长辈对晚辈的关怀和支持为情感纽带,以刚刚进入社会的职场新人为主角,传达出雀巢咖啡将会帮助他们减轻工作压力,增强接受挑战的信心。这种社会背景也成了雀巢咖啡"好的开始"广告的沟通基础。

综观雀巢的整体广告策略,我们可以总结出,其成功的关键在于其广告在跨文化传播中的标准化与本土化的合理以及灵活的运用。广告的本土化和标准化各有优势和不足,将本土化和标准化有机结合是许多跨国公司所追求的目标。雀巢在遵循全球化经营理念的同时,尊重和考虑本土顾客的需求、习惯和文化诸因素,在广告中反映出各地消费者的生活方式,使品牌真正地满足本地市场。正是这种出色的广告策略,小小雀巢才有了今天的大世界。

2. 动漫案例　老少皆宜的喜羊羊与灰太狼

国产原创系列电视动画片《喜羊羊与灰太狼》①,由广东原创动力文化传播有限公司出品。自 2005 年 6 月推出后,陆续在全国近 50 家电视台热播,在北京、上海、杭州、南京、广州、福州等城市,《喜羊羊与灰太狼》最高收视率达 17.3%,大大超过了同时段播出的境外动画片。此外,该片在中国香港、中国台湾、东南亚等国家和地区也风靡一时。荣获由国

图 2-3　喜羊羊与灰太狼动画

① http://baike.baidu.comview752644.htm.

家广电总局颁发的国家动画片最高奖——"优秀国产动画片一等奖"。

从2003年萌发创意,到2009年的"牛气冲天",31岁的编剧黄伟健已经陪《喜羊羊与灰太狼》走过了5年时间,他笑称自己是和《喜羊羊与灰太狼》一起长大的。

故事题材就取自自己的童年和现在身边有趣的事,所以和他同龄的人也许都会有些共鸣吧。《喜羊羊与灰太狼》的100多名动画师和10多名从事喜剧创作的编剧都是年轻人,平均年龄不超过25岁。因为他们自己就是大孩子,所以最初就没打算有什么灌输意味。

"我觉得许多国产动画片那样做很没有必要,其实让观众开心之余,表现一些勇敢、机智、友爱的东西,看着舒服就足够了。"黄伟健说,故事中的形象和情节很多来自他学生时期的记忆。与黄伟健同龄的人,都有着相似的儿时记忆。而《喜羊羊与灰太狼》中的很多情节,大概都能唤起他们这些成年人的集体回忆。(图2-3)

3. 游戏案例 白领阶层的圆梦园——开心农场①

五分钟是一家Social Game的开发和运营商,专注于向玩家提供符合"五分钟"理念的Social Game。代表作品《开心农场》在日活跃用户数、用户活跃度和运营收入方面均取得了行业领先的地位。"开心农场"是一款以种植为主的社交游戏。用户可以扮演一个农场的农场主,在自己农场里种植各种各样的蔬菜和水果。(图2-4)

游戏中,玩家扮演一个农场的经营者,完成从购买种子到耕种、浇水、施肥、喷农药、收获果实再到出售给市场的整个过程。作物从种植到成熟有着不同的阶段,每个阶段可能会发生干旱、病虫害、长杂草等情况,需要农场主的细心照顾。果实成熟之后,可以被收获进仓库,后期用户可以选择合适时机卖出仓库中的果实来获得金币。金币除了购买种子,还可以购买化肥等道具和农场的装饰品,以及用于农场的土地扩建。

图2-4 开心农场游戏

"开心农场"具有明显的游戏特点,讲究互动互助,好友越多越有趣。每天用户只需要上线给自己或者帮好友的作物浇浇水、杀杀虫、除除草、收收(或偷取)果实即可,如果有损友来你农场里使坏或者盗取你的果实,你的狗狗也可以抓住他。该游戏不仅可以调动用户上线的积极性,还可以促使用户发起对站内好友的互动,让好友与之一起互动。游戏趣味性地模拟了作物的成长过程,所以玩家在经营农场的同时,也可以感受"作物养成"带来的乐趣。

---

① http://baike.baidu.comview2151610.htm.

第三节　创意变生意

我觉得走神儿是天大的优点，所有的大科学家都爱走神儿，因为想象力丰富的人都爱走神儿，很多好的创意都是走神儿的时候想出来的。比如牛顿坐在苹果树下，一个苹果落下来了，他走神儿了，就发现了牛顿定律。

——中国作家　郑渊洁

创意面前生意是不平等的。

——分众传媒CEO　江南春

1. 案例 大学创意店专卖学生创意作品①

在杭州中山中路377号，开了一家特别的"创意工坊"，里面卖一些手工设计制作的陶瓷道具、艺术挂件、布玩偶、牛皮钱包……

这家店是一所大学——浙江工业大学之江学院开的，供货商主要是之江学院创意设计分院的学生，商品就是学生们的设计作品。（图2-5）

店门口写着：浙江工业大学之江学院创意设计分院·创新创业中心。远远就发现它的不一样：机器人站岗，机器狗迎客，再往里看，一些表情夸张、搞笑的玩偶躺在柜台里，很有趣。"店长"陈云英是之江学院工业设计系的毕业生，现在在读研究生。因为她一般是双休日上课，所以受聘于学校，负责管理店铺。店铺约35平方米，产权属于学校。按这个地段的平均租金算，要租下这样一间店面需要一二十万元一年。这是学校提供给学生的一个平台，学生有作品可以送过来，自己定价，上柜销售，不需要交纳管理费用。

图2-5 "变形金刚"作品

货品半个月更新一次，一般上架后半个月就知道好不好卖，如果过了半个月还没卖出去，会通知学生过来自己促销。试营业到现在基本每天都有东西卖出去，双休日最好卖。卖得最多的是陶瓷首饰，9元—85元一只；还有陶瓷玩偶，188元—300元不等。因为是全手工，不像机器批量生产，所以大家很看好，一些老外过来一买就是三四个。现在店里除了之江学院的学生作品，还有一些是浙大、中国美院、中国计量学院学生的作品。店里还有10个大块头变形金刚，是老师的设计作品，都是用废旧机器零部件做成，非常吸引眼球。大的比真人大，小的半米高，很逼真。"小变形金刚 4000 多元,如果定做还不够。变形金刚里的'机器狗'9600 元一只。"小陈说,"一些酒店、商场开业都来租的,很受欢迎。"

2. 案例 疯果网＋疯果盒子①

疯果盒子创始人王三石,经营了一家叫"疯果盒子"的商铺,和其他商铺最大的区别是——它只有一堆空盒子。"疯果盒子"提供给你的服务是把空盒子租给你,你可以随意布置你的盒子,但是盒子里面卖的东西必须是原创的、非量产的设计作品。自 2007 年 9 月创办以来,"疯果盒子"已经在北京最繁华的商业区设立了 7 家连锁店,年营业额达到 2000 万元。(图 2-6)

目前全国出现了很多和"疯果盒子"模式相同的店铺。这种"盒子店"的创业模式看似容易被复制,但如果想持续成长,需要有几点支持:一个是设计师资源的积累;另一个就是

图 2-6 "疯果盒子"商铺

能够长久、持续地汇聚设计师。现在王三石创业的最大优势就在于,"疯果盒子"有一个网络支持平台,为"疯果"提供了全国各地大量的设计师资源。

王三石是西南大学美术学院油画系出身,做过教师,从事过广告行业,也做过网络游戏美工师,从媒介做到项目策划。在充满变化的职业生涯中,王三石现在找到了他人生又一个角色——创业。王三石不止一次创业,2004 年开始他做过互联网,创办了"帮你邮"和"疯果网"。2007 年,他开始从互联网转变到实体商铺的创业,创办"疯果盒子"。

3. 案例 京城 1 号卖花小丑②

20 岁从山东临沂农村来北京"漂"的小宋,已在京城"混"了 11 年。这个初来乍到时挨骂受气的小饭馆伙计,眼下已摇身一变成了公司总经理,甚至连名字都从宋广斌改为宋非凡。"我喜欢非凡这名字,因为我的想法和做法与众不同。"他气定神闲地说。宋非凡打小就不安分,虽然七八岁时就跟父母下田拉犁、牵牲口、捡地瓜,但他可不想像父母那样一辈子埋头干农活,初中没毕业就做起小买卖,在集市卖瓜子,几年后又跑到北京打工。

2006 年初,他逛王府井时,发现路边不少卖花的小姑

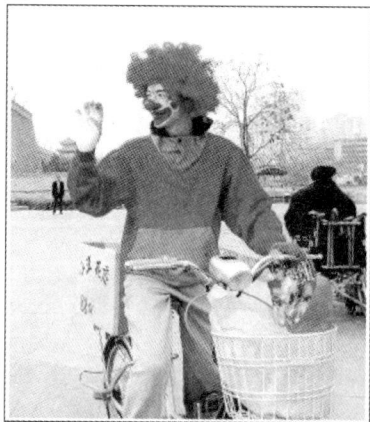

图 2-7 卖花的"小丑"

---

① http://baike.baidu.comview1192970.htm? fr＝ala0_1.

② http://news.sohu.com/20081222/n261343225.shtml.

娘,虽然吆喝得挺起劲,但买花的人很少,有人甚至厌烦地躲她们。他琢磨开了,"假如我卖花,能用什么方式吸引人呢?"

忽然,他想起在电视上看过马戏团的小丑,那滑稽逗人的模样令人难忘,"我要是打扮成小丑卖花,没准儿能给人个惊喜。"想出了这么个鬼点子,他忍不住偷着乐。

他找了家小裁缝店,给自己设计了套小丑服装,一半红一半黄的连衫裤和尖帽子,花了200多元。还用半个乒乓球做了个鼻套儿。然后买了口红,给自己涂抹了一张麦当劳叔叔的大嘴,对着镜子反反复复练习做鬼脸。一天晚上,乔装打扮成小丑的他,去花店买了几束鲜花,直奔北京后海的酒吧街。"哎哟喂,快看嘿,真好玩,这是干吗的?"路人发出惊呼。知道他是卖花的后,有个小伙子说,"今天是我女朋友生日,她在酒吧里坐着呢,你给她送束花去。"当他把花送给那女孩,并说"祝你生日快乐"时,女孩兴高采烈地非拉着他合影。

那晚上,他这个小丑很风光,后海很多卖花的,数他卖得快,不但赚了100多块钱,还有不少中外游客争着和他拍照留念。"百分之百的回头率呀!"兴奋之余,他打定主意开"小丑鲜花专递"店。(图 2-7)

4. 案例 点"泥"成金[①]

深圳市有模有样文化发展有限公司创始人陈维伟在去香港地区的一次旅行中偶然获得灵感,研制出的手模泥不仅卖出了别人四五倍的价格,还受到了成龙、赵本山等演艺明星以及很多奥运冠军的青睐。这也让他从一个打工仔变成年收入 600 万元的老板。

陈维伟说:"我去星光大道,看到星光大道有很多手印、手模这个东西。当时都是一些明星啊,电影明星的手印,然后我就突然想到把这个产品看能不能做成一个就是让我们国内的一些名人啊,让我们的大众消费者都能去享受。"

图 2-8 明星成龙的手泥

陈维伟回深圳后立刻进行市场调查,他发现目前国内的手模产品主要针对新生儿的市场,而且品质不高。它的固化时间要很长时间,约六七天。另外,固化完以后,容易开裂,表面比较粗糙,还有最大的一个缺点就是不防水。

经过和深圳一家高校合作,他研制出的手模泥可以做到 2 个小时固化,表面光滑,不开裂,且防水耐磨。产品研制成功后,陈伟维主动对上海国际电影节等活动进行赞助,借助于明星的推广,他的产品也渐渐为市场所认知。

陈伟维的手模每个成本从 200 多元到 800 多元不等,而售价可以达到 300 多元到 1000 多

① http://finance.sina.com.cn/leadership/careerstory/20090701/21206427092.shtml.

元,利润为 100 多元到 500 元不等。他的手模主要销售给金鸡百花电影节等活动,以及一些公司的庆典活动等,每个活动的销量为 400、50 个到 200、300 个不等。此外,还零售给消费者,作为生日、婚庆等活动的纪念。2009 年他预计将销售 6 万个手模,其中商业活动市场为 4 万个,零售市场 2 万个。销售额可以达到 2000 多万元,利润超过 600 万元。(图 2-8)

第四节　创意的形成

创意的奥秘是知道如何隐藏你的来源。

——爱因斯坦

日本有 5000 所各种创意学校,美国号称培训了 5000 万创意人才,而我国 10 万人都不到。

——新浪网

创意的形成与方法有密切联系,国内外学者一直在为此进行研究。1938 年,美国 BBDO 广告公司创始人阿历斯·奥斯本发明了著名的"头脑风暴法",被誉为"创造工程之父"。日本在 20 世纪 40 年代也提出了特色的创造方法,如"KJ 法"、"NM 法"、"ZK 法"等。我国从 20 世纪 80 年代开始创造工程和创意方法的研究和普及。

胡伦贵等在《人的终极能量开发》一书中,按照创意思维方式归为三大类:发散思维法、聚合思维法和想象思维法。在此,结合创业需要列举我国几种代表性的创意方法。

1. 超序联想相干法

超序联想相干法的逻辑前提是:世界本来就是万物相互联系的统一体,只不过我们还没有充分认识它,或者说还没有把它充分联系起来。超序联想相干法在小说、诗歌、音乐、绘画及科幻作品的构思、新产品设计中比较常用,如《西游记》、《聊斋》及神话作品等原本大都是"无中生有"的产物。《西游记》中的孙悟空是人与猴子的相干,猪八戒是人与猪的相干……几乎所有人物都是与"风马牛不相及"的其他事物相干的产物。

超序联想相干法也可以借用一些联系链条——相似、相近、接近、同类、同质、同样、整体、部分、内外、上下……所有的"联系的链条",联想与相干下去,直至到达目的地。现以"假如"这一联想词为联系链条为例:

假如人脑可以复印;

假如人可以倒着走;

假如我可以冷冻 50 年;

假如我是奥巴马;

假如可以用意识飞行;

假如人可以活到 500 岁;

假如地球遭到宇宙其他星球的侵略；

那么世界将会怎样？你自己将会怎样呢？

许多现实往往都是由许多"假如"演进而来的。古代《山海经》、《封神演义》中大部分幻想、假想、空想……现在不都实现了吗？

2. 系统创意法

系统创意法是用控制论、信息论、系统论等方法中整体的、联系的、结构的、功能的、层次的、非线性的观点对某一特定系统进行分析、归纳、综合，从而求得创意的方法。

夏天，人们受到蚊子的叮咬时会自动地举起手向蚊子打去。但有时一次打不着，那么同一个蚊子也许会在另一处叮咬你。此时皮肤神经就会把前后蚊子叮咬的差别信号反馈至大脑中，大脑再发出指令用手去打蚊子，人们据此实现了导弹打飞机的创意。在这个事例中，"皮肤神经前后叮咬的差别信号反馈到大脑中，大脑再发出指令用手去打蚊子"是一个反馈控制法；而通过打蚊子的事例实现导弹打飞机的创意，这同样是一个系统类比法。

许多乡镇企业在原有的设备、技术、资金、耕地上仅仅进行了一下"体制"的改革调整，经济效益立即上去了。电脑的发明与其他许多发明的不同点在于：过去的发明如刀、枪、车、炮等都是手脚功能的延伸，而电脑是人类"脑"功能的延伸与放大。这都是系统法的应用。

3. 非系统法

非系统法亦称"王子创意法"，因其用途普遍和实用而闻名，它是对原事物的变化进行非系统化的分析，把旧系统进行结构上的改变，如伸一伸、减一减、拉一拉、搬一搬、增一增、反一反等，以求得创意的方法。

在商业竞争中，厂家为打响知名度，如可口可乐广告中"借"体育明星或影视当红明星，娃哈哈广告"借"王力宏、谢娜，和其正饮料"借"陈道明，优乐美奶茶"借"周杰伦，中国移动的神州行"借"葛优等都是"挂一挂"非系统法的应用。韩国料理引入中国内地后，台湾料理、香港料理、日本料理、泰国料理等也相继入市，甚至澳门豆捞也成为餐饮热点。这都是"搬一搬"非系统法的结果。

4. 意向感应法

创意通常要求我们亲自去做，在"行动"中获得"闪电"，在体验中提高创意的品质。许多文艺大家喜欢游览名山大川，深入社会、深入到群众中，其目的是在活动中寻找灵感，这是意向感应法中亲自经历法的应用。而由于受人的精力、物质的限制，有时我们并不需要亲身体验，而是运用模拟的方法，或用电影、电视的方法，以寻找灵感，这是模拟法的应用。除此之外，仅在静室里冥思苦想、闭门造车也是出不了好创意的，还必须不断从社会实践中才能发现、相干出好的创意来。特别是军事、商战、文学艺术等方面的创意，如果不到"大风大浪"中去磨炼是难成气候的。如肯德基创始人哈伦德·山德士,一生中经历了一千多次失败,88 岁时才取得了全世界瞩目成就,这之前的上千次失败只有他自己最清楚。还有阿里巴巴的创始人马云,刚开始创业只是做翻译业务,所谓 B to B 电子商务平台的成功构建,"淘宝网"、"阿里巴巴"的诞生都是一次一次的碰壁后形成的创意。

好的创意在取得成功时能量都是巨大的,随着互联网的应用,创意的价值也在无限放大。如盛大的成功、百度的奇迹,徐静蕾的博客,胡戈花 200 元制作的"馒头"12 天超过陈凯歌花了 3.5 亿投资的《无极》的点击率,都是由互联网和创意"化学反应"的结果。

案例分析

1. 兰雨护肤霜的诞生 ①

有一个时期,在美国和东南亚一些国家的报纸上相继登出了一个童话故事,并印成多语种的彩色画册广泛散发。

故事的大意是:从前一位很讲究美食的国王,他有一位烹饪技术高超的厨师,因此每天都能享用精美绝伦的餐点。有一天,餐点质量突然下降,当国王查明原因是厨师的双手突然红肿,便请最好的医师治疗,却不见效果。最后,国王无奈便把厨师辞退了。厨师无以为生,流浪到森林深处,为一位老人牧羊。他常常用手抚摸羊群,手也渐渐地不疼了。春天里他又开始剪羊毛,他红肿的手竟痊愈了。后来,厨师又返回京城,恰逢国王正在招聘厨师,他以高超的技艺再次被聘。国王这时却发现厨师的手好了,大为惊奇,忙问他缘由。于是,国王便根据厨师提供的线索,让科学家们进行研究,结果发现羊毛中有一种自然油脂,它具有保护皮肤的神奇功效,国王将它命名为兰雨。

印有这则童话故事的册子背面还有一段文字说明,美国加州兰雨化妆品公司的兰丽护肤霜,就是用最新科学方法提炼的绵羊毛脂研制的。你还怀疑它的神奇功效吗?那么请你先试用一下,我们只担心,你试过以后,就会使你家的其他护肤品变为多余。

实际上,这则童话是个不折不扣的推销广告。但它以文学的形式出现,以惊人的想象,优美的文笔,富有传奇性的故事,引人入胜,比一般空洞吹嘘效果的广告更容易打动消费者。事实也确实如此,随着宣传册子的散发,兰雨产品也取得了意想不到的销售效果。

请问你从中受到什么启发? 请列举一个其他产品的类似例子并进行分析。

2. 分期付款的故事

谁能想到,分期付款出自一个小孩子之手。英国著名企业家梅考克在经销农业机械时,看到很多农民虽然非常想购买他的机械,但苦于资金不够,而不能购买。一次,他看到一些小孩子

① 张玉彩. 头脑创意新风暴 旋转思维训练[M]. 北京:中央编译出版社,2006.

在一起玩耍,其中一个年龄大一些的小孩,兜里装了一种很好吃的糖果,有好几个小孩子都想吃到这种糖果,便掏出身上的钱来向他购买。还有一个小孩子也想买到这种糖果,但他身上带的钱不够,他向卖糖果的小孩子提出,自己先付出身上带的钱,买一些糖果,其余的钱,以后他再分几次付清。卖糖果的小孩子表示同意,于是他们之间的这笔交易就这样成交了。

梅考克对小孩子之间的这种交易方式大感兴趣,觉得十分新颖独特。他联想到自己所从事的农业机械销售,常会因不少顾客凑不起足够的钱而不能买到所需的农业机械,他于是借鉴了小孩子间的这种交易方式,对以前坚持的一次性付款改为分期付款的方式,他的销路一下子打开了,并受到了农民的欢迎。

孩子间的一个小小的交易与这位企业家经营的机械看起来风马牛不相及,但是梅考克却找出了这两者内在的联系,也解决了农民因资金不足的苦恼。这就启示我们在解决问题时不必在这个问题的本身上纠缠不休,完全可以从其他事物中发现解决的办法。他山之石可以攻玉,就是这个道理。

实训练习

1. 在阿拉伯数字 1 和 0 之间,要求加一个数学符号,使所得到的数比 1 小,比 0 大。

2. 著名童话作家安徒生,有一次戴着一顶旧帽子在街上散步。一个不怀好意的青年男子见到后,讽刺道:"先生,你脑袋上面的那个玩意儿是啥? 它能算是一顶帽子吗?"

安徒生听后反驳了一句话,让这位男子无地自容。

请问安徒生说了句什么话?

3. 在深山里有一座寺院,有一位老禅师,一天黎明,要试一试徒弟们的智力,他说:"你们都到殿外去,看看太阳啥时候出来,看谁先看到。"于是徒弟们赶紧到外边,因为院墙很高,外面又有大树遮视线,所以都踮脚向东望。只有一个小和尚与众不同,过了一会儿,小和尚第一个说:"太阳出来了。"接着说明了理由,禅师一听大喜。

请问这个小和尚用了什么办法?

4. 科学研究发现,大多数攀缘植物的"转头运动"是有一定方向的,如生长在北半球的金银花、牵牛花、扁豆、菟丝花、山药等,这些植物的茎的攀缘方向是向左旋转的。可是同样是这些植物,如果生长在南半球,它们的茎则向右旋转。

请问,从这些植物分布规律与攀缘方向上,你能发现什么问题?

5. 大豆、豌豆、三叶草之类的叶子在夜间垂下,在白天立起,如果把它完全放在黑暗中,它们的叶子依旧周期性地垂下和立起。沙蚤是海滩上的一种生物,当涨潮时,它从沙滩里钻出来,在海水中觅食,落潮时就钻入沙滩里。如果将它们放在一个水罐中,发出在海水涨潮的声音,它们在水中游泳,否则就在水底休息。有一种海鸟,生活在离海边 50 公里远的地方。它们每天飞到海边的时间总比前一天推迟 50 分钟。这样,每天退潮后,它们总是海滩上第一批食客,要知道,潮汐时间正好是每天向后推迟 50 分钟。有一位洞穴探险者,曾被困在洞中有 20 天,洞中没有昼夜之分,也没有任何确定时间的工具,但是,他基本上仍按在地面上生活的规律一样,一天按 24 小时来安排自己的活动。

由此,我们得出结论是什么?

游戏训练

我有一个梦

参与人数:不限　时间:50 分钟　场地:不限　材料:无

这是一个关于梦想的游戏,这个游戏可以发挥出每个人的最佳水平;使游戏者停止拖延,设立和达到自己的个人目标;帮助游戏参与者克服焦虑和对失败的担心,渡过难关。游戏的步骤是:

第一步:让人们进入放松的状态。当听到有人用舒缓的语调复述下面的内容时,请自由地呼吸并闭上眼睛。

自由呼吸,心无杂念。我将带你进行一次想象之旅。集中注意力于我的语音,并感觉你的身心开始越来越放松……继续放松…… 你周围是一片黑暗……你完全被夜色所包围……你感到温馨、放松和自如。集中神志于你的呼吸,轻松地慢慢呼吸。集中神志于你周围的令人舒服的夜色,在远处,你仿佛看到了一个圆圆的小物体。慢慢地逐渐地,它离你越来越近,最后离你只有 1 米远;它悬挂在夜色中,就在你的眼前。这个物体上有一个钟表,它的时针和分针都指向了 12,这是一个普通的表,有黑色指针和普通的白色的表盘。

当你继续集中神志于表盘和指向 12 的指针的时候,你开始感到时间好像凝固了。现在,慢慢地,分针开始沿着表盘走动,开始的时候很慢,然后稍快,后来更快。在几秒钟的时间之内,它已转了一圈,时针现在指向 1 点了。分针继续转动,而且速度越来越快,因此时针也从一个数字跳到另一个数字,速度越来越快……当指针继续绕着表盘旋转的时候,你感到自己正被轻轻地拉起……轻轻地被拖进未来之城……当你穿越时间的时候,缕缕的空气轻轻地擦着你的肌肤……直到最后,你开始慢下来……表针终于停下来了,整整 10 年已经过去了。

你向左边的远处看去,你看到在光亮的地方有个人。那个人就是你,10 年后处在理想的工作环境中的你。将你的意识融到未来的你身上,感受未来的温馨和积极。现在环顾四周,谁和你在一起? 你看到了什么样的工作环境? 你看到了什么样的设施和家具? 周围的人们在说什么? 这里有一扇窗户,你能看到窗外吗? 如果能,你看到了什么? 集中神志于你能看到的、感觉到的和听到的细节,并让自己感受未来的你的成就和纯粹的满足……

现在你感到自己又被拖进黑暗中,在远处,另一个场景开始浮现。就在正前方,你看到自己在另一个光明之地。这次是整整 10 年之后,你处于一个理想的家中,诸事完美……万事如意……你的身心洋溢着温馨、自豪的感觉……在光明之地环顾四方,谁和你在一起? 你看到了什么? 尽量集中神志于声音,让意象越来越清晰。集中神志于你能看到的、感觉到的和听到的细节,并让自己感受未来的你的成就和纯粹的满足。

当你又被轻轻地拉向黑暗时,光明之地开始暗下来……当我告诉你睁开眼睛时,你将重新回到现在,你将回忆起美好的未来景象,那些美妙的成就感和满足感将在心中驻留……好了,慢慢地,慢慢地,睁开你的眼睛,你又回到了现在。

第二步:让参与者记下某些意象中的细节,让他们写下一个简短的计划,表明从现实到想象意象的过程中,他们有什么收获。最后,就想象和规划的重要性展开讨论。

这是一个充分激发大家想象力和生活热情的游戏,通过憧憬美好的未来,参与者可以暂时忘掉压力和不愉快,得到短暂的放松和休息。同时,参与者对未来的憧憬也不会白费,他们可以带着这份美好的希望投入学习和工作中,向着目标奋斗。有梦想,就会有改变。

建议主持者引导参与者讨论以下问题:

1. 在光明之地你看到了什么?

2. 当看到这些景象的时候,你感觉如何?

3. 你睁开眼睛之后,成就感和满足感还延续吗?

4. 展望美好的未来怎样改进了你的生活?

这个游戏的目的是告诉人们,有梦想就会有改变。我们要怀揣成功的梦想,这样才能有致富自强的可能。

相关链接

福勒是美国路易斯安那州一个黑人佃农的儿子。5 岁时他就开始劳动,在 9 岁之前,他以赶骡子为生。像他们这样的家庭,劳动和贫困并没有什么可抱怨的,这些家庭还认为贫穷是命里注定的,并没有强烈的改善处境的要求。幸运的是,少年时的福勒有一位不一般的母亲,他的母亲并不满足这种仅够糊口的生活。

她时常同儿子谈论她的梦想:"儿子,我们不应该贫穷。我不愿意听到你说我们贫穷是由于上帝的意愿。我们的贫穷不是上帝的缘故,而是因为你们的爸爸从来没有产生过致富的愿望。我们家庭中的任何人都没有产生过出人头地的想法。"母亲的这番话让致富的梦想像火花一样在福勒的心中迸发出来,最后他决定把经营肥皂作为发财的一条捷径。于是,他挨家挨户地出售肥皂,长达 12 年之久。后来他得知供应商决定将公司拍卖,售价 15 万美元,而他销售肥皂这 12 年中有 2.5 万美元存款,他觉得这是个赚钱的好机会,就与供应商达成协议:先交 2.5 万美元保证金,在 10 天之内把余额付清。如果到时无法筹齐余下的款项,他就将失去预付的保证金。

他从私交不错的朋友那里借了一些,又从信贷公司和投资集团那里得到援助。到了第 10 天的深夜,他筹集了 11.5 万美元,还差 1 万美元。这 1 万美元相当关键,将决定他的命运。当时他已用尽所有的贷款来源。暗夜里,他对自己说:我要驱车走遍整条大街,直到我在某栋商业大楼里看到第一道灯光。深夜 11 点,他真的沿芝加哥大街走着。过了几个街区后,他看到了一家承包商事务所的灯光。他走了进去,写字台旁是一个因工作而疲惫不堪的人。福勒感到自己应该勇敢一些。

"您想赚 1000 美元吗?"福勒开门见山。

这句话让承包商吓了一跳:"是啊,当然想的。"

"请给我开一张 1 万美元的支票,当我还清这笔欠款时,将加付 1000 美元利息。"接着他把借钱给他的人的名单给这位承包商看,并详细地解释了这次商业冒险的情况。就在那天夜里,福勒口袋里带着 1 万美元的支票离开了这个事务所。

后来,福勒的生意越做越大,不仅在那个肥皂公司,而且在其他四个化妆品公司、一个袜类贸易公司、一个标签公司和一个报馆,都成功获取控股权。

这个故事告诉我们:要有致富的梦想,这样才能充分激发潜在的智慧和能力,抓住改变贫穷的机会,从而走进富人的行列。

模块三 | 创业决定人生

四小虫结交创业女生

四小虫目不暇接,一家一家扫描,猛然发现一个区域写有:"大学生创业专区"。好奇心油然而生,快步上前。哇噻! 都是些很独特的东东,有些是陶瓷做的挂件,有些是石头做的卡通造型,有些是碎布拼制的小包包,有些是个性图案的运动鞋等等,什么稀奇古怪的都有,从来没有见到过呀! 很快,四小虫和那些大学生店主聊上了,数分钟之后,QQ、手机号交换个遍!

内容提要

　　时代发展为我们提供了更多机会,运用知识和技能去创业,实现人生价值是最佳选择。了解社会发展趋势,树立人生目标,享受创业教育的福祉。

第一节　确立人生目标

　　如今,我们面对的是一个全新的责任时代——人人都需重视,对我们自己,我们的国家乃至整个世界,都有一份责任。我们会欣然接受这份责任,人生也正因此而充实。

——美国第 44 任总统　贝拉克·奥巴马[①]

　　必须有一个明确的目标要完成,才会集合个人成为一个集体去做事。

——英国皇家女子空军指挥　汤普林

　　设定一个正确目标就等于达到了目标的一部分。——美国行为学家　t·吉格勒

　　我们来到这个世界,每一个人都有三个档次"逐步升级"的奋斗目标,如图所示:

　　A. 求生存——这是人的本能,也是最基本的目标。一个人如果连自己的生存问题都解决不了,下面两个更高的目标就无从谈起;

　　B. 谋发展——一个人有了施展才华的本领,才有可能考虑为国为民作贡献;

　　C. 作贡献——一个人的生存问题解决了,又找到了发展的空间,就应当回报社会。

　　一个人要用自己的力量迈上求生存、谋发展、作贡献这三级台阶,必须有足够勇气、毅力和智慧。毫无疑问,每个人所走的奋斗之路可能会千差万别,但都需要三大支柱支撑其实现人生目标:

　　健康的身体——如同一列在奔驰的火车车轮,如果火车没有车轮,它就失去了支撑,无法前进;

　　良好的心理素质——如同一列奔驰火车的方

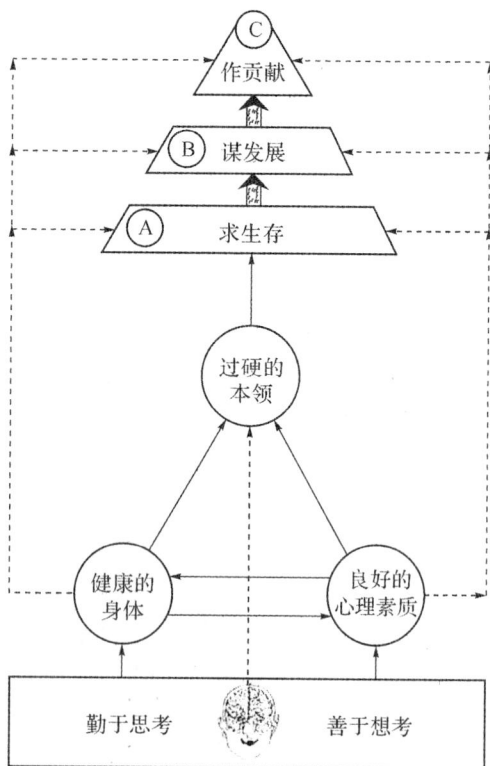

图 3-1　人生奋斗目标与条件

[①] http://zhidao.baidu.com/question/91641707.html? fr=ala0.

向盘,如果火车没有方向盘,它就会出轨,偏离正道,甚至走上不归路;

过硬的本领——如同一列奔驰火车的发动机,如果火车没有发动机,它就失去了前进的动力,就算有世界上最先进的车轮和方向盘,它也会失去列车的基本功能。

一个人要奋斗,必然会遇到各种各样的问题,这都需要我们勇敢地面对,勤于思考、善于思考,努力地学习,合理地解决。[①]

学习创业可能并没有人们想象的那么困难,就像家长希望自己的孩子成为艺术家一样,仅仅发掘他本身的兴趣是不够的。无论这个孩子多么有天分,如果他要成为一名艺术家,就必须从那些擅长吟诗作画的人那里获取各种关于艺术技巧之类的知识。当一个人想成为企业家或创业家时,一方面要确认自己对此有足够的兴趣,另一方面要向这方面擅长的企业家或专家学习,有条件时当然可以参加基本的创业教育,这是他最明智的选择。

一般创业都来自创新,而创新与创业的区别更表现为前者可能是一种状态,而后者更是一种过程,一种通往成功而没有终点的过程。

1. 目标明确就是力量

人生是短暂的,要让生活有意义,先要了解自己,必须知道自己的起点和目标,才能走向成功。没有目标的人,根本就无成果可言。为眼前的一些小小成就而自鸣得意的人,往往会迷失方向和目标。个人尚且要有目标,国家民族亦是,社会的进步是个人集合共同付出的结果。

有一次,杨朱正在家里休息,一位邻居突然来访。原来,邻居丢了一只羊,已经召集全家老小出去找,又来请杨朱派仆人一起帮忙。

杨朱说:"丢一只羊,何必兴师动众,要这么多人去找呢?"

邻人说:"人少了分派不过来。"

那邻人带领大家先沿赶羊回家时经过的大路走,一遇到岔路就派一个人沿岔路去搜寻。没过多久,他带去的人被分派完了,剩下那邻人只身走大路。

可是没走多远,前面又出现了岔路。他站在岔路口左右为难。焦急中任选了一条向前去的路径。走着走着,只见前面又有岔路。那邻人无可奈何。他看到天色已近黄昏,只好往回走。沿途碰到其他的寻羊人也说自己遇到过同样的困难。

回去后,杨朱问那邻人:"找到羊了吗?"邻人答道:"没有。"杨朱说:"你带了这么多的人去找,怎么还找不到呢?"

邻人说:"我知道大路边有岔路,所以找羊时多带了几个人。可是没想到岔路上还有岔路。我们不知羊跑到哪条路去了,所以只好返回来了。"

有些创业者觉得成功与否,主要是一个资源的问题。如果有足够的资源,任何目标都能实现。但是实际上,抱有这种想法的创业者永远也不会找到足够的资源。英国散文家、诗人、剧作

---

① 许光明.创新思维简明读本[M].广州:广东教育出版社,2006.

家约翰·黎里曾经说:赢得好射手的美名并非由于他的弓箭,而是由于他的目标。

正如由于岔路太多,很难找到丢失的羊一样,在人生或创业过程中如果目标不清晰,过于庞大或者复杂,同样也会在许多岔路上迷失方向,难有收获。

2002年7月托普集团董事长在集团成立10周年庆典上宣布,在未来3年打造30个软件园,员工规模达到4万人,流动人口达到10万人,全力打造中国软件业巨型航母。

随即,北京、上海、广州等地的主流媒体开始刊登托普的招聘启事:托普软件股份有限公司全力打造中国软件业的巨型航母,急聘5000名软件工程师。紧接着,托普集团宣布斥巨资赞助上海申花足球队,并在上海投资10亿元建设占地1000亩的托普南汇软件园。

然而,很快有媒体刊登文章,质疑托普超大规模人才招聘用意不明,并揭露托普软件园状况不佳,存在核心技术缺乏、业务发展模式不清、信息披露不实等问题。

市场迅速做出反应,托普软件股票8月底下跌了18%,托普炎黄在线下挫了11%,此后股价再未恢复。

"伤人十指,不如断人一指"。把资源集中于适应时代的核心竞争力上,将产生更大的效益。相反,如托普一样盲目地平均使用资源,盲目地多样化,犹如狗熊掰棒子,终将一无所得。杨朱的邻居之所以找不到羊,原因就是他自己不知道如何确定目标,所有人茫然失措,当然就找不到羊了。托普软件的遭遇,不过是歧路亡羊的现代版。[①]

2. 人生目标不能太狭隘

从前,有一位少年,渴望练就一身超群的剑术,便千里迢迢来到一座仙山,求教于一位世外高人。这位少年一心想早日成名,跪拜之后,便说:"我决心勤学苦练,请问师父需要多久才能学成下山?"

师父答道:"十年。"

少年嫌太长,就说:"假如我全力以赴,夜以继日,需要多长时间?"

师父说:"这样大概要30年。"

少年大吃一惊:"为什么全力以赴反而要30年呢?"师父不答。

少年又说:"我一定要不惜一切代价,拼死拼活修炼,争取早日成功。"

师父说:"那么,你就得跟我学至少70年。"

少年冥思苦想良久,终于大悟。

这个故事告诉每一个创业者:过分追求成功往往成为获得成功的最大阻力。不能制定过高的目标,更不能在追求目标中过分追求速度,而应沉着冷静制定合理而均衡的目标。

洛克菲勒在23岁时就全心全意追求他的目标——财富,除了生意上的好消息外,没有任何事情令他开心。他曾为200美元而心急如焚地病倒,他甚至从不上戏院和参加宴会,也不和人

---

① 苏建民.好毛驴要先学会吃草[M].深圳:海天出版社,2007.

玩乐,因为他认为这些都是与目标无关的活动。正因他过分追求钱财,冷漠多疑,他也被人认为是最不受欢迎的人。很少有人喜欢他。他35岁赚到了第一个100万美元,43岁时建立了世界上前所未有的垄断企业——标准石油公司。

但是,他55岁的时候,由于烦恼和高度紧张的生活已经破坏了他的健康,以致他不得不选择了退休。经过一段时间的反省,他觉得自己失去了亲情、友情、爱情和健康。他终于想通了,开始为他人着想,他开始思索那笔钱能换取多少人类的幸福。

他用自己的钱把一所被关闭的学院建成了举世闻名的芝加哥大学;他帮助黑人,资助医疗事业;他还成立了一个全球性的洛克菲勒基金会,致力于消灭世界各地的疾病、文盲。他克服了以前的烦恼,舒展了自己的心胸,同时不经意地扩展了自己的名望。55岁就快要死的他竟然多活了45年,以98岁的高龄谢世。

财富不是人生的唯一目标,甚至有时连最重要的目标也算不上。创业者在生活中必须有不同的目标,如何制定目标并且在这些目标中保持均衡,而不至于畸轻畸重,是十分重要的。如果目标过于单一,追求过于痴烈,生活必然也会失去平衡,从而导致起初追求的目标也难以达到。如果运气比较好,达到了那种单一目标,生活也会因为失去和谐而变得枯燥和紧张,甚至像53岁时的洛克菲勒一样,精神濒临崩溃。

3. 设立正确目标是成功的一半

在广阔的撒哈拉沙漠里,有一个名叫比塞尔的小村庄,方圆上千公里没有任何人烟。曾经有一个探险家来到这里,用手语向当地人询问为什么没有人走出去,每个人的回答都是一样:从这儿无论向哪个方向走,最后都还是转回出发的地方。

这位探险家为了证实这种说法,雇用了一个当地人,让他带路,看到底是为什么。他们带了可以用半个月的水,牵了两峰骆驼。探险家收起指南针等设备,拄了一根木棍跟在当地人后面。

十天过去了,他们走了大约800英里的路程。第十一天的早上,他们果然又回到了比塞尔村。

探险家明白了,当地人之所以走不出沙漠,是因为他们根本不认识北斗星,而只是忙于寻找前人的足迹、死去的树木上的纹路以及蚂蚁的洞穴,企图通过这些来找到方向。可是由于风沙和岁月的侵蚀,这些东西所提供的信息却是混乱不堪,甚至相互矛盾的,因此他们凭借的只是自己的感觉,走一步算一步而已。

在没有任何参照物的情况下不认识北斗星,也没有指南针,想凭自己的感觉,走出沙漠的确是不可能的。如果仅仅凭着感觉往前走,他会走出许多大小不一的圆圈,最后的足迹十有八九是一把卷尺的形状。

探险家在离开当地时,带了一名青年人,并告诉他:只要你白天休息,晚上朝北方那颗星走,就能走出沙漠。这位青年后来成为比塞尔开拓者,他的铜像被竖在了小城的中央广场。铜像的底座上刻着一行字:新生活是从选定方向开始的。

这个故事说明，只有设定一个适合自己的目标，才能促进潜力和效率的提高。

目标创造成就的原因在于：目标使某人或创业者把注意力集中到相关的重要因素上；目标能调节一个人的真正的工作强度，所花的精力与自己所接受的目标的难度成正比；难度大的目标能增强人的意志力，而持之以恒是"长时间工作所需要的努力"。

目标管理是根据人生的规划，运用系统化的管理方式，把各项事务展开为有主次的、可控的、有效和高效的活动，激励自己以实现人生目标并为之努力的过程。

第二节　把握时代脉搏

在学校里，你考第几名已不是那么重要，但进入社会却不然。不管你去到哪里，都要分等排名。在学校，老师会帮助你学习，到公司却不会。如果你认为学校的老师要求很严格，那是你还没有进入公司打工。因为，如果公司对你不严厉，你就要失业了。

——微软公司创始人之一、微软公司主席兼首席软件架构师　比尔·盖茨

1. 知识产权时代

改革开放 30 年，中国市场存在几大历史机遇，可以实现资产的几何倍增。其一是 20 世纪 90 年代初股市的兴起，认购证的疯长造就大批股民一夜暴富；其二是 21 世纪初房市的兴起，城市房产与农村房产的差距迅速拉开，城市房主固定资产暴涨数倍，增值达到个人几辈子的收入总量。现如今，新一轮财富的获取在于知识产权。

1) 中国开始关注和保护知识产权。

2006 年 4 月 18 日，中国国家主席胡锦涛参观莱德蒙德的微软公司总部，并出席了在比尔·盖茨家举行的欢迎宴会，重申了中国加强知识产权保护的决心。此举有利于中国扩大对外开放和改善投资环境以及加强中国自主创新能力。这次访问象征着中国政府对知识产权的态度出现根本转变。

胡锦涛访美同期，联想与微软签订了 12 亿美元的软件购买协议，此前方正、同方及 TCL 等公司也签订了价值 17 亿美元的软件购买协议，为其生产的计算机预装微软 Windows 操作系统，以此抵制盗版软件。

2) 自主知识产权创造财富。

企业家选择公司主营产品时是需要异常的决心和努力才能成功的，有时甚至以公司命运作为赌注。如果选择具有自主知识产权的产品，那么市场将能够得到有效保护。

很多国内外的案例都印证自主知识产权这一时代特征。例如，2005 年 12 月 14 日，无锡尚德(STP)在纽约交易所上市，成为中国第一家在纽约交易所上市的民营企业，其董事长兼 CEO 施正荣身价达 23.87 亿美元，跃居福布斯中国富豪榜第一位。制造太阳能电池和组件的无锡尚

德电力控股有限公司,名列光伏产业第五位,同时也是专业光伏产品制造商中市值最高的企业。施正荣 1986 年取得中国科学院上海光学精密机械研究所硕士学位后,留学澳大利亚新南威尔士大学,师从"太阳能之父"马丁·格林教授,于 1991 年获太阳能电池研究领域博士学位,毕业后分别担任澳大利亚新南威尔士大学光伏器件和系统研究中心副研究员、项目科学家、薄膜硅太阳能电池研究组经理和澳大利亚太平洋太阳能电力有限公司执行研究董事。他本人持有 10 项晶体硅太阳能电池技术的发明专利,是太阳能电池领域一流专家。而国际资本所愿意追逐的,正是公司掌门人施正荣本人拥有的 10 项晶体硅太阳能电池技术专利及其产业化能力。

3)专利是投资新渠道。

科技发展史表明,基础研究、应用研究和技术开发三者之间的联系愈来愈紧密,转换周期愈来愈短。在各种技术市场、知识产权服务机构和咨询类公司中,一般都有委托转让或许可使用的专利项目可供投资者挑选,技术含量较高、市场前景较好、能较快进行批量生产的项目广受青睐。另外,国家产权局每年都会举办一次知识产权展览会,为投资者提供交易平台。

带动大学生创业的发明"疯子"[①]

24 岁的赵温才,出生于贵州遵义仁怀市中枢镇一个农村家庭。大学 4 年收获 9 项国家专利;还未毕业就掘到人生第一桶金;放弃保研机会走上创业道路……

小学时,赵温才就喜欢用泥巴做一些玩具车、坦克等模型;到了中学,这种"嗜好"便转移到电器上,家里的收录机、电视机被他拆了装、装了又拆,因此他被家人视为"败家子"。

2003 年,赵温才被中国地质大学(武汉)录取,虽然没能读上第一志愿"机电专业",但他没放弃自己的兴趣。

大一时,赵温才发明了一个可自动加热的节水龙头,并获得国家专利,从此一发不可收。4 年下来,他相继发明"瓜果自动去皮装置"、"矿物快速检测仪"、"语音型单灯盘交通灯"、"指纹式酒后禁驾系统"、"能测试瓦斯浓度的矿井用安全帽"等,获得 9 项国家专利。

谈到这些专利发明的灵感来源,赵温才说,一切源于生活。他有个和大多数男生不同的爱好——逛商场。"最喜欢到电器专柜观察那些新科技产品。"

大二暑假时,他曾目睹一起车祸。一妇女过马路时,由于发短信入迷而被一辆飞驰而来的小汽车当场撞死。站在惨祸现场,他突然想到:"如果有一种带语音提示功能的交通灯,这场车祸也许就能避免。"

为此,他多次访问交管部门、司机及路人,得到充分肯定后,他便一头扎进了语音型单灯盘交通灯的研制工作,每天凌晨一两点睡觉成了常事。灯盘模型的研制费用最低需要 1000 多元,他掏光当月的生活费,之后半个月全靠馒头充饥。

2005 年 12 月,这项研究获得国家专利。专家点评,这种交通灯对于提高交通系统的安全性

---

① 带动大学生创业的发明"疯子". 中国青年报,2009—01—25.

具有较高科学实用价值。

一些看来不可思议的想法,常常成为赵温才研究的课题,好多同学笑他是个"疯子"。

进入大四,大多数同学忙着准备考研或找工作。赵温才学的资源勘查工程是紧缺专业,原本也能找到很好的工作,但他放弃了直接就业和保研的机会,和同学一起把所有精力都花在了筹办公司的事上。

恰好此时,赵温才的一项专利发明"液态水瞬时加热技术",以 14 万元的高价转让给商家。人生的第一桶金,为创办公司奠定了资金基础。

临近毕业,赵温才与合伙人筹资 10 万元,注册成立了"武汉加权知识产权咨询服务有限公司",主要服务范围为创意指导、科技发明优化设计、专利代理及转化经纪。

2. 自主品牌时代

《胡润 2006 民营品牌榜》揭示,蒙牛以 60 亿元的品牌价值排名第一,其次是华为、娃哈哈、民生银行、国美电器。在不断的竞争和发展中,中国民营企业的品牌价值观得到深入,他们许多是从手工作坊开始,一步步将企业实现规模化,并完善了生产基地和渠道布点。不过,随着中国市场的开放和成本的不断上升,迫使这些民营企业逐渐向品牌型公司转型,开始重视广告的力量。据统计,1980 年,中国的广告业年收入仅为 1000 万元,而到 2005 年广告的营业额达到 1400 亿元。

西方公司在中国常常为市场存在大量假货而烦恼,通常起诉中国企业的侵权行为。当 2006 年奢侈品公司路易威登发现法国家乐福超市在上海以 50 元(相当于 5 欧元)的价格贩卖假冒路易威登手提包时,立即在中国法院起诉法国家乐福,鉴于真货价值 1000 多欧元,路易威登要求赔偿 6 万欧元。最终法院判决赔偿 30 万元人民币(相当于 3 万欧元)。据悉,中国法院 2005 年受理约 3500 起侵权案件,比 2004 年高出三分之一,政府加大了处罚力度[①]。

近年来,德国在保护知识产权方面出现了值得关注的一些趋势。越来越多的德国公司开始注意中国公司,对中国公司提起侵权诉讼。中国加入"世贸"之前,中国产品的质量还不是很好,对德国同行来说还没有构成真正的威胁。同时,一些国际法律文书的外交递送还很困难,有些邮寄到中国的律师函如同石沉大海,杳无音信。基于这些原因,在那个时候如果德国公司看到有中国公司的侵权产品,大多数就是警告一下,不会继续追究下去,很多案件也是不了了之。

但现在不同了,中国生产的产品质量越来越好,已经对德国的同行业造成了相当大的威胁,他们要在自己的家门口保护市场,而且德国国内对侵权投诉的呼声也越来越高,他们开始对侵权的中国企业实施一系列的措施,如警告、临时禁令、民事诉讼等。2006 年年底,德国汉堡海关没收了一批中国生产的假冒名牌鞋,数量惊人。在法兰克福展览上,海关没收涉嫌侵权的展品的事件发生得就比较多,尤其是当地的电视台还对此进行了报道,对中国企业的形象影响比较

---

① 西方公司在中国为假货争吵. 参考消息,2006-4-22.

大。因此,尽管德国法院的判决目前还不能在中国强制执行,但只要中国企业去德国参展,长期开发德国市场,保护知识产权这一关是必须要过的。[①]

3. 经济全球化时代

经济全球化成为世界不可阻挡的发展趋势。经济全球化是指以市场经济为基础,以先进科技和生产力为手段,以发达国家为主导,以最大利润和经济效益为目标,通过分工、贸易、投资、跨国公司和要素流动等,实现各国市场分工与协作,相互融合的过程。自1982年以来,美国股市演绎了从千点到万点的大牛市,其原因就在于经济全球化的趋势,造就了美国的大牛市,反映了一批美国企业经过竞争、融合、创新和全球化,形成各行业或跨行业的公司帝国,并在美国和全球经济体中占有越来越大的话语权。新技术革命受到美国企业的追捧,为了追求效益,大企业纷纷在研发和信息技术装备上投下巨资,利用全球化浪潮。跨国企业通过输出技术、资本和装备,实现了资源、劳动力和市场在全球范围的全面整合。

20世纪90年代以来,以信息技术革命为中心的高新技术迅猛发展,不仅冲破了国界,而且缩小了各国和各地的距离,使世界经济越来越融为整体。但经济全球化是一把"双刃剑"。它推动了全球生产力大发展,加速了世界经济增长,为少数发展中国家追赶发达国家提供了一个难得的历史机遇。与此同时,它加剧了国际竞争,增多了国际投机,增加了国际风险,并对国家主权和发展中国家的民族工业造成了严重冲击。更为严重的是,在经济全球化中,由于实力不同,发达国家和跨国公司将得利最多,而发展中国家所得甚少。因此,发展中国家与发达国家的差距将进一步拉大,一些最不发达国家将被排除在经济全球化之外,越来越被"边缘化",甚至成为发达国家和跨国公司的"新技术殖民地"。

目前,经济全球化已显示出强大的生命力,并对世界各国经济、政治、军事、社会、文化等所有方面,甚至包括思维方式等,都造成了巨大的冲击。这是一场深刻的革命,任何国家也无法回避,唯一的办法是如何去适应它,积极参与经济全球化,在历史大潮中接受检验。

4. 互联网和电子商务时代

千家万户正在由电器化家庭向电脑化家庭过渡,互联网覆盖到地球的每一个角落,正在向不同消费领域渗透,发挥着越来越大的影响,商家可以用它来进行市场调研、发布广告、电子销售等。

互联网重新分配了传媒领域的利益。典型的例子就是美国报业迎来黑铁时代,发行量下降,广告收入下降,上千编辑记者下岗,第二大报业集团奈特—里德集团干脆放弃了报纸业务,旗下多家报纸企业被打包出售。报业面临的严峻挑战之一是如何争取到在线广告,现在美国国内在线广告仅占所有广告收入的3%—5%[②],预计12年后可以超过印刷版。报业面临Google、

---

① 中国产品为何屡遭德国阻击,http://www.tradetree.cn/jidan/200705/20.htm.
② 李虎军,石岩.美国报业迎来黑铁时代? 南方周末,2006-3-23.

雅虎以及其他对手的竞争,并很难占到上风。

　　以上海为例①。到 2010 年,无店铺商业将成为上海商业的一个新亮点,销售将从 2005 年的 100 亿元增长到 700 亿元。无店铺商业主要指电话销售、网购及电视直销等形式的商业,这些方式均不借助于商铺或商场,而是通过电话、互联网及电视时段等进行销售。未来上海的无店铺商业能得以迅速发展,除了成熟的无店铺商业模式进入外,也得益于上海市居民的电脑和互联网普及率的提高。现在存在的普遍问题是售后服务不好,商品大部分集中在中低档次,有待改善。

　　电子商务在中国还处于起步阶段。据中国互联网信息中心 2007 年发布的《第 16 次中国互联网络发展状况统计报告》分析,我国网上购物的人数达到 2000 万人②,通过网上支付购物款的比例近 50%。2009 年我国网民人数达 3.38 亿③,预计 2010 年将有 30% 网民通过网络购物。现在,开网店已经成了许多大学生就业或者就业前"练手"的一种时尚。淘宝网、易趣网、拍拍网等成为网上购物量较大的网站,也是年轻人网上开店最为集中的网站。在淘宝网目前 3 千多万注册会员中,有近 40% 的会员是大学生。在 eBay 易趣的上万个网上店铺中,在校大学生开的"个人店铺"比例也高达 40%,经营范围之广、营业额之高丝毫不弱于其他专业店。但目前网购满意度还很低,从商家的角度看,主要原因是物流系统落后,不能提供追踪服务系统,对客户售后服务缺乏保障。从消费者的角度看,希望最低的价格、非常满意的服务,相比之下最便宜的商品。这些是现在的商业环境状态,但应该看到中国人口多、地域广,信息的不对称给电子商务还是提供了大量机会。

5. 知识经济时代

　　所谓知识经济是指建立在知识的生产、分配和使用上的经济,它是相对于农业经济、工业经济而言的新的经济形态。知识经济是把知识作为最重要的资源,把人创造知识和运用知识的能力看做是最重要的经济发展因素,其主要特点是信息化、网络化、智能化。知识经济时代的特征表现为:

　　1)知识是创造财富的最大推进器,是与劳动力、资本、土地这三大传统生产要素一样的内生变量,管理的核心就是对知识的管理。"智能资本"成为最重要的资本,高科技成为最重要的竞争力,知识的生产、学习、创新成为人类最重要的活动。

　　2)知识产品和物质产品的最大区别是:知识产品可以同时供无限多的人使用,物质产品在同一时间只能供有限的人使用。知识产品使用的人越多,其价值越高;物质产品使用的人越多,其价值就越低。

---

　　① 　未来 5 年上海无店铺式商业销售将增长 700%. 信息快递,2006-10.
　　② 　网上购物的人数 2000 万人 就业新模式:开个网店. 中国服装网,http://www.efu.com.cndata2007/2007-11-01/.shtml.
　　③ 　http://www.chinaz.com/Webmaster/report/0915916422009.html.

3) 知识经济的繁荣直接依赖于知识或有效信息的积累和利用,而不是直接取决于资本、资源、硬件技术的数量、规模和增量。知识经济主要强调产品和服务的数字化、网络化、智能化,主张个性化商品的生产,能够按照用户需要进行有效生产和服务。

4) 发展知识经济有利于优化经济结构、合理利用资源。传统产业在国民经济中的地位必然会降低,传统产业升级要靠高新技术的注入。

5) 创新能力是企业最重要的竞争力。具有创新能力的知识型人才是企业的生命之源。

6. 民营经济时代

据国家工商总局统计,2004 年底,民营企业户数达到 365.07 万户,从业人数 5017.25 万人,注册资金 47936 亿元。在 1992—2003 年期间,民营企业数年均增长 32.8%,注册资金年均增长 58.6%,达到 47936 亿元。

中国东部地区的民营企业占全国的近 70%,发展速度快于中西部,形成强势的领域包括纺织业、家用电器、商业、餐饮业、建筑业及各种非金融服务业等。2008 年 9 月 26 日,全国非公有制经济人士思想政治工作会议在北京召开。这是中共中央统战部和全国工商联共同组织召开的改革开放以来首次该领域的专题工作会议。[①] 会议提出:当前要重点做好培养合格的中国特色社会主义事业建设者、促进非公有制经济又好又快发展、引导非公有制经济人士自觉履行社会责任、切实为巩固和扩大党的执政基础凝聚力量、热情鼓励非公有制经济人士创造精神财富。

近几年民营企业已走出创业期,进入了非常重要的转型期。民营经济已成为参与国有经济战略性调整的新生力量,并将在更多的领域发挥作用。民营企业在越来越多的国家重大科技项目中也承担着越来越重要的角色。其中,从"神一"到"神七"的制造发射,仅浙江省就有 6 家民营企业凭借自身核心技术,先后参与了制造过程。

并且,民营经济固定资产投资增长率高于所有其他经济类型的增速,呈现出加速发展的趋势。股份多元化的私营公司制企业发展迅速,已成为主要企业组织形式。一批资本密集、技术密集的大企业、大集团已经出现,开始加快在垄断领域的发展。民营企业成为参与国际市场竞争的积极力量。

我国继"4 万亿"财政刺激计划与"金融国九条"之后,2008 年 12 月 13 日中国政府网发布了《国务院办公厅关于当前金融促进经济发展的若干意见》,"30 条"中有五条以上涉及中小企业:"落实对中小企业融资担保、贴息等扶持政策,鼓励地方人民政府通过资本注入、风险补偿等多种方式增加对信用担保公司的支持。设立包括中央、地方财政出资和企业联合组建在内的多层次中小企业贷款担保基金和担保机构,提高金融机构中小企业贷款比重。对符合条件的中小企业信用担保机构免征营业税。""完善中小企业板市场各项制度,适时推出创业板,逐步完善有机联系的多层次资本市场体系。""按照中小企业促进法关于鼓励创业投资机构增加对中小企业投

① 2008 中国民营经济十大新闻. 世界经理人数据 http://data.icxo.com/htmlnews/2009/01/02/1347857_1.htm.

资的规定,落实和完善促进创业投资企业发展的税收优惠政策。"这些举措对于处于困境中的中小企业无疑是特大利好,如果能够彻底落实,这对中国经济的可持续发展和产业转型极为有利。①

第三节 创业教育意义

这个社会最可怕的就是没有欲望,没有个性。这是一个进步的社会,发展的国家,允许人们有个性和不断提高欲望,不断有自己新的追求,只有这样才能发展,如果我不张扬,我没有个性,我不知道吉利集团今天会怎样。

——吉利集团董事长 李书福

大学生群体由无数个体组成,这个群体的商业条件的决定性因素归根到底是教育,良好的教育能够创造有利于提高群体竞争力的层面。从长期来看,教育应该包括幼时适度的熏陶教育、高校和社会提供的创业教育和自我教育。

1. 幼时适度的熏陶教育

幼时的教育对于人的一生具有重要的影响,甚至是至关重要。中国20世纪70年代出生的孩子基本上是没有机会接受市场经济环境的熏陶,80年代出生的孩子接受的也不多,90年代出生的孩子才开始有所接受。现在的创业大学生基本上是七八十年代出生的人,在天赋方面上是和欧美国家的同代人有差距的,而中国和欧美国家的孩子的理财意识同样也存在一定的差距。

由于政府重视,欧洲孩子在小学校园里就已经开始接受丰富多彩的理财教育,已经了解基本的金融投资知识,能够独立到银行存款。教师通过游戏鼓励孩子们模拟开办小型公司,像售货员和顾客一样买卖商品,学会看标价、付款等技能;还鼓励孩子们掌握其他的挣钱方式,比如为邻居剪草、看小孩等,指导孩子节约储备零花钱以备不时之需。

中国振兴经济、脱贫致富应该从娃娃抓起,有条件地、适当地启发中小学生的理财意识,开导他们靠自己的劳动和智慧让金钱为生活服务,在教育机构推广更加实用的社会商业教育,以培养学生的企业文化意识。

2. 高校和社会提供的创业教育

大学生应树立终身学习和实践的信念。世上无难事,只要肯攀登。通过加强自我教育、不断提高个体商业竞争力,就有机会在国内外市场上乘风破浪。

创业教育是一种教育理念。创业教育拓展了教育实践的内涵,它的兴起适应了我国现阶段

---

① http://data.icxo.com/htmlnews/2009/01/02/1347857_1.htm.

经济和社会发展的客观需要。与此同时,创业教育也对职业教育的发展提出了新的标准与要求。当今社会已进入知识经济时代,在职业教育的过程中实施创业教育,既有利于适应和满足现阶段经济社会发展的现实需要,同时也充分体现了职业教育的自身特点。

首先,创业教育是职业教育的重要组成部分。职业教育的本质特征就是素质教育,素质教育是强调潜能的发挥、心理品质的培养和社会文化素养训练的整体教育。2001年联合国教科文组织第三十一届大会通过了《修改的关于技术与职业教育的建议》(以下简称《建议》),其中第八条、二十五条规定,职业教育应使个人通过发展必要的智力手段、技术与创业技能和态度,而具备终身学习的条件,应为初次就业,包括自谋职业和就业后的培训提供充分的专业准备。可见,职业教育理念将从职业维持到注重创业能力的培养的转变。

其次,开展创业教育是知识经济发展的需要。21世纪是知识经济的时代。在知识经济时代,知识、信息将取代原材料、土地、资本、劳动力等传统要素的位置而成为最重要的资源。知识促进经济的发展,是以高素质的创新型人才为基础的。这种高素质的创新型人才是一种全面发展的复合型人才,由于知识经济对人才培养要求的转变,职业院校的教育目标也应随之发生改变,应从传统的培养就业型人才走向培养创业型人才,以适应社会经济发展的需要。

第三,开展创业教育是更新职业教育思想的需要。2007年,全国高等职业教育招生人数283万,在校学生达到861万人,分别约占普通高等院校招生和在校生人数的一半,基本上实现了职业教育大众化的目标。但是,实现职业教育大众化面临的困难很多,尤为突出的是毕业生就业问题。如果大学生不去积极地创业和开拓事业,不仅会造成智力资源难以估量的损失,而且会制约职业教育的发展,延缓职业教育大众化的进程。创业教育就是要改变就业教育的思维模式,"等、靠、要"的就业依附心理,使职业院校毕业生不仅是现有岗位的竞争者,而且是新型岗位的创造者。这种以创造性就业和创造新的就业岗位为目的的创业教育,是实现我国职业教育大众化的必然选择。以"创业促就业"必将成为今后一段时期高职教育的发展方向。

第四,实施创业教育是大学生个体发展的需要。就市场经济发展的趋势来看,在夯实基础理论知识和专业知识、掌握基本技能和专业技能的同时,还需要学习一定的创业知识和技能,要注意加强创业素质的培养。这样就需要职业院校在传授学生专业知识、进行智力因素和非智力因素培养的同时,还必须开展创业教育,培养学生的创业精神、创业意识和创业能力。只有这样,才能使大学毕业生具备生存能力、竞争能力,既可去寻找合适的就业岗位而就业,又能在求之不得或为了寻求更好的自我发展机会时而走向自主创业的道路。这不仅解决了自己的就业问题,又能为社会创造更多的就业岗位,真正成为服务于提高综合国力的充满活力和主动精神的社会个体和群体。因此,开展创业教育可以转变大学生依附性就业观,也是学生自我发展,实现自我价值的需要。

最后,开展创业教育是国际教育发展的趋势。在美国,创业教育已起步多年,上百万名学生从小学开始即接受创业教育,还通过"青年商业社"(Junior Achievement)等形式进行实质性的经营活动来增强创业意识,提高创业能力。20世纪80年代,美国开始进入知识经济时代,美国大学的创业教育和大学生的创业活动开始活跃。在过去的 20 多年中,创业学成为美国商学院和工程学院发展最快的学科领域,创业教育在美国已形成一个相当完备的体系,涵盖了从初中、高中、大学本科直到研究生的正规教育,而创业教育及创业精神的倡导对美国经济的快速发展起到了不可估量的作用。目前,创业教育已波及世界许多国家的政府和大学。德国、英国、法国、日本、韩国、澳大利亚、新加坡等国都提出,要吸收美国的创业教育经验,鼓励大学生参加创业。许多国家已经开始有目地将创业教育渗透到普通教育之中。①

案例分析

李彦宏与"百度"人生

19 岁背上行李离开山西阳泉到梦想中的北大读书,23 岁远渡重洋赴美国布法罗纽约州立大学主攻计算机,31 岁创建中国最大的搜索引擎公司——百度网络技术有限公司。知识改变了命运!百度公司创始人、CEO 李彦宏坐在北京中关村的海泰大厦会议室,望着北京四环繁华地段,想起这些年的寒窗苦读,感叹不已。也许是成长的人生路上读的书太多了,现在的他很少读书了。"我认为上网比较好,书上的知识都比较过时,在网上什么内容都可浏览。"然而,正是北大的信息管理专业让他深谙搜索内涵,正是美国的计算机学业让他掌握计算机工具,正是互联网让喜欢新事物的李彦宏激动不已,原来还有个世界如此美妙。

美国 8 年人生历程,西方文明改变了李彦宏的人生观。硅谷文化深深影响了他,硅谷的"完全投入模式""和从零开始,一切为了股票上市的价格,失败是允许的……"身在美国硅谷,每天看到商战无数,李彦宏问自己:再去加入这场商战是不是已经太晚了?可是按照信息经济现在的发展速度,谁又能够负得起不参战的责任呢?

他要参战!在美国一批搜索引擎公司已崛起,而他选择了回国创业。他回忆这段人生抉择时说,"我小时候有很强的不服输心理,越是大家不看好的事,我越是要做它。"1999 年底,李彦宏携

图 3-2 百度公司的 CEO 李彦宏

120 万美金的风险投资回国与好友徐勇先生共同创建百度网络技术有限公司,并在短短 6 个月的时间内完成目前中国最大、最好的中文搜索引擎的开发工作。"众里寻他千百度,蓦然回首,那人却在灯火阑珊处。"在经历了阳泉—北京—硅谷—北京后,他才发现原来 19 岁时所学的北大信息管理专业就注定他终身的追求在"搜索"上。李彦宏打出口号:"活的搜索 改变生活"。"搜索是百度成功的所有秘密,"李彦宏说,"这是互联网用户最常用的服务之一,越来越多地影响着互联网产业,百度就是一个明证。"

---

① http://yjj781024.blog.163.comblogstatic/40863049200978151499/.

在硅谷的日子,让李彦宏感受最深刻的还是商战气氛。他经常翻看《华尔街日报》:微软如何跳出来公然反叛 IBM,又怎样以软件教父的身份对抗 SUN、网景……一个个鲜活的商战故事,让李彦宏感觉到:"原来技术本身并不是唯一的决定性因素,商战策略才是真正决胜千里的因素。"李彦宏不仅有技术背景,还对商战有敏锐的直觉和出色的判断。也许这与李彦宏在硅谷的耳濡目染有关,也许与在美国股市小试牛刀,关注股市起伏与公司战略间的关系有关。

创业与守业没有哪家公司会一帆风顺。在百度成立初期,有记者写文章"八问百度",其中很多问题针对其客户资源和利润增长点。现在看来,当初的一些担心并非多余,百度成立半年内狂扫国内门户网站,占领了国内搜索引擎80％的市场,但后来一些客户投靠了 GOOGLE,有的自立门户自己开发搜索,市场的竞争是残酷的。李彦宏总结百度风风雨雨4年中,面临了两次重大挑战:一是创业初期,拿着120万美金做公司,原计划花6个月花光的钱公司做了一年计划,所以坚持到9月等到第二笔融资。如果烧钱,就没有今天的百度。第二次是当世界所有使用人气质量定律的搜索引擎公司要么遭人收购,要么推迟上市时,百度根据李彦宏总结的搜索引擎第三条——自信心定律推出竞价排名。定律指出,搜索结果的相关性排序,可进行竞价拍卖。谁对自己的网站有信心,为这个排名付钱谁就排在前面。这样开创了真正属于互联网的收费模式,使百度的目标群体瞄准数十万的中小企业网站。

李彦宏找到了搜索引擎的出路。面临市场变化,见过无数硅谷商战的李彦宏也在变化中求发展。现在的百度,以搜索网站和竞价排名为主要的业务增长点,以国内数量巨大的中小企业为主要客户。推出竞价排名并实施"闪电计划"对百度实行第二次技术升级后,2003 年年中的财务报表显示李彦宏的赌注押对了:据美国 alexa 统计,百度现在已经是全球第二大的独立搜索引擎,在中文搜索引擎中更是遥遥领先,名列第一,近期排名上升趋势十分明显,再加上 2000 多个联盟伙伴,通过竞价排名,当 6800 万中国网民通过搜索引擎寻找各种信息,80％以上的用户会看到由百度提供的结果。

经历恶风巨浪,李彦宏承受了来自各方的压力,让足够少的人知道风浪,掌舵百度一路乘风破浪。这个公司的创业因子,带有浓烈的硅谷文化,并在中国本土继承和发扬。没有严格的等级观念,可以自由地发言。随着公司的扩大,这种文化还在延续。但一旦讨论成为决策时,就要不折不扣执行。李彦宏稳健的风格不是他的同龄人都能具备的,海外归来也在适应中国的环境。在浮躁的互联网产业,李彦宏以一种另类的平和心态,不急功近利,不随波逐流,在专注经营搜索领域中自己这"一亩三分地"。

像很多硅谷技术人员的理想一样,李彦宏的理想是希望靠技术改变世界。"希望自己做的事能改变大多数人的生活方式,让足够多的人受益,这是我的人生理想和目标。无论当初做 In-foseek 还是现在做百度,我看到每天有上千万的人在用自己的技术,大家从中受益了,我心里就特别高兴,觉得对社会作出了贡献。而且现在这个社会越来越趋向合理,你对社会作出贡献了,社会也会给予你同样的回报。"

对于很多创业者来说,如果说创业者是为了赚钱和发财,这种心态通常使之抵御风险的能力非常低。而创业者如果认准了要做事做出东西来的初衷,一旦做成,社会会给你同样的回报,财富随之而来。①

从李彦宏的创业人生经历中,你悟到了什么?请谈谈自己的人生观、人生目标。

实训练习

最近,在中国台湾、新加坡的青年人中流传着一封取名为"终极期望"的信,它是美国头号员工激励专家鲍伯·尼尔森在《不要只做我告诉你的事 请做需要做的事》一书中虚拟的一封信,该书被国际上许多公司作为员工培训的核心读本。

亲爱的员工:

我们之所以聘用你,是因为你能满足我们一些紧迫的需求。如果没有你也能顺利满足要求,我们就不必费这个劲了。但是,我们深信需要有一个拥有你那样的技能和经验的人,并且认为你正是帮助我们实现目标的最佳人选。于是,我们给了你这个职位,而你欣然接受了。谢谢!

在你任职期间,你会被要求做许多事情:一般性的职责,特别的任务,团队和个人项目。你会有很多机会超越他人,显示你的优秀,并向我们证明当初聘用你的决定是多么明智。

然而,有一项最重要的职责,或许你的上司永远都会对你秘而不宣,但你自己要始终牢牢地记在心里。那就是企业对你的终极期望——

永远做非常需要做的事,而不必等待别人要求你去做。

是的,我们是聘你来工作的,但更重要的,是聘你来为了公司的最大利益,而随时随地思考、运用你的判断力并采取行动的。

如果此后再也没有人向你提及这个原则,千万别误会,以为这是因为它不再重要了或者我们改变了看法。我们有可能是在处理繁忙的日常业务、在应对没有止境的操作变化、在种种争分夺秒的活动中抽不出身来。我们日复一日的工作实践,或许会让你觉得这个原则已不再适用了。但是,不要被这表象所蒙蔽。

一刻都不要忘记企业对你的终极期望。在你和我们的雇佣关系存续期间,让它始终伴随你左右,成为你积极主动工作的一盏指路明灯,时时刻刻鞭策着你思考和行动。

只要你是我们的员工,你就拥有我们的许可:为我们共同的最佳利益而积极主动地行动。

在任何时候,如果你感觉到我们没有做对事情——没有做对我们大家都有益的事情——请明白地说出来。你拥有我们的许可,在必要的时候直言不讳陈述己见,提出你的建议,或是质疑某项行动或决定。

这并不意味着我们必定会认同你的看法,或是必然改变我们现有的做法;但是,我们将始终乐于倾听,在你看来什么将有助于更好地达成我们所追求的成效和目标,并在这一过程中创造一种自助助人的成功经验。

---

① http://baike.baidu.comview2375.htm.

如你是员工,请谈谈你如何理解这封信的内容,如果你是企业主,请谈谈你如何解释这封信的由来。

游戏训练

关于职业观

参与人数:不限

时间:30 分钟(说明约 5 分钟,记录在测验纸上约 5 分钟,交谈结果约 10 分钟,整理结果约 10 分钟)

场地:室内

材料:测验表

A. 想在社会上有成就＿＿＿＿＿＿＿＿＿＿＿＿＿＿＿

B. 享受休闲＿＿＿＿＿＿＿＿＿＿＿＿＿＿＿＿＿

C. 希望经济宽裕＿＿＿＿＿＿＿＿＿＿＿＿＿＿＿

D. 想试试自己的能力＿＿＿＿＿＿＿＿＿＿＿＿＿

E. 想贡献社会＿＿＿＿＿＿＿＿＿＿＿＿＿＿＿＿

F. 想对企业发展有所贡献＿＿＿＿＿＿＿＿＿＿＿

G. 确立自己独立的生活＿＿＿＿＿＿＿＿＿＿＿＿

H. 希望每天悠闲度日＿＿＿＿＿＿＿＿＿＿＿＿＿

I. 重视家庭生活＿＿＿＿＿＿＿＿＿＿＿＿＿＿＿

J. 其他(自由记述)＿＿＿＿＿＿＿＿＿＿＿＿＿＿

这个游戏可以帮助我们明确自己工作的目的和意义,在有关工作价值的讨论中,检讨自己的职业观。游戏的步骤如下:

1. 测验说明。说明测验的目的与将要获得的效果。

举例说明如下:

"要开始进行测验了。诸位对日常工作和工作目的,如何去掌握呢? 这便是此次讨论的主题。其中的一环是进行试验。现在请看发给各位的表。上面列举了 10 个名词,你认为这 10 个名词中,有哪一个适合你,将最贴切的 3 个,以第一位、第二位、第三位(无须 10 个都按顺序)标示出来。写完之后,便可开始互相讨论、交换意见了。"

2. 结果探讨。全部记录完毕后,主持者以一组约 10 人编制,让就近的参与者能轻松地展开话题,相互研究,同时说明为何选择第一位至第三位的理由,究竟对其持何价值观,但无须讨论结果,反而应辅导参与者坚持各自的主张。

3. 整理结果。主持者可选出几名参与者,依此测验方法获得体验,把具有代表性的观点向所有参与者宣布出来。

在这个游戏中,参与者都在检讨自己的工作,建议主持者对工作的意义进行阐释和分析。下面的两种分析可作为参考:

分析一:工作的目的是为了赚钱,因为有钱,生活才能过得多姿多彩。这种方式,可称为以劳动换取金钱的职业观。进一步讲,因为缺钱,所以得工作。反之,若能不劳而获,那么就不需要辛勤工作了。所以,人是处于迫不得已的状况下才去工作的。有这种工作即是赚钱手段观点的人,必然会对工作产生一种强烈意识。

分析二:从生活职业观的立场看,是为什么呢?其实不应只注重劳动结果的经济价值,而应将工作过程(时间和场所)视为有意义的。即工作的目的是通过职业而发展人际关系,而且是据其成果获得薪资的概念,也可说生活职业观是借着工作享受人生。

游戏结束的时候大家也许会明白,工作不仅仅是为了赚钱,还是为了更好地生活。在这一方面,犹太商人的做法很值得我们学习。

➡ 相关链接

犹太人的工作像打仗一样充满了战斗气息,即使是一分钟也要尽量抓紧。在这种紧张的工作气氛下,忙活了一整天,到了晚上好好地吃顿可口的晚餐,那是多么好的享受啊!这顿香喷喷的饭菜就是对自己努力工作最好的奖赏。

犹太人说,人生就是为了吃饭而活着,要好好地享受吃饭的乐趣。他们还说,香喷喷的饭菜是上帝赐予的礼物,一定要好好享受,他们把吃饭当做一种高级享受。尤其是晚上的那顿饭,在豪华的饭店里品尝香喷喷的食物,犹太人就和朋友们一起海阔天空地聊天,但是他们有三不谈:不谈政治、不谈战争、不谈女人。

犹太人享用晚餐的时间长达两小时。在尽情享用美食的同时,他们还会聊很多话题,例如娱乐、名胜古迹、花卉、动物等。总之,犹太人在吃饭时,一定是放松心情,慢慢地吃,把人生和工作的烦恼统统抛诸脑后。这是他们一天中最幸福的时刻,他们把白天赚来的钱大把大把地花出去,这样他们觉得自己的人生很有意义。

犹太商人告诉我们,赚钱、生活两不误,赚钱是为了更好地生活,这也许就是他们对商业目的最好的诠释。

知名歌星刘德华曾经唱过一首歌,也代表了一种人生态度:

歌名:回家真好

唱:刘德华 曲:梁文福 词:刘德华 陈富荣

电话不停在吵 老板不停在闹

总逃不开工作表做完了又来了

怎样也甩不掉

回家感觉真好 别管世俗纷扰

把一整天的面罩忙和累的大脑

都往热水里泡

让每一颗细胞忘掉烦恼

我的家就是我的城堡

每一砖一瓦用爱创造

家里人的微笑是我的财宝

等回家才知道自己真的重要

双手能为家人而粗糙

多么荣耀　　那么骄傲

你为我把饭烧　我为你打扫

啊,回家的感觉实在真的太好

模块四 │ 创业素质测评

四小虫财商大测试

四小虫满载而归,回到寝室连人带物倒床就躺。一边欣赏,一边分享,今天收获多多呀!对了,今天那些大学生真不赖,做了这么多好东东还能给自己挣钱,我们能不能也像她们一样呀?听说创业可难了,不是俺等之辈能做的呢!不一定呀,怎样知道我们行不行呢?要不先找人测试一下?

内容提要

　　不是人人都能成为创业者,但创业是可以学习的,具备一定的创业素质是成为创业者的基本条件。了解自己的创业能力,心理素质,学习改变和提高自己。

第一节　心理与创业

　　如果只是为了成功和金钱创业,能接受失败吗? 不能。怎样才能接受失败? 是因为能坚持,对所做事情的热爱,一种固执的"笨"。在创业中,过程始终比终点更为重要。

——雅虎首席执行官　杨致远[1]

　　创业是一辈子的过程,成长也是一辈子的过程,所以任何在大学时候注重班内名次的人都是很少有出息的。能不能创业成功跟学位没关系,但跟好不好学肯定有关系,好学才能有成长的空间。

1. 十大创业心理

　　托尔斯泰[2]说:幸福的家庭都是相同的,不幸的家庭则各有各的不幸。套用这一句话,我们也可以说成功的创业者都是相同的,失败的创业者则各有各的原因。创业者也有其共性。研究其共性,并把握这些共性,是一件非常有意义的事情。通过研究掌握那些成功创业者的共性,并以这些共性反观自己,你至少可以明白自己是否适合创业。如果创业,是成功的可能性更大,还是失败的几率更高。

　　创业专家通过对上千案例的研究,发现成功创业者具有多种共同的特性。创业专家从中提炼出最为明显,同时认为是最为重要的 10 种,将其称为中国创业者的十大素质。

　　(1)欲望

　　将欲望列在中国创业者素质的第一位,你是不是觉得很奇怪? 佛经上有一句话,叫做"无欲则刚"。意思是说,一个人如果没有什么欲望的话,他就什么都不怕,什么都不必怕了。和尚在寺院里修炼一辈子,末了没有一个不想上西天的;道士整日闭关打坐,末了没有一个不想白日飞升的。可见虽然无欲则刚,但要做到无欲是一件多么困难的事。

　　欲,实际上就是一种生活目标,一种人生理想。创业者的欲望与普通人欲望的不同之处在于,他们的欲望往往超出他们的现实,往往需要打破他们现在的立足点,打破眼前的樊笼,才能

---

　　① http://baike.baidu.comview38446.htm#1.
　　② 列夫·尼古拉耶维奇·托尔斯泰,19 世纪末 20 世纪初俄国最伟大的文学家,也是世界文学史上最杰出的作家之一。

够实现。所以,创业者的欲望往往伴随着行动力和牺牲精神。这不是普通人能够做得到的。你到任何一个政府机关门口一站,都可以发现那样一种人:他们表情木然,行动萧索、心态落寞,他们惟一的心愿,就是眼前的局面能够维持。他们祈愿的就是机构改革千万不要改到自己的身上,再就是每月工资能够按时足额发放。他们本来是有足够的学识,有足够的能力以及资源来开创一番事业的,但是没有这样的欲望,他们觉得眼前的生活就足够好。这些人并不限于机关,任何一个有人群的地方都有这样的人,你如何能够指望他去创业?

我们说的创业者的欲望是不安分的,是高于现实的,需要踮起脚才能够得着,有的时候需要跳起来才能够得着。一个人的梦想有多大,他的事业就会有多大。所谓梦想,不过是欲望的别名,你可以想象欲望对一个人的推动作用有多大。

创业专家研究发现,成功创业者的欲望,许多来自现实生活的刺激,是在外力的作用下产生的,而且往往不是正面的鼓励型的。刺激的发出者经常让承受者感到屈辱、痛苦。这种刺激经常在被刺激者心中激起一种强烈的愤懑、愤恨与反抗精神,从而使他们做出一些超常规的行动,焕发起超常规的能力,这大概就是孟子说的知耻而后勇。一些创业者在创业成功后往往会说:我也没有想到自己竟然还有这两下子。

关于人的欲望,地产商冯仑有一段很精辟的论述。他说:地主的生活最愉快,企业家的生活最有成就感,奴隶主的生活最有权威。地主地里能打多少粮食,预期很清楚,一旦预期清楚,欲望就会被自然约束,也就用不着再努力,所以,会过得很愉快。企业家不同,企业家的预期和他的努力相互作用,预期越高努力越大,努力越大预期越高,这两个作用力交替起作用,逼着企业家往前冲。如果用创业家代替冯仑这段话里的企业家,你会发现它同样贴切。或许我们可以这样说:欲望是创业的最大推动力。

(2)忍耐

成语里有一句"艰难困苦,玉汝于成",还有一句"筚路蓝缕",意思都是说创业不易。不易在哪里呢?对创业者来说,肉体上的折磨算不得什么,精神上的折磨才是致命的。如果有心自己创业,一定要先在心里问一问自己,面对从肉体到精神上的全面折磨,你有没有那样一种宠辱不惊的定力与精神力。如果没有,那么一定要小心。对有些人来说,一辈子给别人打工,做一个打工仔,是一个更合适的选择。

对一般人来说,忍耐是一种美德。对创业者来说,忍耐却是必须具备的品格。

(3)眼界

人们都喜欢夸耀自己见多识广,对于创业者来说,就不是夸耀,是要真正见多识广。广博的见识,开阔的眼界,可以很有效地拉近自己与成功的距离,使创业活动少走弯路。一般创业者的创业思路有几个共同来源。

第一,职业。俗话说,不熟不做,由原来所从事的职业下海,对行业的运作规律、技术、管理都非常熟悉,人脉、市场也熟悉,这样的创业活动成功的几率很大。这是最常见的一种创业思路的来源。

第二,阅读,包括书、报纸、杂志等等。很多人将读书与休闲等同,对创业者来说,阅读就是工作,是工作的一部分,一定要有这样的意识。

第三,行路。俗话说,读万卷书,行千里路。行路,各处走走看看,是开阔眼界的好方法。在创业专家研究的案例中,有二成以上创业者最初的创业创意来自他们在国外的旅行、参观、学习。行路意味着什么,或者换句话说,眼界意味着什么?如果你是一个创业者,开阔的眼界意味着你不但在创业伊始就可以有一个比别人更好的起步,有时候它甚至可以挽救你和你企业的命运。眼界的作用,不仅表现在创业者的创业之初,它而且会一直贯穿于创业者的整个创业历程。一个人的心胸有多广,他的世界就会有多大。我们也可以说,一个创业者的眼界有多宽,他的事业也就会有多大。

第四,交友。很多创业者最初的创业 IDEA 主意是在朋友启发下产生,或干脆就是由朋友直接提出的。所以,这些人在创业成功后,都会更加积极地保持与从前的朋友联系,并且广交天下友,不断地开拓自己的社交圈子。

四大创业 IDEA 的来源,也就是四大开阔眼界的有效方法。有空一定要到处走一走,多和朋友谈一谈天,多阅读,多观察,多思考。机遇只垂青有准备的头脑,让自己眼界大开就是最好的准备。

(4)明势

势,就是趋向。做过期货的人都知道,要想赚钱,关键是要做对方向,这个方向就是势。比方说,大势向空,你偏做多;或者大势利多,你偏做空。你不赔钱谁赔钱!反过来说,你就是不想赚钱都难。

势分大势、中势、小势。创业的人,一定要跟对形势,要研究政策。这是大势。很多创业者是不太注意这方面工作的,认为政策研究假、大、虚、空,没有意义。实则不然。在政策方面,国家鼓励发展什么,限制发展什么,对创业之成败更有莫大关系。做对了方向,顺着国家鼓励的层面努力,可能事半功倍;做反了方向,比如说,某个行业、某类型企业,国家正准备从政策层面进行限制、淘汰,你偏赶在这时懵懵懂懂一头撞了进去,一定会鸡飞蛋打。

中势指的就是市场机会。市场上现在时兴什么,流行什么,人们现在喜欢什么,不喜欢什么,可能就标明了你创业的方向。假如你准备创业,而你的资金不足,经验又不足,那么,你可以看看周围的人都在做什么,大家一起做的,你跟着做,一定没有错,虽然不可能赚到大钱,但赔本的机会少,风险也小,较适合于那些风险承受能力较弱的创业者。

小势就是个人的能力、性格、特长。创业者在选择创业项目时,一定要找那些适合自己能力,契合自己兴趣,可以发挥自己特长的项目,这样才有利于你做持久性的全身心的投入。创业是一项折磨人的活动,创业者要有受罪的心理准备。

(5)敏感

创业者的敏感,是对外界变化的敏感,尤其是对商业机会的快速反应。

一些人的商业敏感来自耳朵,一些人的商业敏感来自眼睛,还有一些人的商业敏感来自自己的两条腿。有些人的商业感觉是天生的,如胡雪岩,更多人的商业感觉则依靠后天培养。如果你有心做一个创业者,你就应该像训练猎犬一样训练自己的商业感觉。良好的商业感觉,是创业者成功的最好保证。

(6)人脉

创业不是引无源之水,栽无本之木。每一个人创业,都必然有其凭依的条件,也就是其拥有的资源。一个创业者的素质如何,看一看其建立和拓展资源的能力就可以知道。

创业者资源可分为外部资源和内部资源两种。内部资源主要是创业者个人的能力,其所占有的生产资料及知识技能,也就是人们通常所说的有形资产及无形资产,只不过这种有形资产和无形资产属于个人罢了。创业者的家族资源也可以看作创业者内部资源的一部分。

创业者外部资源的创立,最重要的一点是人脉资源的创业,即创业者构建其人际网络或社会网络的能力。一个创业者如果不能在最短时间之内建立自己最广泛的人际网络,那他的创业一定会非常艰难,即使其初期能够依靠领先技术或者自身素质,比如吃苦耐劳或精打细算,获得某种程度上的成功,我们也可以断言他的事业一定做不大。

创业者人际资源,按其重要性来看,第一是同学资源。实际上,同学之间本来就有守望相助的义务,同学之间因为接触比较密切,彼此比较了解,同时因为少年人不存在利害冲突,所以友谊一般都较可靠,纯洁度更高。

第二是职业资源。对创业者来说,效用最明显的首推职业资源。所谓职业资源,即创业者在创业之前,为他人工作时所建立的各种资源,主要包括项目资源和人际资源。充分利用职业资源,从职业资源入手创业,选择从职业资源入手进行创业,已经成为了许多人创业成功的捷径和法宝。

第三是朋友资源。朋友应该是一个总称。同学是朋友,战友也是朋友。老乡是朋友,同事一样是朋友。朋友犹如资本金,对创业者来说是多多益善。在家靠父母,出门靠朋友,多一个朋友多一条路是至理名言。

(7)谋略

创业是一个斗体力的活动,更是一个斗心力的活动。创业者的智谋,将在很大程度上决定其创业成败。尤其是在目前产品日益同质化,市场有限,竞争激烈的情况下,创业者不但要能够守正,更要有能力出奇。谋略或者说智慧,时时贯穿于创业者的每一个创业行动中。谋略,说白了就是一种思维的方式,一种处理问题和解决问题的方法。对于创业者来说,智慧是不分等级的,它没有好坏、高明不高明的区别,只有好用不好用、适用不适用的问题。当年谢圣明带着红桃K一帮人,在农村的猪圈、厕所上大刷广告时,遭到了多少人的嘲笑。但是,后来在猪圈上刷广告的谢圣明已经成为了亿万富翁,而当年那些讪笑他的人呢,当年怎样贫穷,如今依然怎样贫穷。我们归结创业者智慧:不拘一格,出奇制胜。

(8)胆量

创业专家在研究中发现,大凡成功人士都有某种程度的赌性,企业界人士尤然。很多创业者在创业的道路上,都有过惊险一跳的经历。这一跳成功了,功成名就,白日飞升;要是跳不成,就只好凤凰涅槃了。

创业需要胆量,需要冒险。冒险精神是创业家精神的一个重要组成部分,但创业毕竟不是赌博。创业家的冒险,迥异于冒进。有一个故事:一个人问一个哲学家,什么叫冒险,什么叫冒进? 哲学家说,比如有一个山洞,山洞里有一桶金子,你进去把金子拿了出来。假如那山洞是一个狼洞,你这就是冒险;假如那山洞是一个老虎洞,你这就是冒进。这个人表示懂了。哲学家又说,假如那山洞里的只是一捆劈柴,那么,即使那是一个狗洞,你也是冒进。这个故事什么意思?它的意思是说,冒险是这样一种东西,你经过努力,有可能得到,而且那东西值得你得到。否则,你只是冒进,死了都不值得。创业者一定要分清冒险与冒进的关系,要区分清楚什么是勇敢,什么是无知。无知的冒进只会使事情变得更糟,你的行为将变得毫无意义,并且惹人耻笑。

(9)分享

作为创业者,一定要懂得与他人分享。一个不懂得与他人分享的创业者,不可能将事业做大。美国心理学家马斯洛有个需要层次理论,说人按层次一共有五种需要,第一是生存需要,第二是安全需要,第三是社交需要,第四是尊重需要,第五是自我实现需要。这五种需要具体到企业环境里,具体到公司员工身上,就是需要老板与员工共同分享。当老板舍得付出,舍得与员工分享,员工的生存需要、安全需要、尊重需要就从老板这里都得到了满足。员工出于感激,同时也因为害怕失去眼前所获得的一切,就会产生自我实现的需要,通过自我实现,为老板做更多的事,赚更多的钱,做更大的贡献,回报老板。这样就构成了一个企业的正向循环、良性循环。

分享不仅仅限于企业或团队内部,对创业者来说,对外部的分享有时候同样重要。分享不是慷慨。对创业者来说,分享是明智。

(10)反省

反省其实是一种学习能力。创业既然是一个不断摸索的过程,创业者就难免在此过程中不断地犯错误。反省,正是认识错误、改正错误的前提。对创业者来说,反省的过程,就是学习的过程。有没有自我反省的能力,具不具备自我反省的精神,决定了创业者能不能认识到自己所犯的错误,能不能改正所犯的错误,是否能够不断地学到新东西。

2. 不适合创业的心理

青年人尤其是大学生创业,一定要首先拥有"心理资本",即做好充足的心理准备。

小李是本市一艺术院校的高材生,毕业后与两个同学一起自主创业,做起了乐器代理的生意。一开始店里的生意很不错;但随着时间的流逝,小李他们缺乏社会经验、经营不够灵活、遇到挫折容易灰心等缺点就慢慢暴露出来,生意一落千丈。小李和两个同学都觉得身心疲惫,甚至商量着将关闭店铺。

很多大学生也有着创业的激情和斗志,但根据大学生的实际情况,在创业前,除了政策资本、物质资本等硬件,大学生应首先准备好心理资本。[①]

---

① 青年创业网。

并不是所有的人都具备创业素质,究竟哪些人不适合创业? 社会心理学家认为:

(1)缺少职业意识的人。职业意识是人们对所从事职业的认同感,它可以最大限度地激发人的活力和创造力,是敬业的前提。如职业运动员、职业演员等,他们具有较强的职业意识,而有些工薪人员却对所从事的工作缺少职业意识,满足于机械地完成自己分内的工作,缺少进取心、主动性,这与激烈竞争的环境不相宜。

(2)优越感过强的人。自恃才高,我行我素,难以与集体融合。

(3)唯上是从,只会说"是"的人。这种人缺乏独立性、主动性和创造性。若当了经理,也只能因循守旧,难以开展开拓性的工作,对公司发展不利。

(4)偷懒的人。这种人被称作"工资小偷"。他们付出的劳动和工资不相符合,只会发牢骚、闲聊,每天晃来晃去浪费时间,影响他人工作。

(5)片面和傲慢的人。有的人只注意别人的缺点,看不到别人的优点;有的人总喜欢贬低别人,抬高自己,总以为自己是最强者,人格方面存在很大的缺陷。

(6)僵化死板的人。做事缺少灵活性,对任何事都只凭经验教条来处理,不肯灵活应对,习惯于将惯例当成金科玉律。

(7)感情用事的人。处理任何事情都要理智,感情用事者往往以感情代替原则,想如何干就如何干,不能用理智自控。

(8)"多嘴多舌"与"固执己见"的人。多嘴多舌的人,不管什么事,他们都要插上几句话;"固执己见"的人,从不倾听别人的意见。

(9)胆小怕事、毫无主见,树叶掉下来怕砸破脑袋的人。这种人宁可因循守旧也不敢尝试革新,遇事推诿,不肯负责,狭隘自私、庸碌委琐。

(10)患得患失却又容易自满自足的人。稍有收获,欣喜若狂;稍受挫折,一蹶不振,情绪大起大落,极不平衡。

当然,世上万物,决非一成不变。社会学家认为,性格是可以改造的,任何一个人完全可以在实践中注意克服性格缺陷,战胜性格弊端,改变性格类型,不断丰富和完善自我。倘若自身有上述十种性格缺陷,则需学会重用人才,借助他人智慧来弥补个人不足,以避免失败。[①]

第二节　血型与创业

性格即命运。

——法国作家　罗曼·罗兰

青年时期是豁达的时期,应该利用这个时期养成自己豁达的性格。

——英国哲学家　罗素

今日之果,昨日之因,莫想过去只看将来,今日之下如何,不要去管他,你只想着我今天

---

① 中国教育在线 ttp://www.eol.cn.

做了什么,应该做什么就是了。性格决定成败!

——清末著名徽商　胡雪岩

究竟哪些人适合创业?现在我们将依据血型来分析一般人的创业性格。在所有的血型中,包括 O 型、A 型、B 型、AB 型,这些不同的血型,会显现出不同的创业格局。

1. AB 型

事实上,很多企业公司的老板或创业者都多偏向于 AB 型的血型。众所周知,AB 型是极端的血型,因为 AB 型的人比较理性,因此,通常具备能冷静判断的特质。AB 型的人在追求成功的过程中,会比其他血型不屈不挠,而更容易接近成功,但缺点是遇到利害冲突时,往往表现得太冷酷,因此,有点不近人情。所以 AB 型的人在创业时应该要在人情世故方面多予加强,这种血型的创业家是属于"冷静型"的创业家。

2. A 型

血型 A 型的人,心思细密,深谋远虑,但这也是 A 型的缺点,想得太多因此比较会钻牛角尖,而优柔寡断。一般来说,A 型的人比较适合做劳"心"而非劳"力"的行业,例如个人工作室、企业顾问公司。A 型人属于"才子型"的创业家。

3. B 型

B 型是比较追求完美主义的血型,而偏偏又比较大而化之,是属于线条型,但是有些 B 型的人会带着 A 型多想多疑的因子,因此 B 型人创起业来,经常会缺乏一股 O 型人所具备的"冲动",属于"谨慎型"的创业家。

4. O 型

O 型血的人由于比较冲动,个性固执之外还敢作敢当,因此,他们往往疾恶如仇。对个性偏直的 O 型人来说,由于是实际的行动派,因此,创业起来会比较"躁进",所以他最理想的左右手,则为有心思的 A 型,而 O 型本身属于"冲动型"的创业家。[①]

通过分析血型可以帮助我们了解自己的性格,也有利于预见自己创业方面的基本心理素质,以便提前做好思想准备。

第三节　创业基本素质

学生求学最重要的还是把学业念完,再去创业。创业失败的机会大,成功的机会少;如

[①] http://www.eol.cn 2005-12-15 14:20,羊城晚报。

果在教育上有一定的成就,再去创业比较好。但如果找到了自己非常热爱,确定自己一辈子都不会后悔的事业,决定中辍学业,当然就没有话讲。

——雅虎首席执行官　杨致远

创业,一定要有激情燃烧的岁月的感觉,或者是万马奔腾的感觉。

——新东方教育科技集团创始人　俞敏洪①

创业基本素质包括创业意识、创业心理品质、创业精神、竞争意识和创业能力。

1. 强烈的创业意识

要想取得创业的成功,创业者必须具备自我实现、追求成功的强烈的创业意识。强烈的创业意识,能帮助创业者克服创业道路上的各种艰难险阻,将创业目标作为自己的人生奋斗目标。创业的成功是思想上长期准备的结果,事业的成功总是属于有思想准备的人,也属于有创业意识的人。

2. 良好的创业心理品质

创业之路,是充满艰险与曲折的,自主创业就等于是一个人去面对变幻莫测的激烈竞争以及随时出现的需要迅速正确解决的问题和矛盾,这需要创业者具有非常强的心理调控能力,能够持续保持一种积极、沉稳的心态,即有良好的创业心理品质。它是对创业者的创业实践过程中的心理和行为起调节作用的个性心理特征,它与人固有的气质、性格有密切的关系。主要体现在人的独立性、敢为性、坚韧性、克制性、适应性、合作性等方面,它反映了创业者的意志和情感。创业的成功在很大程度上取决于创业者的创业心理品质。

正因为创业之路不会一帆风顺,所以,如果不具备良好的心理素质、坚忍的意志,一遇挫折就垂头丧气、一蹶不振,那么,在创业的道路上是走不远的。宋代大文豪苏轼说:"古之成大事者,不唯有超世之才,亦必有坚忍不拔之志。"只有具有处变不惊的良好心理素质和愈挫愈强的顽强意志,才能在创业的道路上自强不息、竞争进取、顽强拼搏,才能从小到大,从无到有,闯出属于自己的一番事业。

3. 自信、自强、自主、自立的创业精神

自信就是对自己充满信心。自信心能赋予人主动积极的人生态度和进取精神。不依赖,不等待。要成为一名成功的创业者,必须坚持信仰如一,拥有使命感和责任感;信念坚定,顽强拼搏,直到成功。信念是生命的力量,是创立事业之本,是创业的原动力。要相信自己有能力、有

---

① 轶男.俞敏洪创业思维[M].北京:新世界出版社,2009.

条件去开创自己未来的事业,相信自己能够主宰自己的命运,成为创业的成功者。自强就是在自信的基础上,不贪图眼前的利益,不依恋平淡的生活,敢于实践,不断增长自己各方面的能力与才干,勇于使自己成为生活与事业的强者。自主就是具有独立的人格,具有独立性思维能力,不受传统和世俗偏见的束缚,不受舆论和环境的影响,能自己选择自己的道路,善于设计和规划自己的未来,并采取相应的行动。自主还要有远见、有敢为人先的胆略和实事求是的科学态度,能把握住自己的航向,直至达到成功的彼岸。自立就是凭自己的头脑和双手,凭借自己的智慧和才能,凭借自己的努力和奋斗,建立起自己生活和事业的基础。21世纪的青年人应该早立、快立志向,自谋职业,勤劳致富,建立起自己的事业。

4. 竞争意识

竞争是市场经济最重要的特征之一,是企业赖以生存和发展的基础,也是一个人立足社会不可缺的一种精神。人生即竞争,竞争本身就是提高,竞争的目的只有一个——取胜。随着我国社会主义市场经济从低级向高级发展,竞争愈来愈激烈。从小规模的分散竞争,发展到大集团集中竞争;从国内竞争发展到国际竞争;从单纯产品竞争,发展到综合实力的竞争。因此,创业者如果缺乏竞争意识,实际上就等于放弃了自己的生存权利。创业者只有敢于竞争,善于竞争,才能取得成功。创业者创业之初面临的是一个充满压力的市场,如果创业者缺乏竞争的心理准备,甚至害怕竞争,就只能是一事无成。

5. 全面的创业能力素质

创业能力是一种特殊的能力,这种特殊能力往往影响创业活动的效率和创业的成功。创业能力主要包括决策能力、经营管理能力、专业技术能力、交往协调能力和创新能力等。

(1)决策能力。决策能力是创业者根据主客观条件,因地制宜,正确地确定创业的发展方向、目标、战略以及具体选择实施方案的能力。决策是一个人综合能力的表现一个创业者首先要成为一个决策者。创业者的决策能力通常包括:分析、判断能力和创新能力。大学生创业,首先要从众多的创业目标以及方向中进行分析比较,选择最适合发挥自己特长与优势的创业方向和途径、方法。在创业的过程中,能从错综复杂的现象中发现事物的本质,找出存在的真正问题,分析原因,从而正确处理问题,这就要求创业者具有良好的分析能力。所谓判断能力,就是能从客观事物的发展变化中找出因果关系,并善于从中把握事物的发展方向。分析是判断的前提,判断是分析的目的,良好的决策能力是良好的分析能力加果断的判断能力。

(2)经营管理能力。经营管理能力是指对人员、资金的管理能力。它涉及人员的选择、使用、组合和优化,也涉及资金聚集、核算、分配、使用、流动。经营管理能力是一种较高层次的综合能力,是运筹性能力。经营管理能力的形成要从学会经营、学会管理、学会用人、学会理财几个方面去努力。

1)学会经营。创业者一旦确定了创业目标,就要组织实施。为了在激烈的市场竞争中取得优势,必须学会经营。

2)学会管理。要学会质量管理,要始终坚持质量第一的原则。质量不仅是生产物质产品的生命,也是从事服务业和其他工作的生命,创业者必须严格树立牢固的质量观。要学会效益管理,要始终坚持效益最佳原则,效益最佳是创业的终极目标。可以说,无效益的管理是失败的管理,无效益的创业是失败的创业。做到效益最佳要求在创业活动中人、物、资金、场地、时间的使用,都要选择最佳方案运作。做到不闲置人员和资金、不空置设备和场地,不浪费原料和材料,使创业活动有条不紊地运转。

3)学会用人。市场经济的竞争是人才的竞争。谁拥有人才,谁就拥有市场、拥有顾客。一个学校没有品学兼优的教师,这个学校必然办不好。一个企业没有优秀的管理人才、技术人才,这个企业就不会有好的经济效益和社会效益。一个创业者不吸纳德才兼备、志同道合的人共创事业,创业就难以成功。因此,必须学会用人。要善于吸纳比自己强或有某种专长的人共同创业。

4)学会理财。学会理财首先要学会开源节流。开源就是培植财源,在创业过程中除了抓好主要项目创收外,还要注意广辟资金来源。节流就是节省不必要的开支,树立节约每一滴水、每一度电的思想。大凡百万富翁、亿万富翁都是从几百元、几千元起家的,都经历了聚少成多、勤俭节约的历程。其次,要学会管理资金。一是要把握好资金的预决算,做到心中有数;二是要把握好资金的进出和周转,每笔资金的来源和支出都要记账,做到有账可查;三是把握好资金投入的论证,每投入一笔资金都要进行可行性论证,有利可图才投入,大利大投入、小利小投入,保证使用好每一笔资金。总之,创业者心中时刻装有一把算盘,每做一件事、每用一笔钱,都要掂量一下是否有利于事业的发展,有没有效益,会不会使资金增值。这样,才能理好财。

5)要讲诚信。就创业者个人而言,诚信乃立身之本,"言而无信,不知其可也。"创业者在创业过程中,如不讲信誉,就无法开创出自己的事业;失去信誉,就会寸步难行。诚信,一是要言出即从;二是要讲质量;三是要以诚信动人。

(3)专业技术能力。专业技术能力是创业者掌握和运用专业知识进行专业生产的能力。专业技术能力的形成具有很强的实践性。许多专业知识和专业技巧要在实践中摸索,逐步提高发展、完善。创业者要重视创业过程中知识积累的专业技术方面的经验和职业技能的训练,对于书本上介绍过的知识和经验在加深理解的基础上予以提高、拓宽;对于书本上没有介绍过的知识和经验要探索,在探索的过程中要详细记录、认真分析,进行总结、归纳,上升为理论,形成自己的经验特色,积累起来。只有这样,专业技术能力才会不断提高。

(4)交往协调能力。交往协调能力是指能够妥善地处理与公众(政府部门、新闻媒体、客户等)之间的关系,以及能够协调下属各部门成员之间关系的能力。创业者应该做到妥当地处理与外界的关系,尤其要争取政府部门、工商以及税务部门的支持与理解,同时要善于团结一切可以团结的人,团结一切可以团结的力量,求同存异共同协调地发展,做到不失原则、灵活有度,善于巧妙地将原则性和灵活性结合起来。总之,创业者搞好内外团结,处理好人际关系,才能建立一个有利于自己创业的和谐环境,为成功创业打好基础。

(5)创新能力。创新是知识经济的主旋律,是企业化解外界风险和取得竞争优势的有效途径。创新能力是创业能力素质的重要组成部分。它包括两方面的涵义:一是大脑活动的能力,即创造性思维、创造性想象、独立性思维和捕捉灵感的能力;二是创新实践的能力,即人在创新活动中完成创新任务的具体工作的能力。创新能力是一种综合能力,与人们的知识、技能、经验、心态等有着密切的关系。具有广博的知识、扎实的专业基础知识、熟练的专业技能、丰富的实践经验、良好的心态的人容易形成创新能力,它取决于创新意识、智力、创造性思维和创造性想象等。[1]

上述五个方面的基本素质中,每一项基本素质均有其独特的地位与功能,任何一个要素都会影响其他要素的形成和发展,影响其他要素的功能和作用的发挥,乃至影响创业的成功。因此一个未来的创业者,不仅要注意在环境和教育的双重影响下培养自己的创业素质,而且要重视其整体结构的优化,在创业实践中不断提高自我的创业素质。

案例分析

马加爵 PK 俞敏洪——同样的起点,不一样的结局[2]

马加爵、俞敏洪,两个人有着同样的起点——贫困家庭拼出的"天之骄子",但却演绎出了两个截然不同的结局——一个是地狱孤魂,只为逞一时之快而妄杀了四条鲜活的生命,埋葬他人的同时也葬送了自己的一生;一个是商界宠儿,被逼无奈离开了北大讲堂,却奇迹般地创造了新东方,成就了自己的人生,也圆了无数中国人的出国之梦。

一样的起点,为何最后"同途殊归"? 读完下面这场马加爵与俞敏洪的 PK 赛,也许你就会寻找出是什么造就了两个不同世界的人。

PK 人物简介:

马加爵,男,1981 年出生于广西壮族自治区宾阳县宾州镇马二村;2000 年考入云南大学生物系;2004 年在云南大学宿舍连杀四人引发了轰动全国的"马加爵事件";2004 年 6 月 17 日,马加爵被执行死刑。

俞敏洪,男,1962 年出生于江苏省江阴市夏港镇葫桥村;1980 年考入北京大学西语系,本科毕业后留校任教;1991 年从北大辞职,进入民办教育领域;1993 年创办北京新东方学校,现任新东方教育集团董事长、海淀区政协委员、民盟北京市委员会委员、中国青年企业家协会副会长、中华全国青年联合会委员等职。

PK 过程记录:

第一环节 PK——马加爵和俞敏洪的相似点:

---

[1]　http://hi.baidu.com/carmandblogitem/563836873231202fc75cc356.html.
[2]　轶男.俞敏洪创业思维[M].北京:新世界出版社,2009.

第一,同样的家庭背景。

马加爵和俞敏洪都是贫苦农民家庭出身,他们的父母都是目不识丁的平民百姓,终日劳作在炎热的烈日与黄土之间。他们从小的生活环境就是困苦不堪的,根本不知道什么是山珍海味,甚至连肚子都填不饱;也没有听说过什么名牌服装,因为他们总要穿打补丁的衣服。

"我高考的成绩超过我们广西壮族自治区当年重点线50多分,完全可以上名牌大学武汉大学、哈工大之类。可是我考虑到那离家远费用更大,所以选择了地域较近并且消费水平比较低的云南大学。"

(摘自马加爵在狱中写的一封信)

马加爵上大学之后,家里的经济状况变得更加紧张。他为了省钱,常常一天只吃两个馒头,在寒冷的冬天也坚持洗冷水澡。因为没钱买鞋子穿,在助学贷款没发的几天里他光脚逃课;因为没钱交学费,在与家人团圆的暑假里他一个人默默地在外做苦工。

最具悲剧性的一幕是,当他的人生走到尽头,锒铛入狱之时,他穿上了他一生中穿过的最好的衣服——囚服。"这是我穿过的最好的衣服。"马加爵的一句话让在场看押他的警察都落泪。

同样,俞敏洪刚入大学时,挑着一个装着自己所有家当的竹扁担进宿舍,被室友们误认为是收破烂的,不难看出当时俞敏洪家里也是非常窘困的。在同学们五颜六色的新衣服的衬托下,俞敏洪那身破旧的打着补丁的旧衣服十分引人注目,以至于体育老师在上课时总跳过他的名字而直接喊他"大补丁"。

第二,同样的心理。

因为贫困,马加爵和俞敏洪在大学期间不仅承受着巨大的身体煎熬,而且还忍受着非人的精神折磨。马加爵宿舍的同学曾在马加爵的被子上撒尿,俞敏洪那口难听的江阴普通话被同学说成是"叛国的日语"。在其他方面,比如土得掉渣的穿衣打扮、节衣缩食的举止行为等等,他们都会受到来自同学老师有意或无意的嘲笑、愚弄。很少有同学愿意跟他们交流、谈心、做朋友。

就连任何一个男孩子都享有的交女朋友的权利也被贫穷无情地剥夺了,他们只能眼睁睁地看着许多漂亮的女孩子围着有钱的男孩子转悠,而自己永远是形单影只的"光杆司令"。因为没钱,他们无时无刻不感到自卑,渐渐地失去了大学生在大学里应有的所有欢乐。

第二环节 PK——输赢的较量:

第一,学习历程。

马加爵的高智商无人可以否定,他曾经获得全国奥林匹克物理竞赛二等奖,而且在高考中一举夺魁,以极高的分数被云南大学成功录取。而俞敏洪的大学之旅就颇为坎坷了,他三次参加高考,两次失利,直到第三次才被北京大学录取。

虽然从就读大学的名气来讲,俞敏洪略胜一筹,但从进入大学的顺利程度来衡量的话,三上考场才踏入大学校门的俞敏洪显然要比首次参加高考就被成功录取的马加爵逊色。要知道,俞敏洪第一次参加高考的目标可是江苏省常熟市地区师专,因为33分的英语成绩惨遭落榜,而被迫备战来年高考。从这点来看,马加爵赢了俞敏洪。

第二,对待不公的反击策略。

因为智商高,马加爵与同学打牌总是赢,同学怀疑他作弊,他坚持说没有,从而引发了一些争执,同学竟恶语相伤,揭露了他以前的许多"糗事",他感到自己的人格尊严遭到了残酷无情的践踏和蹂躏,就意气用事地选择了一条最极端、最失败、最无可挽回的道路——举起石锤结束了四个同学的生命。

其实他那天所受到的侮辱、蔑视、怀疑,在这之前早已受过无数次了。无数次的屈辱都挺过来了,但这一次他竟然没能忍住,把同学、把自己都送上了一条不归路。

同样地,俞敏洪这只"农村小麻雀"在人才济济的北京大学里也经受了数不清的侮辱和歧视。但俞敏洪是聪明的,他懂得"实力决定一切"、"要想被人看得起,只有自己先强大"、"忍辱负重"的道理,坚持从自身"下手",以知识武装自己,不断提高自己的心理承受能力,进而使自己慢慢变强。在这一局的比拼中,俞敏洪获胜了。

第三,两个人的最终结局。

此轮对阵的结果不言自明,马加爵是一个彻头彻尾的失败者。"杀人者偿命",马加爵杀死了同学,同时也结束了自己。相反,俞敏洪在侮辱中蛰伏,在沉默中爆发,创造了一个神话般的新东方,创造了一个实现中国人出国之梦的大舞台。

PK 结论揭示了什么?

俞敏洪赢了,他不仅赢在结果上,更赢在心态上:不管遇到什么困难、挫折、失败,他都能够忍耐下去,化侮辱为动力,最终得以展翅翱翔。

思考:

作为创业者,需要具备哪些心理素质呢?

实训练习

创业素质自我测试[①]

创业,从大体上来说其实也是一种职业,当然也有适合与不适合的人群,因而,我们就不难理解为什么有些人可以轻松地创业成功,而有些人就不行。下面就来做做题,看看你是否有那些创业者应有的素质吧。

本卷为开卷考试,没有时间限制,还可以定期反复测验。

1. 你在哪一种条件下,会决定创业:

    a. 等有了一定工作经验以后

    b. 等有了一定经济实力以后

    c. 等找到天使或 VC(风险投资)投资以后

    d. 现在就创业,尽管自己口袋里没有几个钱

---

① http://www.28.comczcsjy/n-502080.html.

e. 一边工作一边琢磨,等想法成熟了就创业

2. 你认为创业成功的关键是:

    a. 资金实力

    b. Goodidea

    c. 优秀团队

    d. 政府资源和社会关系

    e. 专利技术

3. 以下哪项是创业公司生存的必要因素?

    a. 高度的灵活性

    b. 严格的成本控制

    c. 可复制性

    d. 可扩展性

    e. 健康的现金流

4. 开始创业后你立刻做的第一件事情是:

    a. 找钱、找 VC

    b. 撰写商业计划书

    c. 物色创业伙伴

    d. 着手研发产品

    e. 选择办公地点

5. 创业公司应该:

    a. 低调埋头苦干

    b. 努力到处自我宣传

    c. 看情况顺其自然

    d. 借别人的势进行联合推广

6. 招聘员工时最重要的是:

    a. 学历高低

    b. 朋友推荐

    c. 成本高低

    d. 工作经验

7. 产品进入市场的最佳策略是:

    a. 价格低廉

    b. 广告投入

    c. 口碑营销

    d. 品质过硬

8. 和投资人交流最有效的方式是：

　　a. 出色的现场 PPT 演示

　　b. 详细的商业计划书和财务预测

　　c. 样品当场测试

　　d. 有朋友的介绍和引荐

　　e. 通过财务顾问的代理

9. 选择投资人的关键因素是：

　　a. 对方是一个知名投资机构

　　b. 投资方和团队不设对赌条款

　　c. 谁估值高就拿谁的钱

　　d. 谁出钱快就拿谁的钱

　　e. 只要能融到钱，谁都一样

10. 你认为以下哪一项是 VC 投资决策中最重要的因素？

　　a. 商业模式

　　b. 定位

　　c. 团队

　　d. 现金流

　　e. 销售合约

11. 从哪句话里可以知道 VC 其实对你的公司并没有实际兴趣：

　　a. "我们有兴趣，但是最近太忙，做不了此项目"

　　b. "你们的项目还偏早一些，我们还要观察一段时间"

　　c. "你们如果找到领投的 VC，我们可以考虑跟投一些"

　　d. "我们这个行业不熟悉，不敢投"

　　e. 上面任何一句话

12. 创业团队拥有 51% 的股份就绝对控制了公司吗？

　　a. 正确

　　b. 错误

13. 创业公司的 CEO，首要的工作责任是：

　　a. 制定公司的远景规划

　　b. 销售、销售、销售

　　c. 人性化的管理

　　d. 领导研发团队

　　e. 搞进投资人的钱来

14. 凝聚创业团队的最好办法是：

    a. 期权

    b. 公司文化

    c. CEO 的魅力

    d. 工资和福利

    e. 团队的激情

15. 创业公司的财务预测中最重要的是：

    a. 销售增长

    b. 毛利率

    c. 成本分析

    d. 资产负债表

16. 创业公司的日常运营中，以下工作最重要的是：

    a. 会议记录的及时存档

    b. 业绩指标的合理安排和及时跟踪

    c. 团队的经常性培训

    d. 奖惩制度

    e. 管理流程的 ISO9000 认证

17. 创业公司的日常运营中，最棘手的问题是：

    a. 人的管理

    b. 销售增长

    c. 研发的速度

    d. 资金到位情况

    e. 扩张力度

18. 创业公司产品市场推广效果的衡量标准是：

    a. 广告投入量和覆盖面

    b. 营销推广的精准程度

    c. 产品出色的品质保证

    d. 广告投入和产出比例

    e. 产品价格的打折力度

    f. 品牌的市场渗透率

19. 防止竞争的最有效手段是：

    a. 专利

    b. 产品包装

    c. 质量检查

d. 不断研发新产品

e. 比竞争对手更快地占领市场

20. 创业公司的第一个大客户竟然是个土财主,你会:

    a. 一视同仁地对他提供你公司的标准服务

    b. 指导他如何来积极配合你的工作

    c. 修理他,给他些颜色看看是为了他的提高

    d. 提供全面服务＋免费成长辅导

21. 你认为创业公司中的最大风险是:

    a. 市场的变化

    b. 融资的成败

    c. 产品研发的速度

    d. CEO 的个人能力和素质

    e. 决策机制的合理性

22. 当创业公司账上的现金储备低于三个月周转需求量的时候,应该采取哪项措施:

    a. 立刻启动股权融资

    b. 通知现有公司股东追加投资

    c. 立刻大幅削减运营成本,包括裁员

    d. 打电话给银行请求贷款

    e. 把自己的存折和密码交给公司会计

23. 创始人之间发生矛盾时,你会:

    a. 坚持原则,据理力争

    b. 决定离开,另起炉灶

    c. 委曲求全,弃异求同

    d. 引入新人,控制局势

24. 投资创业公司的理想退出方式是:

    a. 上市

    b. 被收购

    c. 团队回购

    d. 高额分红

    e. 以上都是

【试卷答案】

答案为单选,答对一题得一分。

1. d 2. c 3. e 4. d 5. b 6. d 7. d 8. c 9. e 10. c 11. e 12. b 13. b 14. b 15. a 16. b 17. a

18. d 19. e 20. d 21. d 22. c 23. c 24. e

(1)如果你的得分是 1—8 分:还不具备创业的基本知识,不要贸然创业哦;

(2)如果你的得分是 9－16 分：游走在创业的梦想和现实之间，继续打磨打磨吧；

(3)如果你的得分是 17－24 分：已经做好了创业的基本准备，大胆往前走喽！

游戏训练

性格牌

参与人数：集体参与　　时间：10 分钟　　场地：不限　　材料：性格牌

喜欢红色	喜欢踢足球	社工	有兄弟姐妹	喜欢旅行
会弹钢琴	性格开朗	不喜欢说话	喜欢爬山	喜欢读书
不喜欢吃肉	喜欢孩子	学习很好	喜欢一个人独叫	喜欢开车
喜欢坐车	喜欢画画	喜欢唱歌	喜欢看电视剧	偏好看电影
骑自行车	喜欢大城市	想去小山村	喜欢海边	喜欢大山

在游戏中培养大家的沟通能力。游戏的步骤如下：

1.发给每一个人一张性格牌，让他们去寻找符合要求的人，请那个人在符合要求的格子里面签字(每个人可能有数项符合，但只许签最准确的那个)。

2.告诉大家他们有 10 分钟的时间去收集签名。

3.收集签名最多者为获胜者。

对于商业管理者来说，这是一个让员工很快熟悉的游戏。参加游戏的人如何才能更好地完成游戏呢？给大家的建议是：

1.为了尽快找至符合要求的人，要懂得与他人沟通的技巧。与人沟通的时候试着使用多种不同的方法：比如对于性格开朗的人你可能根本不用怎么说话，他会什么都告诉你，但是内向的人则需要你的引导，你需要多问他几个问题，这会加快你的沟通速度，也会让整个过程变得有趣。

2.在找符合描述对象的时候，有个捷径。有些项目的描述是可以从外表看出来的，比如在一边说个不停、兴高采烈的那个没准就是性格开朗项的候选者。所以从一个人外表散发的气质入手，可以更快地确定目标。

这个游戏主要训练的是大家的沟通能力。有经验的商人和管理者告诉我们，幽默会让沟通变得简单，会给我们带来更多的财富。

相关链接

金牌推销员贝特经常有奇思妙想，使用一些出其不意的方法赢得客户。有一次，他用电脑制成了一张乐透彩券，把自己的照片放入号码栏内，然后用彩色打印机打出彩券，再把彩券贴到一张厚纸板上，最后覆以锡纸，制成刮刮乐的表面。上面写着：在直排、横排或对角线中，只要出现三张相同的照片，您就中奖了。

贝特可以想象对方收到彩券、刮出照片时是怎样的一副惊奇和好笑的表情。贝特把自己制好的彩券寄给了一位久攻不下的难缠大客户。贝特已经连续拜访这位客户一个半月了,却连一面也没见着。打电话,秘书的防护坚硬如墙,把人拒之门外。没想到,贝特寄出彩券的第二天,客户就亲自打电话过来了,说:"你这个人真幽默,我倒想看看制作这张彩券的人到底是何方神圣!"

就这样,不等贝特请求,对方先定了见面的时间。后来,贝特顺利地做成了这笔大生意。

由此可见,幽默能让沟通顺利进行,也会为我们带来更多的财富,是一种必不可少的商业智慧。

谋 划 篇

  世界在变,需要一代一代的人去创造奇迹。我们做好准备了吗? 在这个篇章,我们将通过慧眼和心思去挖掘属于我们的机会! 机会究竟在哪里呢? 可以在第一产业、第二产业还有第三产业,甚至还有第四产业,只要用心去看世界,机会随时都会出现。"世界不缺乏机会,缺少的是发现机会的心灵。"机会可能会灵机一动就出现,也可能昙花一现就消逝,到底该把握哪些机会呢? 这需要去调查、去比较、去决策,没有价值的实现,机会只是一个泡影。这里,我们要学习如何判别机会的大小、高低,为自己找到最满意的答案!

模块五 │ 创业机会选择

四小虫看创业非常道

　　四小虫上网找测试工具,从性格、智商、情商至财商测了个遍。四个人四个成绩,高低不同,但分数都不高。看来我们是没这个命了！不对呀,我们是四个人,把四个成绩加起来我们不就超过满分了?! 没错,创业又不是考试,只能一个人参加,我们可以一起干呀！听说最近流行大学生创业,有好多电视节目讲创业呢,我们看看那个什么《创业非常道》吧！

内容提要

　　创业机会随处可见,不同的眼光看到不同的事物。机会可能与问题并存,机会可能与风险同在。学习发现机会的能力,在各行各业中深入挖掘与创造机会。

第一节　寻求创业机会

　　学生创业,管理有经验并不是最重要的,最重要的是自己的创意、启发这样的感受与行为,这一定要保持。

——雅虎首席执行官　杨致远

　　有了创造力,就可以对抗任何挑战;没有创造力,问题就不会转变为机会。

——金星资源公司首席执行官　戴维·费根

　　创业是获利机会与创业个体的结合。创业机会是客观存在的,创业者要能够及时发现这些创业机会,并开发和利用创业机会。有赢利可能的市场需求都会客观存在于一定的市场环境之中,依附于购买者或终端用户创造或增加价值的产品、服务或业务。很多人认为只有全新的技术或显露出来的市场才是创业机会,实际上并非如此。很多创业机会就在我们身边,生活中很多平常的现象在有心人眼里就是创业机会,此谓"处处留心皆机会"。

1. 机会与问题同在

　　在美国人高歌西进的年代,约翰也以低廉的价格买下了佛罗里达的一片农场。可是当他兴冲冲地来到了那片农场,一下子变得非常沮丧。因为他发现,那块地贫瘠的程度是前所未有的,既不能种果树和庄稼,也不能用来养猪,能够生长的只有白杨树及响尾蛇。

　　但是生性乐观的约翰没有马上打道回府,而是想出了一个好主意:利用那些响尾蛇。很快,他做出了让每一个人都感到吃惊的举动:把自己的农场办成一个"响尾蛇庄园",向游客开放。消息一传开,来参观响尾蛇庄园的游客日渐增多,每年差不多要接待30000多人。

　　他接下来的做法更使每一个人都很吃惊。他在庄园里建了一个罐头加工厂开始生产响尾蛇肉罐头,运到东部的城市去卖。不久,他的生意就做得非常大了。

　　随着庄园里的工人越来越多,居然在这片曾经荒芜的农场上建成了一个繁华富庶的小镇。后来,人们把这个镇命名为响尾蛇镇,以纪念通过创意来创造财富的约翰。

　　每一个创业者都不能忽视"问题"的存在,而对于那些严重的问题则更需要慎重处理。但是作为创业者,最重要的是把注意力集中在发现问题中的"机会"上,而不是问题本身。

　　机会是通向目标之路的大门,但它往往存在于人们的不经意之间。它是带有未来指向的,有时甚至恰恰存在于问题之中。因此,有时只要让机会得到足够的关注与投入,问题也就无法再困扰我们。

长期以来,许多创业者在经营公司时,出于生存的压力,把自己的目标定位在成本控制上,以最小的成本生产出合格的产品。然而,他们都忘记了这样一个明显的事实,那就是:企业的目标在于创造财富,而不在于去控制成本。他们所使用的是一套传统的绩效衡量工具——用损益平衡表来显示出一个企业清算后的价值,这能够让债权人清楚地知道该公司最糟情形下的状况。然而深入思考下去,我们就会发现一个可笑的事实:公司的经营怎么能够以解体为目标呢?

创业者必须转变观念,在关注问题之前,对机会进行了解,着重探讨一下那些结果比预期更好的项目,比如业绩、销售收入、利润或产量。花在讨论这些项目上的时间,即使不比探讨问题的时间多,那么至少也要一样多。

2. 正视机会的诱惑

法国哲学家布里丹养了一头小毛驴,他每天买一堆草料来喂。

这天,卖草的农民出于对哲学家的景仰,额外多送了一堆草料,放在旁边。这一下子,毛驴站在两堆数量、质量和距离差不多完全相等的干草之间,为难坏了。它虽然享有充分的选择自由,但由于两堆干草价值相等,客观上无法分辨优劣。于是它左看看,右瞅瞅,始终也无法分清究竟选择哪一堆好。

这头可怜的毛驴就这样一会儿考虑数量,一会儿考虑质量;一会儿分析颜色,一会儿分析新鲜度。犹犹豫豫,来来回回,在无所适从中活活地饿死了。

这只毛驴的举动有点傻,而且让我们似曾相识——它很像那些在办公室里忙得团团转的创业者。

创业者经常面临着种种抉择,如何选择对企业的成败得失关系极大,因而他们都希望得到最佳的抉择。他们常常在抉择之前反复权衡利弊,再三仔细斟酌,甚至犹豫不决,举棋不定。但是,在很多情况下,机会稍纵即逝,并没有留下足够的时间让他们去反复思考,反而要求当机立断,迅速决策。如果犹豫不决,反而会两手空空,一无所获。

创业的本质是决策。决策是人类行为追求目的性、时效性的集中体现。通过成功的决策,我们能充分利用现有条件或创造一定条件,把有限的人力资源、物力资源和信息资源及时而准确地配置到恰当的时空之内,从而不仅使各种资源在整体上得到了优化配置,而且还增强了我们行动的灵活性和主动性。有人把决策过程中犹豫不定、迟疑不决的现象称为"布里丹毛驴效应"。我们没有理由说驴比狼更愚蠢。如果说到愚蠢,有时人反而比驴和狼更蠢。古人讲"用兵之害,犹豫最大;三军之灾,生于狐疑",就是这个道理。

"布里丹毛驴效应"是决策之大忌。当我们面对两堆同样大小的干草时,要么"非理性"地选择其中一堆,要么"理性"地等待下去,直至饿死。如果我们既不想匆忙地"非理性"选择,又想走出被活活饿死的窘境,那应该采取什么样的决策方法呢?以下三条可供参考:

第一,在无法或者没有能力选择时,可以采用稳健的吃草方式。有人说,布里丹的毛驴可以东边的草堆吃一口,西边的草堆再吃一口。这听上去是一个笑话,但不失为一种稳健的决策取向。因为在很多情况下,只要没有明确的二选一的必要,就不必太早做出决策。

第二,可以向别的毛驴请教,但是同时养成独立思考的习惯。如果决策者不能独立思考,缺乏主见、人云亦云,是不可能做出正确决策的。如果不能有效运用自己的独立思考能力,随时随地因为别人的观点而否定自己的计划,将会使自己的决策出现失误。

第三,不要总是试图吃掉所有的草。吃东边的草,就有可能失去西边的草,可见利与弊往往是事情的一体两面,很难分割。所以决策者不能企图获得所有的利益,因为过高的目标不仅没有起到指示方向的作用,反而由于目标定得过高,带来一定心理压力,制约决策水平的正常发挥。

美国通用电气公司前总裁杰克·韦尔奇把决策能力看成是"面对困难处境勇于做出果断决定的能力"和"始终如一执行的能力",因此,决策具有复合性,是一种合力。我们必须从自己的洞察力、分析力、直觉力、创新力、行动力和意志力等方面进行不断的训练,在不断的失败与成功之间摆脱犹豫不决,进行相对理性的选择,才不会成为布里丹的驴子。

把眼前的机会抓住了,把手头的事情办好了,就意味着胜利,意味着成功。对于布里丹的毛驴们来说,与其在那里好高骛远地设计,绞尽脑汁地编织出一个又一个吃草的方案,不如面对现实、抓住机会,竭尽全力把眼前最重要的青草一口一口地吃好。

3. 好的创业项目等于成功的一半

进行自主创业还有一个很关键的选择,就是创业项目的方向。麦可思的调查结果或许会在创业项目的选择上给你一些有益的提示。

(1)创业项目与创业者专业学习的相关性不大

如图 5-1 所示,比起其他就业群体来,创业项目与创业者专业学习的相关性不大,与专业的相关性约为受雇就业者的一半。这是因为普遍来看,创业更需要管理、决策、沟通等基本能力以引导创业项目走向正轨,而专业能力不足则可以通过雇用拥有相关技术的员工来弥补。

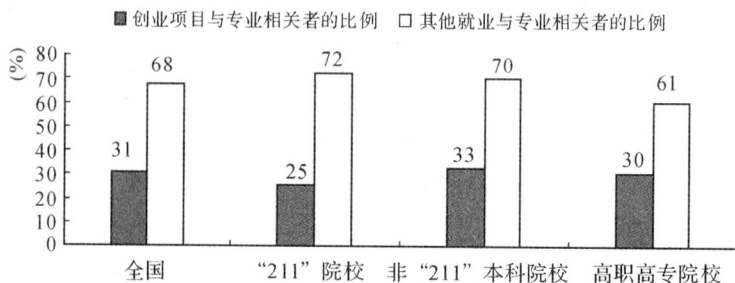

图 5-1　全国 2008 届大学毕业生自主创业项目与专业相关性

数据来源:麦可思－中国 2008 届大学毕业生求职与工作能力调查

(2)市场营销类等专业的创业与专业密切相关

在如图 5-2 及图 5-3 所示的专业类别里，创业项目要求创业者有相关专业学习的背景，而相关的行业里创业的空间也十分广阔，如对高职学生市场营销类、艺术类、计算机类、工商管理类都比较适合创业。

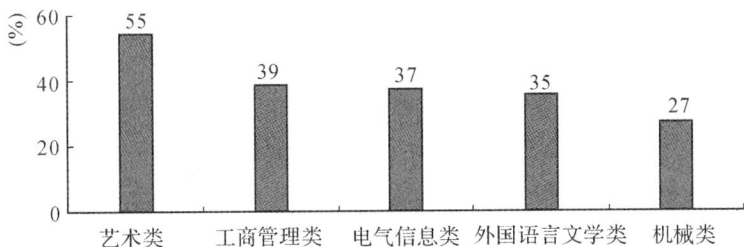

图 5-2　本科毕业生自主创业项目与专业相关比例最高的五大专业(中类)

数据来源：麦可思－中国 2008 届大学毕业生求职与工作能力调查

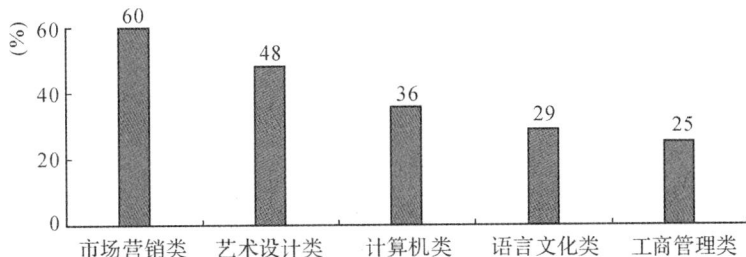

图 5-3　高职高专毕业生自主创业项目与专业相关比例最高的五大专业(中类)

数据来源：麦可思－中国 2008 届大学毕业生求职与工作能力调查

(3)应届大学毕业生自主创业者的专业类分布较集中

从专业大类上，可以看出，文学、工学、管理学专业毕业生是主要的本科创业人员来源，占约 69％。而高职高专毕业生中，毕业最多的为财经大类、电子信息大类、制造大类，占约 62％。

(4)毕业生自主创业的行业技术成分不高

行业分布排在前五位的行业中，技术含量高、创新水平高的制造业和电信及电子信息服务业加起来仅约 19％，比例偏低，而零售业、文化体育教育和娱乐业、批发业就占到了约 49％，目前大学毕业生自主创业中的技术成分不高。如图 5-4 所示。

(5)自主创业者所扮演的职业角色较集中

创业者的职业分布代表其工作内容与角色定位。如图 5-5 所示，创业者担任最多的是企业管理工作，其次是销售工作。

大学毕业生自主创业中的技术成分不高可能是因为，大部分进行自主创业的大学生不具备开发科技产品的能力，这与在大学阶段学习的知识和接受的能力训练有限有关。

据此，一方面，对于少数已取得科技产品开发成果的大学毕业生创业者，如果产品具有市场价值，应当把握自己产品的市场价值，以此为核心进行科技创业；另一方面，对于没有开发产品

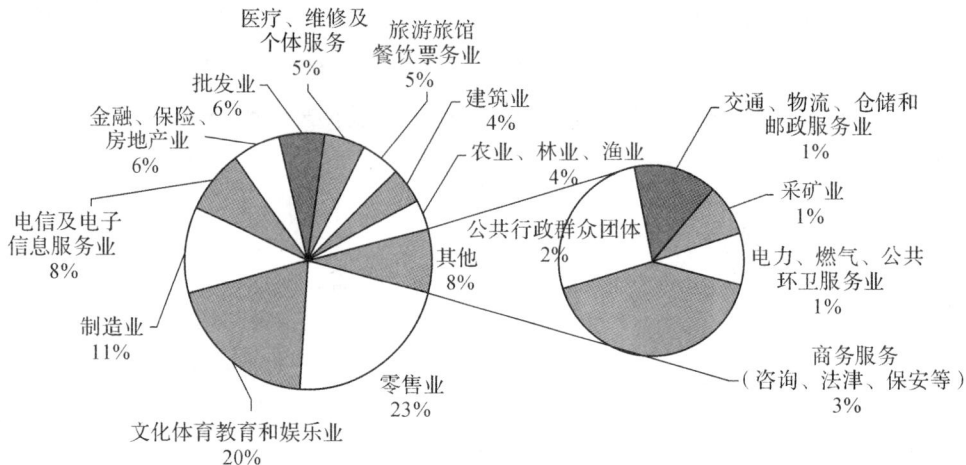

图 5-4　全国 2008 届本科毕业生自主创业的行业分布

数据来源:麦可思—中国 2008 届大学毕业生求职与工作能力调查

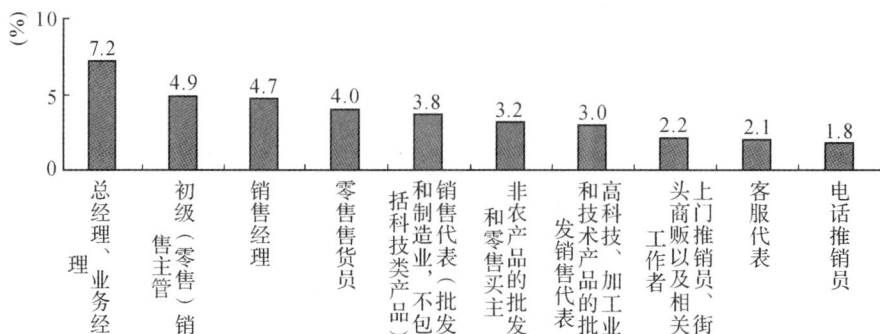

图 5-5　全国 2008 届大学毕业生自主创业者的十大职业角色

数据来源:麦可思—中国 2008 届大学毕业生求职与工作能力调查

能力的毕业生创业者,即使不能选择在高科技领域创业,也可以选择在零售、娱乐等相对传统的产业发掘商机,因为一个别致的构想和创意,或一种独特的管理和销售理念,都可能使你在创业中独辟蹊径,获得成功。

　　总之,在选择行业的时候,先要考虑自己的兴趣,然后你可以利用自己专业知识上的优势,更重要的是利用自己基本能力上的优势,找到自己拥有的核心竞争力(这可以是产品、技术,也可以是理念、思路),充分挖掘其市场价值,会更容易走向成功。

　　是的,好的创业项目意味着成功了一半。对于自己已经创业成立公司(包括代理加盟)的创业者,建议在实施之前进一步进行项目论证,如仔细评估一下市场前景、客户群体、项目运营的成本和方式、如何实施、短长期目标如何……正所谓"运筹帷幄而决胜于千里之外",只有把这些问题想清楚了,才能让"创业战车"在可控的风险中依正确的轨道运行。

　　如果还未确定创业方向,如何慧眼识珠、以对市场的敏锐嗅觉找到适合你的优秀项目就显得尤为重要。以下 4 条思路,或许对你有些帮助:

1）细分市场发现商机

网络上及生活当中已经有很多非常优秀的产品和服务，这些产品和信息当中不失优秀之作，但我们仍可以仔细评估这些产品和服务，看其是否适合市场需求，又适合哪里的市场需求，需求有多大？进一步细分市场，往往能让你发现新的商机。

2）创造性地复制成功项目，并超越之

百度复制 Google，并依据中国市场的特性做适当的改善，提供更加优秀的服务。如 Mp3 和贴吧等，结果百度成功了；QQ 复制 ICQ，并依据中国网民的特性做适当的改善，提供更加优秀的服务，如个人资料保留在服务器和查询功能等，结果 QQ 成功了；Dell 复制 IBM 和 HP 的产品，并依据美国市场的特性和产品的特点，提供对用户来说更加方便的"上门服务"，结果 Dell 成功了。这 3 个案例浅显易懂。成功者自有成功的奥秘和窍门，我们如果能借鉴成功者的经验，并加以改进，优化设计，就能进一步满足市场和客户的需求，获得市场成功。

3）在别人的不足中发现商机

淘金矿工们经常抱怨裤兜兜不住他们装在里面的黄金颗粒，于是戴维斯发明了耐磨的帆布裤子——牛仔裤；上世纪 60 年代，美国经济迅猛发展，新兴的公司迅速成长，带来货物交流频繁，但是市场缺乏将这些货物迅速送达指定地点的好方式，于是弗雷德·史密斯的"联邦快递公司"顺应时代的需求而诞生……

生活中，这样的案例很多。当别人在抱怨产品或服务不足的时候，我们是否想到了更好的解决方法。进一步地，我们的方法是否有市场前景。千万不要以为这个很难，哈斯博士因为疼爱自己的妻子，为了减轻妻子经期的痛苦和不方便，而发明了卫生巾，小小的产品却蕴含着巨大的商机。

4）"入伙"好的创业团队

当年，斯坦福大学的几个学生有好的创业项目，却没有资金投入，他们的教授便出资资助他们创业，于是诞生了著名的 Google。这些教授的投资不仅仅成就了一家伟大的企业，同时也为他们带来了巨大的财富，平均 1 万美元获得了超过 10 亿美元回报。

"21 世纪是打组织的时代"（李敖[①]）。或许我们没有好的创业项目或商业点子，但却有满腔创业热情，那么不妨找到有优秀创业项目的人或者产品，争取与其合作或入股，在团队中贡献自己的力量，一起走向成功。[②]

4. 行业与创业

哪些行业适合大学生创业？比尔·盖茨创业时，选择的是做电脑软件，这在当时还未形成一个行业。这位法律系的肄业学生在新泽西州沙漠边的汽车旅馆里，倒腾的是一个全新的产品——独立于硬件的电脑软件！2010 年全球富豪榜前十位——甲骨文的埃里森先生，也是在数

---

① 李敖（1935 年 4 月 25 日—），字敖之，祖籍吉林省扶余县人，中国台湾作家、中国近代史学者、时事批评家。

② http://career.eol.cn/chuang_ye_zhi_dao_9472/20100204/t20100204_448024.shtml.

据库系统刚刚萌芽时,果断地看到它的应用前景而创立 ORACLE,成为今天数据库市场的巨人。

其实"哪些行业适合大学生创业"这个话题,已被许多专业人士、成功人士谈论过,像电脑、互联网、生物科技、管理咨询等等,这些新兴经济产业,都已被列入创业者们的候选名单之中。但真正重要的并不是哪些行业适合大学生创业,而是哪些行业需要大学生来创业。这是一个市场导向的问题,人力市场导向的问题!

大学生们经验不足,社会关系浅薄,抵抗风险能力弱,这些是在开始远大的抱负之前,大学生们首先要看到的自己的不足。这些不足使得大学生如果在一个比较成熟的市场,就无法同其他竞争者竞争。而在一些新兴的市场,大家都处于同一条起跑线,大学生反而因为没有传统经验主义的束缚,往往能够出奇制胜。事实上,在任何一个行业初兴之时或面临转型时,都需要有充满雄心的年轻人给它以活力。而这种行业需求,才是创业的真正契机。

第二节　文化创意业

腾讯的成功是一连串偶然机会的集合,靠的是在探索路上,善于接招。

——腾讯公司执行董事、董事会主席　马化腾

文化创意产业是指依靠创意人的智慧、技能和天赋,借助于高科技对文化资源进行创造与提升,通过知识产权的开发和运用,生产出高附加值产品,具有创造财富和就业潜力的产业。联合国教科文组织认为文化创意产业包含文化产品、文化服务与智能产权三项内容。

任何一种文化创意活动,都要在一定的文化背景下进行。但创意不是对传统文化的简单复制,而是依靠人的灵感和想象力,借助科技对传统文化资源的再提升。文化创意产业属于知识密集型新兴产业,它主要具备以下特征:

首先,文化创意产业具有高知识性特征。文化创意产品一般是以文化、创意理念为核心,是人的知识、智慧和灵感在特定行业的物化表现。文化创意产业与信息技术、传播技术和自动化技术等的广泛应用密切相关,呈现出高知识性、智能化的特征。如电影、电视等产品的创作是通过与光电技术、计算机仿真技术、传媒等相结合而完成的。

其次,文化创意产业具有高附加值特征。文化创意产业处于技术创新和研发等产业价值链的高端环节,是一种高附加值的产业。文化创意产品价值中,科技和文化的附加值比例明显高于普通的产品和服务。

第三,文化创意产业具有强融合性特征。文化创意产业作为一种新兴的产业,它是经济、文化、技术等相互融合的产物,具有高度的融合性、较强的渗透性和辐射力,为发展新兴产业及其关联产业提供了良好条件。文化创意产业在带动相关产业的发展、推动区域经济发展的同时,还可以辐射到社会的各个方面,全面提升人民群众的文化素质。

文化创意产业(Cultural and Creative Industry),各国定义不同。国际知名的文化创意产业

推广组织君友会,将文化创意产业分别称为文化产业、创意产业和创新科技。当今世界推动文化创意产业发展较有影响的国家,约有英国、韩国、美国、日本等。

借鉴世界各国文化创意产业分类,根据我国的行业划分标准,可以将我国文化创意产业分为几类,即:

(1)文化艺术,包括表演艺术、视觉艺术、音乐创作等;

(2)创意设计,包括服装设计、广告设计、建筑设计等;

(3)传媒产业,包括出版、电影及录像带、电视与广播等;

(4)软件及计算机服务等。

1. 广告策划

德国广告中央协会 2008 年发布的一项调查结果显示,中国广告业规模已跃居世界第二位,仅次于美国。2007 年中国广告业全年营业额为 1471 亿元,占到 GDP 的 0.706%。作为一个经济依附性产业,中国广告业受宏观经济持续增长的推动,营业额保持了每年两位数的增长幅度。2000—2007 年平均年增幅为 13.75%,高于 GDP9.24% 的平均增长率。2007 年广告业全年总营业额增长率为 10.68%。

受数字革命和新媒体技术的推动,中国媒体广告市场经历了激烈的变局。传统媒体仍然是广告市场的主体,但增幅逐年放缓;以互联网为代表的新媒体广告份额不断攀升,已超过杂志和广播所占的份额。2007 年全媒介广告市场,电视以 74.1% 的份额排在首位,报纸和户外媒体分别以 13.5% 和 3.7% 的份额排在第二和第三位,互联网和商务楼宇 LCD 分别以 3.5% 和 2.3% 的份额排在第四和第五位,超越了杂志和电台所占的份额。

总体来看,经历了上世纪 80 年代的恢复期和 90 年代的高速发展的成长期,2000 年以来中国广告业进入了"高度成长"的新时期。然而,中国广告业存在的根本问题依然没有解决,中国广告业的增长方式及产业结构不合理依然是制约行业发展的瓶颈问题。从中国广告业近几年的增长看,增长方式仍然是靠数量增长拉动的粗放型增长,没有质的飞跃。广告经营单位的增长幅度远远高于广告营业额的增幅。从产业结构看,中国广告业集中度低,中小广告公司占总体的绝大多数,并呈高度分散、高度弱小的局面。另外,广告市场主体即媒体、广告主、广告公司三者间的关系极不平衡,"强媒体、弱公司"的格局依旧没有改变。从 2007 年广告业统计数据看,四大传统媒体广告经营额占总经营额的 49.1%,专业广告公司的广告经营额占 39.55%。中国广告产业的这种结构性失衡直接导致广告公司在市场主体三方的博弈中居于弱势地位。①

由于新媒体不断出现,传播环境空前复杂;而产品竞争更加激烈,市场环境复杂多变;单一的广告已无法有效地到达消费者。在这样的背景下,广告主急需采取新的传播模式、整合各种营销传播工具来到达消费者,以实现品牌传播的需求。广告因此面临前所未有的挑战,生存空

① http://zhidao.baidu.com/question/123177468.html.

间受到新的营销工具的挤压。为了拓展生存空间,也为了在新的营销传播环境下帮助广告主更加有效地与消费者沟通,广告公司不仅要能够提供传统的广告服务,还需要整合公关、促销、直销、互动行销等多种传播工具,以实现传播效果的最大化。

在经济全球化的大背景下,跨国广告集团的经营重心随其全球客户的战略转移而向中国倾斜。近年来在中国的一系列并购行为,表明跨国广告集团在中国的扩张和渗透力度在逐年加大。面对跨国广告集团的大举进攻,本土广告公司急需改变力量分散、各自为政的现状。集团化是中国广告业进一步发展的必然选择。目前,中国本土广告公司高度分散、高度弱小,缺乏有核心竞争力的品牌,广告服务水平整体不高。通过建立广告集团,可以实现规模化经营,降低经营成本,提高本土广告公司的核心竞争力,提升广告业的整体服务水平。新世纪以来,面对跨国广告集团对本土广告市场的激烈争夺,本土广告公司已经开始出现集团化的趋势。

李连杰出任柒牌形象代言人,使柒牌这极具正义感的品牌形象变得不再抽象与费解,因为李连杰本身就是这一概念形象的真实写照。凭借不屈不挠的斗志,越战越勇的精神,李连杰在国际舞台打出一片属于自己的天地,成为世界公认的英雄。无论是他扮演的角色还是他本人的气质风范,都与柒牌的形象相吻合。柒牌的新广告片:李连杰出演的《武》篇。除了近乎"美国大片"的视觉之外,《武》篇广告片更上演了一出英雄的故事:片中纷纷扬扬的"竹叶"扮演着李连杰的强劲对手,寓意一种凶猛的"逆势力",然而,富有智慧与功力的男主角(李连杰)身处逆境却依然毫无惧色,一连串精彩绝伦的武打动作之后,终于将困难征服,在逆境中胜出。于是,一个英雄的形象栩栩如生,柒牌"男人就应该对自己狠一点"的品牌形象得以丰满。[①]

广告业作为传统由来已久,经过与互联网相结合,也可以走出新路子。

格子网[②]是由英国一位名叫 Alex 的大学生首创。Alex 从小喜欢胡思乱想的学生,干的确实是件很有技术含量的活。他也像中国很多大学生一样,临上学了为大学学费发愁,于是在 2005 年的 8 月 26 日,突然刮了一阵头脑风暴后,用 10 分钟时间建了一个名叫"百万首页"的网站,然后就随手画起了格子,画了一万个格子之后,他就大胆宣称要将每个格子卖 100 美元。

后面发生的事情真的让人目瞪口呆。短短两个月时间,Alex 已经卖出了 4281 个格子,并收获了 42.8 万美元。包括公益广告、中文培训基地、个人网站、下载基地等等,这些内容充满了 Alex 画出来的格子。互联网时代所造就的互联网一代,身上刻着互联网的烙印。他们开放、自主,具有创新精神,关注新生事物,并且本能地对新生事物抱着好奇探究的态度,而不是像他们的上辈那样保持戒心。这是 Alex 产生建"百万首页"来赚钱的想法的原因,也是他成功的原因。网络创意是没有界限的,所以没有什么不可以。

后来国内就出现了一大批格子网,但是跟风的太多,因此真正算得上成功的几乎没有。网站最重要的是给人们带来价值,格子网的创意虽然不错,但是人们也只是好奇去关注它,好奇心满足之后很少有人再次光临网站了。既然 Alex 能够成功,说明格子网是有发展前景的,至少是

---

①　叶茂中。

②　http://baike.baidu.comview664937.htm? fr=ala0_1.

一个非常不错的盈利模式,那么肯定有其发展的趋势。现在大部分人的观点是,行业或地域格子网将是未来格子网的唯一出路,在这方面也有不少人正在尝试。

2. 动漫游戏

据不完全统计,目前全球数字内容产业产值已经突破 4 万亿美元,而与动漫、游戏产业相关的衍生产品产值更是其 2—3 倍。中国的动漫娱乐产业从 20 世纪 90 年代兴起,2007 年仅网络游戏出版市场销售额已超过 67 亿元人民币。预计,中国动漫娱乐及相关产品的市场容量至少有 1000 亿元人民币,同时还有 3.67 亿未成年人,他们都将是动漫娱乐产业潜在的消费群体。[①]

目前的国际动漫娱乐产业,美、日、韩呈争先态势,而英国的动漫业异军突起,成为欧洲市场的领导者。美国的网络游戏业已经连续 4 年超过好莱坞电影业,成为全美最大的娱乐产业;日本动画业年产值在国民经济中位列第六,动画产品出口额超过钢铁业。他们的成功经验可以给中国动漫娱乐产业带来一些启示,但同样还有挑战。

从 1990 年开始,凯恩·维塞尔曼就不断地撼动着娱乐业。在成功推出《天线宝宝》后,依斯碧斯娱乐公司已经成长为一个真正的儿童娱乐帝国,这个帝国在信誉上已赢得了一系列的非凡成就,天线宝宝背后到底隐藏着什么商业策略?

把"任何东西"卖给"任何人"是维塞尔曼从父亲那里学到的商业法则。这一法则的第一要务是——你必须了解你的顾客;第二要务就是进行反常规的思考。维塞尔曼受到的一个最大启发是,父亲常常从南方买来黄铜床,再把它们运到北方去卖。他还常常在北方采购青铜小雕像和水晶花瓶,却运到南方去卖。

许多时候,许多公司最大的问题是,他们没有花足够的钱去推销他们的品牌。维塞尔曼则走向另一个极端,经常被人指责在推销品牌上花销太大。一般的商业策略是,无何

图 5-6 天线宝宝卡通形象

时都应该把 3%—5% 的年度预算用到广告和推销产品及服务上。维塞尔曼个人的看法是,如果你的公司有 IBM 的规模,这种商业模式才会生效。不论你的公司是大还是小或者介于两者之间,成功都建立在你把你的产品或服务展示给受众的能力之上。能够和他人一争高低的远见常常比事实更重要。

为了保证一个品牌长期的潜力,维塞尔曼提出的每一个项目都附上一个市场计划和一个明确的投资计划。依斯碧斯娱乐公司经常预留一段市场发育期,提前介绍一种新产品。比如,在推广《小司机诺弟》时,依斯碧斯娱乐公司梳理了将近四年市场,了解到美国观众可能觉得《小司

---

① http://sh.sohu.com/20080704/n257944047.shtml.

机诺弟》太英国化,于是,维塞尔曼不断在报刊上和当地商业刊物上推介"诺弟"形象。维塞尔曼希望以此连续不断的露面,市场就会及时忘记"诺弟"不是美国人。

凯恩·维塞尔曼说,成功的商人总是建议别人打破常规去思考问题。但是他们从来不说如何去做。这是因为没有规则可以告诉你常规是怎样的,更不用说如何去打破它。事实上,惟一的规则就是没有规则。维塞尔曼的个人观点是:打破常规去思考这种表达方式已经被用滥了。这个短语表达出的所有含义就是:在任何情况下都要进行非传统的思考,清除掉你心中的杂草,为自己开创一条新的道路。"天线宝宝"就是维塞尔曼打破常规的一个典型案例。但是,在创业之初,维塞尔曼首次专门经营儿童娱乐公司时,每个人都认为他疯了。"天线宝宝"是兴趣和非传统思想的完美结合,因为它清楚、简洁,没有传统儿童节目的那些规矩。① (图5-6)

动漫在我国起步并不晚,但其发展却是一个曲折过程,这与我国的市场环境、文化背景有着密切关系。20世纪六七十年代的动画已不能满足新世纪新人类的精神和物质需求,取而代之的是由新生代有创意年轻人的新作。

他,只有24岁,却拥有两家公司;毕业不到一年,又买房又买车;他靠点子赚钱,靠创意致富。他的"女仆咖啡屋"的大胆创意,让他名声大噪。他就是中南财经政法大学武汉学院2008届毕业生、武汉金视点文化传播有限责任公司兼武汉盛大衡通商务有限公司董事长秦一童,一个人称"秦总"的帅气大男孩。

2004年,19岁的秦一童揣着对大学的梦想,从河南进入中南财经政法大学武汉学院。入学第二天,秦一童无意间看到学校UP漫画社的招募海报。正是他这无意一瞥,改变了他的命运。后来,有绘画特长的他接任社长,将社团正式更名为"武汉UP动漫社"。他的事业也从这里起飞。作为嘉宾,他受邀参加国内权威动漫高峰论坛、国内外企业、知名画家及创作导演等,一起交流动漫观点,洽谈项目合作。这为他积攒了不少人脉和经验。

2007年,秦一童拿到了公司的营业执照:武汉金视点文化传播有限责任公司。从社团直接"孵化"出公司,这正是他的聪明之处,这既可避免创业的盲目性,又规避了风险,还有一帮能干又彼此了解的同事。

创业并非一帆风顺。2006年,公司成立之前,秦一童的社团接下"光谷动漫圣诞嘉年华"这个大单子。活动前一个月,谈妥的投资商突然撤资,让他手足无措。只要项目好,不怕没人合作!第二天,秦一童只身前往光谷广场,说服了对方一起搞活动。这也成就了他做动漫后真正赚到的第一笔钱。

他坦言道,他的成功,离不开学校的支持。秦一童至今记得,2005年12月武汉"UP漫画社"受邀参加"中国武汉青少年数字文化节光谷数字之夜——动漫嘉年华"。当时苦于没有钱,学校知道后,马上拨出6000多元,用于人员的餐饮和化妆费用。

在光谷开发区政府的大力支持下,秦一童成功打造了中部六省最具影响力的历届"中国光

---

① 《天线宝宝传奇——一个儿童娱乐业空前成功案例的始末》。

谷国际动漫节"。2007年的中国光谷国际动漫节,吸引了韩、日、港台等动漫、游戏企业机构组团参展,购票观众达11万,活动取得空前成功。

秦一童主要是创意赚钱。不管是承办光谷动漫节、"武汉创意市集",还是轰动一时的"女仆咖啡屋",都体现出他独特的创意。不过,许多人不知的是,"女仆咖啡屋"并非真正的咖啡屋,而是一个概念,它只是偶尔在搞大型活动时露面。秦一童的想法是,要先从投资较少的服装做起,而服装品牌就命名为"女仆咖啡屋"。目前,他的服装店即将开业。

秦一童另外一个大手笔就是,打造动漫大道:他在光谷步行街"承包"了43间商铺,准备打造成统一风格,包括动漫游戏、动漫音乐、书籍、玩具模型等动漫周边产业,打造一条文化主题街。[①]

两女生卖游戏点子月入三千[②]

扮成南瓜人在校园里闲逛、在数字拼图垫上做瑜伽造型、提着灯笼夜游黑漆漆的科技楼……这些好玩的小游戏,都来自浙大城市学院创业街上一家名叫"C-UP"的创意小店。"C-UP"的两位女老板林佳倩和傅思纯,是商学院国际商务专业的大三学生。(图5-7)

这家创立于2008年3月的小店,以出售游戏点子和组织集体游戏为主要的盈利模式,只要花15元钱,你就可以成为小店的会员,参加她们组织的各种游戏活动和专场晚会。半年后,"C-UP"已拥有200多名会员,月营业额也基本稳定在3000元左右。

"我们曾经想过开花店、饰品店和服装店,但最后都否决了,因为这些都缺乏创意。"两年前,林佳倩和傅思纯还是学校创业人才孵化班的成员,当时,她们就和同伴一起谋划开店的事,但要寻找一个有创意的卖点,并不是一件容易的事,开店计划也就暂时搁浅了。

图5-7 卖游戏点子的女大学生

事情的转机发生在2007年9月。那时,浙大城市学院接待了一批来自台湾地区的大学生,林佳倩和傅思纯也是当时的接待人员。在交流活动的十几天里,两岸学生每天都在一起做智力游戏,台湾学生把很多好玩的游戏玩法教给了城市学院的学生。

"他们的游戏实在是好玩,像'七手八脚'、'齐心协力'等等,其中大部分我们从来没接触过。"在这些游戏里,其他同学得到了挑战和快乐,但林佳倩和傅思纯却看到了商机,"这些新鲜的玩法在我们这里并不常见,出售这些快乐的游戏玩法,应该会有不错的前景。"经过短暂的调研后,她们的创意小店"C-UP"开张了。傅思纯说,"C-UP"是Companionship-UP的简称,翻译成中文,就是提升伙伴关系的意思。

---

① 来源:武汉晚报(J—07)。

② http://www.sznews.com,2009—03—25 14:12,深圳新闻网。

虽然小店有了一个不错的卖点,但创业初期的阵痛在所难免。"C-UP"创办之初,来光顾的客人不多,加入会员的人更是少得可怜。"当时店里的游戏不多,只有纸牌、魔术等一些道具游戏,也没有大规模的集体游戏。"

为了改变经营状况,林佳倩和傅思纯展开了撒网式的搜罗:从日剧、韩剧里借鉴有意思的剧情,从网上收集新鲜的游戏玩法,从外教那里学习国外游戏。此外,她们还得到了台湾同学的网上帮助。很快,白色情人节之夜、万圣节夜游校园、黑暗晚餐……一个个有意思的活动接连出炉,"C-UP"也很快在校园里声名鹊起。

"小店虽然成本不高,但利润很高哦。"最让林佳倩和傅思纯骄傲的是,"C-UP"在去年9月策划的"水大地"游戏专场,其中的"水球战",游戏规则是:用灌满水的小气球相互攻击,砸中目标者为胜利。因为当时天气炎热,被砸中的也觉得清凉无比,吸引了200多名学生参加。林佳倩给记者算了一笔账:"那次,我们花8元钱买了500个小气球,但灌好水后,我们卖一元钱两个,那天总共卖出了300多个气球,你算算这里有多少利润?"

"每逢节日,我们都会推出一个大型活动,基本上每月保持一个专场,像3月的主题就是'播种春天'。"林佳倩指着小店前面的小花盆、小铲子和各式各样的种子说,"虽然种子才5元钱一包,连花盆也才20元钱,但我们的利润高达50%,而且销路非常好。你看,我前几天种的太阳花已经发芽了!"

"2008年万圣节前,我们去市场采购了一批布料,做成各种服装和道具,让会员们在万圣节当晚装扮成南瓜人、白雪公主和巫师,还让他们提着南瓜灯在校园里游荡,吸引了很多同学围观,当天提供的会员申请表很快被一抢而光。"这个"C-UP"创立后最成功的营销案例,让小店的人气得到了飞速提升,很多同学都慕名而来。

"虽然只是家小店,但要打理的琐事实在太多了,虽然我和傅思纯几乎每节课都会迟到,但我们没有逃过一堂课。"现在,林佳倩负责对外业务,傅思纯管内部事务,两个小老板分工明确,"创业不会一帆风顺,每个阶段都会有意想不到的事发生,我们的梦想是把'C-UP'做得更大、更专业。"

3. 文化娱乐

在草根文化兴起的今天,越来越多普通人可能由于偶然或刻意的策划而一夜成名。这种策划往往并非来自模仿,而取胜于个性独特。第一届超女大赛选出了安又琪、张含韵这样的乖乖女之后,主办方绝对没有想到李宇春、周笔畅这样的女孩会横空出世——这些偶然冒出的个性十足的选手,成就了第二届超女的大半壁江山。冠军李宇春之所以能够取得成功,就是因为她没有去模仿任何人,而是开创了自己的风格。现在歌手正在趋向同质化,张靓颖对应王菲,何洁对应蔡依林、李玟,只有李宇春谁都对应不了,她是一个独立的品类。她中性,又不像潘美辰那么夸张。阳光、帅气的形象令她脱颖而出,不可复制,无人替代。她填补了一个空白,中国还没有一个新女歌手是这样的,所以一出场就占了一个唯一的品类的位置。

在 2005 年超女成都的海选中,很多女孩将自己装扮成张含韵的样子,笑傲江湖的恰恰仅有一个李宇春。而后来,一个个酷似李宇春和张靓颖的选手又开始粉墨登场了,但这显然不会有新的成功。齐白石老先生曾告诫我们:"学我者生,似我者死!"这句话的内涵不仅作用于选手,对于创业也是一样。

2009 年的春晚火了小沈阳,但小沈阳并不是一个人在战斗,他是赵本山又一个成功的作品,如同赵本山将二人转的艺术成功推向产业化的运作一样,经过两年的运作,赵本山终于让擅长二人转的小沈阳成功转进春晚,也让小沈阳这"二场看扭"不仅扭得红火,更是扭得漂亮。都说二人转"末场功夫全看走",在人才济济的娱乐圈,艺人如果没有自己的特色肯定不行,深谙二人转之道的小沈阳同样拥有自己的制胜秘籍。

第三节　流通服务业

服务性的行业特别适合女性,它对人际交往、协调能力、沟通能力要求比较高,像传媒领域,现在主要的从业者都是女性,还有艺术、保险、银行、咨询、律师、生活类设计师,以及基于网络的很多小的产业,它不一定要求有大的投资,但需要有创意、有坚韧、细致入微的工作精神,这是女性更擅长的。[①]

——中国著名资深电视节目主持人　杨澜

服务业初步发展于工业革命到第二次世界大战期间,确立于 20 世纪 80 年代。关于现代服务业,使用较多的一种定义是:"现代服务业是伴随着信息技术和知识经济的发展产生,用现代化的新技术、新业态和新服务方式改造传统服务业,创造需求,引导消费,向社会提供高附加值、高层次、知识型的生产服务和生活服务的服务业。"

伴随着信息技术和知识经济的发展产生,用现代化的新技术、新业态和新服务方式改造传统服务业,创造需求,引导消费,向社会提供高附加值、高层次、知识型的生产服务和生活服务的服务业。流通服务业的发展本质上来自社会进步、经济发展、社会分工的专业化等需求。具有智力要素密集度高、产出附加值高、资源消耗少、环境污染少等特点。服务业既包括新兴服务业,也包括对传统服务业的技术改造和升级,其本质是实现服务业的现代化。

1. 休闲旅游

作为一种产业形态,休闲业已经成为第三产业中的重要增长点。国内目前已有多个城市确定了以发展休闲经济带动第三产业的发展,进而促进国民经济的全面发展。如成都、杭州等著名旅游城市将未来发展定位为"休闲之都",甚至提出"休闲也是生产力"的论断。

---

① http://bbs.sogou.com/130894/1tH_2RZennaIBAAAA.html?p=9923043l.

据世界旅游组织预测,到 2020 年中国将成为全球旅游第一大国。中国人通过消费享受休闲的时代已经到来,也正在成为一种趋势。尽管中国目前还属于发展中国家,在旅游消费构成上,休闲度假占整个旅游的比重仅为 20% 左右,远低于旅游发达国家 50% 左右的比重,尚未进入真正的"休闲时代",但休闲经济已具备了相当规模,且呈现出蓬勃发展的势头。尤其是在建设资源节约型、环境友好型和谐社会背景下,休闲度假旅游发展会呈现更快的趋势。①

不可否认,我国现在发展休闲旅游还存在着很多制约。例如,集中性的节假日制度,对旅游能级的提高起到严重阻碍作用。由于旅游产品生产与消费的同步性,及由此派生的旅游产品的不可储存性,决定了缓解旅游供给与旅游需求时间矛盾冲突的弹性非常有限。旅游消费需求具有很大的弹性和多变性,但节假日时间过度集中,使旅游消费需求在同一时间集中释放,导致旅游客流过分集中,交通运输、旅游接待设施、旅游景区景点承载过量,服务质量下降,游客满意程度也随即下降,旅游消费需求转移,削弱了旅游消费能级的提升。因此,目前的休假制度只适应浅层次的观光旅游,却制约和阻碍了高层次休闲度假旅游的进一步发展。

从游客受教育程度讲,休闲方式的选择与受教育程度密切相关,因此通过提高全民受教育水平来倡导健康的休闲文化和休闲消费,同样是促进发展休闲产业的重要途径。当然,企业的积极参与更是休闲产业发展的最大动力。

比如桂林山水实景演出的《印象·刘三姐》这个项目,将歌舞表演、民族风情、漓江渔火等放在真实环境里,单拆开,风景只是自然景点,歌舞更无法和专业团体的歌舞比,因为《印象·刘三姐》的表演者是白天在江上劳作,晚饭后划着竹排来演出的渔民,但结合起来就成了世人去桂林必看的节目。世界旅游组织官员看过演出后如是评价:"这是全世界都看不到的演出,从地球上任何地方买张机票飞来看再飞回去都值得。"同样的模式在杭州西湖又成功塑造了一项新旅游景点:印象西湖。一个好的创意经过成功实施就成为一个好的创业项目。

在创意面前,生意并不平等。再也不能用正确的方法做错误的事了。有些时候抢地盘比练内功更重要。发现机会比学习市场营销更重要。有人认为很难靠一个策略要素的创意获得较大的竞争优势,此言差矣!如果你的创意够锐利,一样可以创造机会。就像分众传媒从生活轨迹中找到楼宇电视,短时间内市值就已超过搜狐。

2. 餐饮服务

餐饮服务行业属于我国第三产业,近些年来餐饮服务业通过市场化和社会化的投入,特别是市场竞争,出现了增长的势头。在这个增长势头当中,餐饮服务业在扩大内需、繁荣市场、吸纳就业和改善人民群众生活质量方面都发挥了越来越重要的作用。

从工商总局统计的办了营业执照的全国餐饮经营主体 120.99 万户,中国烹饪协会统计的餐饮经营主体的有 480 多万户,餐饮从业人员有 2200 多万人,2007 年底卫生部统计公布的一个

---

① http://www.studa.net/Travels/090605/15315260.html.

数据是 132.1 万户的食堂以及县城以上的城市餐饮单位。①

目前,餐饮服务当中存在的几个主要问题:一是餐饮服务环节是从农田到餐桌整个食品供应链的末端,种植、养殖、生产加工、市场流通等各环节存在的风险都可能在餐饮服务环节爆发,也可能会酿成食品安全的事件,所以每个环节存在的风险都可能最后体现到餐饮服务的末端。二是我国餐饮业经营类别广泛、准入门槛低,经营网点多,而且量大,水平参差不齐,无照经营的现象也十分突出。三是学校食堂、工地食堂的食品安全涉及青少年和农民工的身心健康,管理还比较薄弱,如果出现食品安全事件,其影响会是重大的。四是我国有大量的传染病病原携带者,餐具消毒不当将导致极大的传播隐患。五是消费水平总体偏低,尤其是经济欠发达地区、农村地区,价廉是消费者消费时首先考虑的因素,所以使得大排档、小餐馆有一定的市场。六是公众的食品消费意识有待提高。这些方面表现出由于区域的不同也会有所不同,欠发达地区问题会突出一些。

面对这些挑战,政府在不断加强监管。《食品安全法》出台后,我们在食品消费环节严格执行,不断加强监管。

在中国快餐业中,虽然我们耳边常充斥着"麦当劳和肯德基两大快餐巨头"等等的字眼,可是中式快餐竟然占据着超过西式快餐 4 倍的市场份额。更让人不可思议的是,这口"大锅"内,竟然没有真正的"领导者"。

有关数据显示:2007 年中国快餐市场的经营主体仍是中式快餐。73.6% 为中式快餐店,而 26.4% 是西式快餐店。中国餐饮业权威机构中国烹饪协会向社会郑重推出十大国内快餐连锁品牌:上海新亚大包、马兰拉面、深圳面点王、丽华快餐、千喜鹤、江苏大娘水饺、东方饺子王、广西桂林人、武钢集团快餐公司、广州大西豪。在 2007 年度的中国快餐业 20 强中,麦当劳、肯德基的各地公司占据了 19 席。在高度竞争之下,创意依旧发挥意想不到的作用。在此列举两个例子,一是"真功夫",二是"老娘舅",他们同时在营养上做文章。

从 2000 年后,西式快餐在中国已成"过街老鼠",油炸食品的高热量、高胆固醇导致肥胖、高血压、肠胃病已成洋快餐的症结,这也是西式快餐进入中国这么多年市场份额却不到三成的主要原因。甚至连肯德基这样的"洋快餐"巨头也在逐渐推进以营养为主的"本土化"餐饮风味。

"真功夫"的目标是成为中式快餐第一品牌,这一目标建立在"蒸的营养专家"这一战略性定位之上,与以油炸食品为主的西餐属性之间是互相排斥的。以蒸为属性的中式快餐,容不得半点非营养西式元素,否则会大大破坏蒸的营养感,枉费了前期品牌建设花费的心血。大舍即是大得。"真功夫"砍掉油炸食品,强化了中式的、蒸的、营养的"真功夫"品牌定位,使品牌属性更为单纯。目前,真功夫在北京非常受欢迎,加上已签店址,已达到十间店。

在杭州工作的白领,几乎没有人不知道"老娘舅"中式快餐店,一到中午,收银台前就排起长队。许多买到了快餐的顾客,手里端着餐盘四处搜索空位,实在找不到,干脆就站旁边等着别人

---

① http://www.cnr.cn/allnews/200912/t20091208_505727518.html.

用餐——这种场景,以前似乎只有在肯德基、麦当劳这样的洋快餐店见过。

"老娘舅"专门成立了一支队伍,研究菜系搭配和营养均衡,设计了 8 个套餐,1～4 号套餐以蔬菜为主,热量偏低;5～8 号套餐,以荤菜肉类为主,配送水果沙拉,每个套餐都附送高汤。不仅营养均衡,上菜速度快,还可以统一标准。

为了吸引人,"老娘舅"还别出心裁在米饭上下工夫。高档饭店里用香米,快餐店当然花不起那个血本,不过"老娘舅"选择了有香米口感又营养丰富的秋然米。同时,它还在米饭里添加胡萝卜丝、白菜丝、香肠丝、香菇丝等色彩鲜艳的小菜,增强人的食欲。有的顾客吃完后,还会要求外带一份米饭。于是,"老娘舅"索性改变策略,干脆以"饭"为主打,围绕"饭"做好文章。

"老娘舅"名字够乡土,但进门就会感觉到西式快餐店的影响:宽敞,干净,整洁。看不到厨房,看不到厨师,看不到中式快餐很难避免的油烟和油腻,只看到收银台后面硕大的储备库。所有的菜和饭,都通过那里传递、打包。餐饮店不光环境、餐具要讲究,不起眼的地面也很重要。有一天,下大雨,"老娘舅"杜老板经过肯德基,发现那里的地板还是干的。想起自己店里一到雨天,再怎么又拖又扫,踩上去还是黏糊,便走进去研究,发现地砖质地有区别。第二天,他便叫人把店里原来的地砖全部凿掉,换上肯德基用的红丝地砖,还特地在上面铺了层干燥膜。这样一来,下雨天店里地面果然也干爽清透,丝毫不会打滑;服务员为顾客端菜端汤时,少了滑倒的顾虑,速度也大有提高。

同样的餐饮服务还可以与网络相结合,提供更快捷便利的上门服务。

小欣姑娘从大学毕业后,由于工作难找,暂时在广州一家酒吧打工。一天,她给在电脑公司上班的男友送午餐。当饭盒一打开,色香味俱佳的菜肴和广州人爱喝的靓汤,马上引起同事们的啧啧称赞。这让小欣在欣喜之余突然想到:写字楼里的白领们往往工作压力大,无暇为午餐操心,许多人只是随便吃点小吃,或去麦当劳、肯德基等洋快餐店,既不经济也不实惠。如果能将精心制作的菜肴和靓汤,及时送到这些繁忙的白领面前,一定会大受欢迎。

小欣为这个想法而兴奋不已,她准备靠自己一手出色的厨艺,在公司林立的商业区开家餐饮店。可是,广州繁华地段的房租贵得惊人,一个小小的店铺,月租金要两万元左右,这样很可能入不敷出。正发愁时,男友给她出谋划策,你不如到网上开网上快餐店,这样做的好处是无需店面和仓库,能省去实体店面所需的一切费用,并在互联网上过足老板瘾。

经过半个多月的准备,小欣的"网上快餐店"开始营业。她印了许多折叠式名片,外层有网上快餐店的网址和电话,内层则是各式套餐和靓汤的名称。然后,她将名片散发到一幢幢写字楼,随后安心坐在家里的电话机旁,盯着电脑屏幕,盼望着订餐邮件或电话。漫长的 3 天过去了,心急如焚的小欣终于等来了第一单生意。此后,网上快餐店订餐的人逐渐增多。3 个月后,每到中午,电话就响个不停,订餐的 E-mail 有时甚至会"挤爆"邮箱,近 30 家公司成了她的长期客户。

于是,小欣不得不雇了 10 多名上门送餐的网上快餐店员工,还聘了两位厨师。每周一,小欣把一周的菜单发布在网页上,每天按时上网接收订单。她每天早上 5 点去菜场采购,回来后严格按照食谱配料进行烹制。为保证质量，网上快餐店每天只限量供应 600 份套餐，每份套餐还赠送一款靓汤。

做网上快餐店生意，讲信誉才能拥有稳定的客户。一次，一位订户接到套餐后，嫌员工送餐时间太长，饭都不热了，就发了封邮件给小欣提意见。小欣看到后，立即亲自将一份冒着热气的套餐和靓汤免费送到对方手上，并诚恳地向客户道歉。这件事传开后，小欣的网上餐厅在白领食客中声名远播。除去成本，网上餐厅每月毛利达到了近 1 万元。①

3. 生活服务

生活中人们有着各式各样、五花八门的需求，在享受物质生活的同时，废物和垃圾处理也是一大需求。提起"收破烂"，人们就会想起衣衫褴褛的那些人。佛山有位研究生伍禹华，看上了"收破烂"这一行，专门建立"佛山收废网"。网站才开通一个月，他已接到 10 多单生意了。

说起为什么会建"收破烂"网站，伍禹华说，一年春节前，他妈妈把家里的旧书报整理后要卖掉，但一位收废品的妇女却将原本 30 多斤的旧书报说成 20 斤重。伍禹华由此获得启发："要不我来做收废品，一定能够做得更好，保证足斤足两。"

随后，伍禹华从网上查阅了收购废品相关的资料，他明白收废品行业还是环保事业一个重要的组成部分，可以节省外汇，资源循环再用，是一个很有发展的行业，于是他创办起"佛山收废网"。

伍禹华 2000 年毕业于中山大学，后来他又在广州外语外贸大学读 EMBA。他做过药品直销、办过教育培训，并且也有收成——买了房，买了车。听说要做收购废品，其太太很反对，两人曾经多次发生争执，但最后，他还是说服了太太。网站才开通一个月，他已接到 10 多单生意了。伍禹华认为，传统方式忽视了废品分拣，很多本来是资源产品也变成了低价的原料。在收购废品中分拣是最有文章可做的，许多人就是通过分类法将不起眼的资源重组，重新找到了新的市场，不但有经济效益，更有社会效益。

他所建立的废品收购网站直接面对使用电脑的人群，主要以写字楼、院校为主，另外，通过网络或者电话，市民可以预约收废品服务，各个区域的收废品工人根据预约记录直接登门收集。该收废网站还打算推出免费捐赠项目，企业或者个人捐赠的废品都会按其价值转赠到希望工程等慈善机构。②

4. 商品流通

1）用水果玉米敲开创业门③

2009 年末的一天，中国农业大学的同学们经常在校园内接到广告："你见过能生吃的玉米吗？你知道水果玉米的魅力吗？"这份"甜旅水果玉米"的广告本身并不特殊，而这份传单背后是

---

① 网上快餐店，没有店铺一样红火，http://join.lenso.cn/kuaican/wisk.htm.
② http://www.studentboss.comhtmlnews/2010－01－07/45449.htm.
③ 大学生创业网，2010-02-03.

几名中国农大学子借助专业和学校优势跌宕起伏的创业故事……生物学院的吴建成、谢龙飞、陈跃文从水果玉米起步，开启了他们的创业之门。

2008年6月，吴建成、谢龙飞、陈跃文正在学校的一个基地实习，无意间听工作人员说水果玉米营养丰富，可以生吃。这引起了三人的兴趣，在好奇心的驱使下，他们买了几个玉米品尝，发现又甜又脆，清新爽口。三人平时积累了一些创业经验，又想到市场上还很少看到水果玉米，可以抓住这个机会大干一场。怀着共同的自主创业、服务三农理想的三个好朋友一拍即合。

此时2007级的吴建成和2006级的陈跃文都拥有自己的公司，2006级的谢龙飞在一家生物公司工作。来自农村的他们都希望通过创业为三农事业作贡献。于是作为还是在校生的他们，抓住眼前难得的机遇，放下手中的工作，在学习之余全力投身到创业筹划中。他们发现学生寒假回家时都会带一些礼品，大都是食品和衣物，这让他们看到了潜在的市场。为何不给水果玉米加上精美的包装，让同学们作为礼品带回家？有了这个想法，他们在10月水果玉米丰收时就开始了准备。经过一段时间筹划，甜旅水果玉米诞生了。起"甜旅"这个名字是受到了余秋雨《文化苦旅》书名的启发。一是强调水果玉米很甜，二是寄寓了我们苦尽甘来的美好希望。

刚起步时，他们的计划在实施中遇到了意想不到的困难。本已在一个基地订购了水果玉米，在将要销售时突然意识到夏季温度较高，而基地距离很远，玉米在运输过程中质量难以保证。此时若放弃订货，很可能会因不能及时找到另一个货源而蒙受损失。考虑到玉米的质量和日后的发展，他们还是决定退掉原先的订货。幸运的是，另一个较近的研究基地愿意向他们提供水果玉米。有了货源，没地方存储又让人发愁，而且要想长时间保存，玉米需要在零下三十摄氏度的条件下速冻。为解决这个问题，他们租用了学校附近的一处冷库。他们不仅亲自挑选玉米，还要做宣传、搬运货物。早、中、晚同学们吃饭的高峰期，他们就要去宣传，常常因为太忙而错过了吃饭时间。

在创业中自然免不了竞争，与同行们相比，他们在资金、人脉关系、营销经验等方面处于劣势。为了使自己的公司站稳脚跟，他们采取短信24小时开通，在学校五色土商业代理版发布信息、开通QQ空间等多种措施。通过提高自己产品质量，加强售后服务，"甜旅"逐步在师生之间有了良好的口碑。从开始的3个人发展到如今由12个志同道合的学生组成的团队，"甜旅"走过了一段艰辛的路程。

"当我想退缩时，是两个朋友的激情感染并鼓励了我，因此创业最好不要一个人走，而且不要太计较利益，共同创业的那份友谊是最重要的。"吴建成颇有感触地说，"前几天下大雪，我们3个人一起推辆三轮车去送货，我感到团结的力量真的很大。"说这话时，他流露出对朋友的感激和对未来的坚定信念。

2）从5个U盘起家①

在中国大学生创业网举办的第三届创业大赛中，西南林学院毕业生贺靖闯入全国前十强，

---

① http://www.studentboss.comhtmlnews/2010-01-12/45536.htm.

荣获中国大学生创业奖。早在 2009 年年中,中国校友会网和 21 世纪人才报联合发布"2009 中国大学生创业富豪榜",贺靖就以 30 万资产挤入全国百强。夹着公文包,走起路来风风火火的贺靖,从卖 5 个 U 盘开始,把公司一步步带成"云南省校园第一品牌"。并且得到了中国青少年基金会、"青春彩云南,创业促成长"共计十万元的创业支持。

"如果你是小草,人们不会因你被踩了而怜悯你,因为人们本就不会看到你,所以我要做大树。"2005 年 9 月,怀揣着父母卖掉房子凑来的一万多元学费,19 岁的贺靖第一次踏进西南林学院大门。想到了 4 年后就业形势的严峻,贺靖用这样的座右铭告诉自己,在大学期间要通过努力拥有一个属于自己的平台,这样才能在同等条件下比别人有更多的机会。

为了找到施展才能的平台,贺靖选择加入学生会。每一次开展活动时,他总是第一个去,最后一个走,把每一件小事做好。一次学院举办大学生趣味辩论赛,贺靖更主动承担起拉赞助的"大任"。从向学生到向企业要钱,贺靖脑子一片空白,但他自己全扛下来。"每晚都睡不着觉,因为有太多太多的事情需要我去筹划,一切都要从零开始"。两个月后,除了收获了一万多元的赞助费,贺靖还收获了宝贵的经验。

大三,贺靖担任学生会主席,他算是有了一个"属于自己的平台",于是他开始在学校举办大学生职业生涯规划系列活动。较强的交际能力、逐步拓宽的人脉,以及"认识了学校各路风云人物",这让贺靖现在仍旧感激,"没有这个平台,可能现在我还为找工作四处碰壁。"

2008 年 3 月,西南林学院首届大学生创业大赛,让贺靖真正开始了创业之路。有了学生会平台的锻炼,贺靖联合了平时一起做事的几个兄弟开始写创业计划书,内容就是如何利用大学平台进行创业。"在写完之后,大家都激动得睡不着觉。"第二天,拿着计划书,贺靖开始找商家"借钱"。贺靖坦言,"没有营销策略,没有运作方式,现在看来,当时的计划书很幼稚"。但策划出来后,还是得到校方老师的支持。

"只要你们能够给我们货,我保证给你们卖得很好,我有至少 10 种途径帮你去卖。"那时候,贺靖每天拿着计划书游走于各类商家之间,给他们描绘合作前景。终于,有一个商家被贺靖的耐心打动了,给了他 5 个 U 盘去卖。为了卖出这 5 个 U 盘,贺靖和几位同事摆起了地摊。"拿货的价格是 50 元,市场价是 90 元。"贺靖清楚地记得,当时他们定这 5 个 U 盘的"销售价格"是 70 元。比市场上便宜,加上同学之间的信任,U 盘很快脱手。带着赚到的 100 元钱,贺靖铺了更多的货,开始给自己班上、学院的同学宣传,更低的价格让学生们纷纷选择从他那里买货,甚至有的班级开始团购产品。一个月后,整个数码城的人几乎都知道了贺靖这个名字,更多的商家开始给他们铺货,他也赚到了"职业生涯"的第一桶金。

在昆明理工大学白龙校区旁拥有三间铺面,约 80 平方米的空间摆满了各式各样的数码产品,墙上挂满了很多荣誉。在近两年的磨炼中,公司现有这样的实体铺面 3 间,在 16 所高校还有大学生加盟点,23 所高校 57 个餐厅拥有桌面媒体和 18 所高校框架广告发布权,公司一年营业额能超过 100 万元。

第四节 网络应用业

寻找工作的年轻人,如果是冒险性格,可以找一无所有、刚起步的公司;如果想学经验,在网络上,最好找已经有点经验与组织架构的公司。现在在网络上,年轻人都是很热门的人才,你应该要选择能够配合你的需求的公司。

——雅虎首席执行官 杨致远

随着互联网时代的产生与发展,全球经济格局呈现跨时代的革命,很多过去不存在的、难以想象的商业活动随着互联网平台的诞生成为一种跨越国界、跨越时空、跨越语言、跨越文化的新事物。

中国互联网信息中心的数据显示,截至 2009 年 6 月底,中国网民人数达到 3.38 亿,超越美国,成为全球第一。中国网民目前人均每天上网超过 2.5 小时,且这一时间还在迅速延长,仅在 2009 年上半年就较 2008 年底增加了 12 分钟。从网络普及率看,尽管中国网民数量已超越美国,但互联网普及率仅为 25.5%,大大低于美国的超过 70%。中国若追平 70% 的互联网普及率,则还将增加 3 亿至 4 亿的互联网用户。目前,中国的互联网产业仍处于非常活跃的发展阶段。

互联网业务通常被归纳为四大类:信息、沟通、娱乐和交易。在中国市场上,本土企业在全部 4 个领域中均占主导地位,但与欧美等国互联网市场商务功能更加发达不同,中国互联网市场呈现出更多的娱乐化特征。这与中国网民早期的需求密不可分。CNNIC 数据显示,目前中国网购用户的比例仅约 25%,而在欧美等互联网普及率较高的国家,这一比例超过 60%。中国网络购物的潜力还远未被释放。中国政府也正力图促进企业电子商务化,根据《电子商务发展"十一五"规划》,到 2010 年,中国将基本形成网络化生产经营方式,网上采购与销售额的比重要分别从 2005 年的 8.5% 和 2% 提高到 25% 和 10% 以上,经常性应用电子商务的中小企业比例要从 2% 提高到 30%。微软全球副总裁兼中国区研发总裁张亚勤认为,5 年后,每一个中国公司都将成为互联网公司,"如果你的企业不用电子商务,不用互联网,那你在竞争中就要被淘汰。"

在网上创业的行为现在被冠以"网商"之名,与传统的实体商店相比,网上开店具有启动资金少、手续简单、交易快捷、经营与维护不需要太多的专业知识等诸多优越性。随着互联网的快速发展和电子商务的蓬勃兴起,加之在严峻就业形势的压力下,网上开店越来越成为大学生创业的新选择、新趋势。目前在国内最大的 C2C 平台——淘宝网上,其 2200 多万注册会员中,有近 40% 的会员是大学生。在此列举几个阿里巴巴网商的代表人物。

1. 对互联网上的新东西比别人抓得更快

李棠华曾经是一个传统商人,专门销售裤钩类产品。此人常标新立异,大家都在做铁裤钩铜裤钩时,他开始做环保型不锈钢裤钩;大家都在为外国人做 OEM,他让精益求精的日本人为他的私营企业 OEM 生产裤钩。2003 年他 53 岁进入互联网,从年销售额 300 万元到现在的 1250 万元,员工不过 10 人。

李棠华生产的裤钩,是一种缝隙产品。他说,这样的小产品,大企业不是不能做。小企业只有在发明专利上、壁垒保护上、跟踪服务上费尽心思,才能使大企业望而却步。他善于在互联网上发现新技巧,并且应用这些技巧使自己的服务锦上添花,做到极致。在夺标关键词上,他志在必得,升级为战略措施。自 2005 年起参加竞价,每月必争关键词裤钩、调节扣,连续至今已达 60 余次标王称号,花费 6 万多元。

为什么要连续夺标王?李棠华有一个著名的三阶段认识,他说,"开始的时候,仅仅是从做生意考虑,让更多的人知道 K.O 不锈钢裤钩。后来生意稳定了,继续夺标王,认为关键词的竞价不仅是企业实力的较量,更是对产品本身的质量、性能、价格、服务、品牌等综合能力的一种自信、自尊的体现。现在生意几乎全部来自阿里巴巴平台,夺标精神依然如初,当然不再是为眼前的生意了,我现在的夺标已经成为建立网上品牌的重要方法,同时也让常年使用我产品的客户增强信心及荣誉感。"

李棠华的不锈钢裤钩主要用于西裤。他想,如果休闲裤和裙裤也使用不锈钢裤钩,产品市场会扩大几倍。有一次,他在互联网上看到了一个休闲裤用裤钩的例子,心生一计。2006 年底,他开始美国之行,目的就是要找到更多的例子。他周游美国大城市里的豪华商场,了解世界顶级品牌裤装(包括休闲裤)对裤钩选择。正如他所料,许多世界品牌都已经选择了裤钩产品。他偷偷用手机拍摄了数百张照片,回来后整理出 36 张世界品牌休闲裤和女裤普遍使用裤钩,特别是双裤钩的实例照片,在网络上广泛散发。他用了一句自己设定的广告语:"打造品牌裤装,从选用好裤钩做起。"

李棠华年近 60,让他全部掌握电子商务工具已经不可能。他的诀窍是:有些部分是必须掌握的,那么自己咬牙也要学会;有些是可以委托和外包的,那么自己乐意请能人来"包",这样会比自己做得更好;有些部分是自己比别人做得还要好的,比如传统生意经和电子商务的结合,那么就用心一点一点去做。他在发现,他需要通过网络发现。他需要了解快速的新的时尚,需要了解能够被中小企业喜欢的能够接受的时尚,需要和这样的时尚的网友和网上团队合作。他说,在他开始寻找缝隙机会的时候,他就很清楚核心问题是他能否在规定时间里发展壮大。现在进入互联网,道理是一样的,就是能否在规定的时间里发现市场并且抢先进入市场。

2. 一个油漆工的电子商务梦想

何伟,男,30 岁,安徽安庆人。在阿里巴巴的社区,何伟是一个活跃人物。但是作为一个企业的总经理会在一个网站这样活跃,是很不容易的。这是一个对电子商务的每一个工具的使用都希望做到烂熟的人,包括社区这个神秘所在。

他从大别山走出来,13 岁开始到天津在工地上做苦工。在这个本该读书的年龄去做苦工,显然有难言之隐。何伟没有解释,只是自嘲是文盲。当然,现在他操作笔记本电脑的熟练程度一点不亚于大学生。

他是一个熟练的油漆工,因为自己的油漆手艺,积攒起第一桶金,开起一个小小的油漆商店;在商店不幸倒闭以后,他又靠自己的油漆手艺重新积攒创业基金,又办起了油漆公司。何伟说,他的油漆手艺可以给他带来上万月薪,但是它慢慢滋生的却是一个油漆工对民族油漆品牌的憧憬以及那种浓浓的生死不了情。

2005年,何伟和他哥哥创办的香港皇朝化工实业有限公司成为阿里巴巴的会员,月订单量从一二十万元增长到五六十万元,其中60%～70%都来自互联网。但是继续下去的发展遇到了瓶颈,公司想在全国建立分销系统,但是互联网没有为他准备先例。何伟决定自己来创造一种营销体制。

一种"线上加盟,线下培训"的新模式由他创办形成了。何伟发现,网络确实是一个信息传播快的地方,为介绍企业文化和招聘加盟商起了节省成本的作用。何伟将营销人员分成两支队伍,一支6个人的电子商务队伍,一支是17人的线下营销队伍。6个人的电子商务队伍以阿里巴巴网站、某某网站、涂料信息网站和中国建材网站为主要战略要地,不间断发布招商信息。同时,又不放过小网站的作用,先后在3000个网站上发布招商信息。

果然,这种轰炸式的传播起到了作用,全国都知道了有一个民族品牌的皇朝漆,都争相在网上报名。何伟的做法是让网上申请加盟的企业填写表格,掌握信息,马上转给线下营销部处理。线下营销部马上派人实地考察,了解加盟能力,对条件成熟的,在开实体店的同时进行专业指导,跟进服务,及时培训,一直到实体店做成功几单生意才放手。这种整合线上和线下营销资源的做法,让皇朝公司极快发展起稳定的分销商队伍,在全国600多个地级市发展了170家代理商,开了600多家专卖店。

皇朝漆其实并没有自己的生产工厂,他们是让四家工厂为他们OEM贴牌生产的。不过他们有自己严格的质量管理人员,会在工厂监督产品质量的。客户多了,他们便发现客户要的产品很宽泛,皇朝漆有上千的产品,还是不能满足客户需求。比如房间装饰用的玻璃漆、金粉漆、银粉漆、漩涡漆、凹凸漆、裂纹漆……每次要货都数量不多,连商店也买不到。何伟让电子商务部门的6个人兼网上采购任务,结果采购来许多长尾产品,满足了客户的一站式购物需要。

3. 双胞胎大学生的 V 客开店模式

在几个月前,飘飘龙的总经理夏祖军有一个惊人的新发现,有一批买家,几乎每天都有购货,但是要求发货的地址却是每单都不同的。显然,这些买家同时又是卖家,他们是一种无库存的转售。飘飘龙担心他们在网上高价或者低价零售飘飘龙的产品,但是一检查,他们和飘飘龙一样明码统一标价。飘飘龙实行的是一种无代理商的直复营销的方式,从飘飘龙直接到客户,中间拒绝分销商的,那么,这种做转售的网店又靠什么盈利呢?

通过对客户名单调查发现这个买家是两位大学生。一位在北京就读的大学生,叫甄永波

(ID 随雨征风),他和弟弟是双胞胎,在北京涉外经济学院上大三。一个学计算机,有一个 3 钻的淘宝店;一个学电子商务,有一个 5 钻的淘宝店。

开始,他们的网店里只是卖一些图书。后来了解到有的网友利用网络上卖家给予的 VIP 优惠,做转售的生意,于是就想,为什么不可以成为一个专业的模式来做这样的尝试呢? 他们决定选择飘飘龙的产品来进行尝试。为了便于讲述,就叫这样的模式为 V 客吧,就是利用 VIP 的差价做网络零售的意思。

飘飘龙虽然是不做代理制,但是对于一些大客户也是有一些鼓励的,为了简单管理,不管这样的大客户是实体店来批发的,礼品公司来下单的,团购的,个别客户反复购买的,都实行统一的 VIP,差价为 10%。双胞胎的两个网店,都得到了这样的 VIP 优惠。另外,淘宝网也对买家实行 VIP 的,有 3 个等级。双胞胎是最高的钻石等级。怎么得来的呢? "我们之前就很喜欢网购,您看我们的买家信用都已经是 3 钻了。其实一般买家信用买到 5 心左右,都可以到钻石 VIP 的级别了。"淘宝网钻石级别的 VIP 差价会在 5% 左右,这样和飘飘龙的 VIP 加起来,大约就有 15% 的利润。

这样的 V 客转售模式有几大好处:第一是不愁货源,只要供应商实行 VIP 制度就可以,货源可以再去淘宝网寻找;第二是不担心品牌,你可以学会尽量利用产品的品牌效应;第三是上架产品不需要拍照和文案,照搬供应商的就可以;第四是没有库存;第五是不承担物流,自有供应商在负责。

当然,这样的模式也是有局限性的。终端客户群的资料是供应商的,利润也是有限制的,并且也会有一些客户会半途转到供应商那里去购物。但是对于大学生开网店,或者是新手开网店,这种模式无疑利大于弊。如果 V 客有一种好的心态,他也会发现他有别人不能替代的优势。

另外,V 客寻找自己的客户也是独辟蹊径的。供应商已经走的路他们很少去走,他们寻找供应商不太注意的平台。甄永波告诉我,"可以分成三类区推广飘飘龙产品,实际是三种人群。1. 男孩买给女朋友,节日,生日礼物,或者让女孩不要生气。2. 妈妈买给宝宝,或小孩。3. 白领女性和大学生女孩,自己买给自己。网购人群也是大学生、白领和年轻妈妈。这三类人购买,是我们经过验证的。"

V 客们还会用淘客的工具来帮助自己。淘客是一种在网友和别人交流的时候(社区、个人网站、博客、即时通讯交流、E-mail 等),用商品代码向客户做推荐,成交以后会得到卖家的佣金。V 客们的活动范围比较大,接触的人群也多,特别适合做淘客。甄永波介绍,他们做飘飘龙的淘客有 3 个月了,每个月的佣金平均在 2000 元。双胞胎做 V 客也做淘客,收入不菲。3 个月里,双胞胎转售了近 1000 只大玩具熊,零售额在 10 万元。

哥哥的店铺:http://shop34379917.taobao.com/

弟弟的店铺:http://shop35187589.taobao.com/

4. 红孩子网站悄然称雄 B2C

在 B2C 模式中间,红孩子网站是一个典型。卓越和当当两个 B2C 企业为了明确到底谁是

"最大的中文网＊店"再一次爆发口水战，两家都希望获得一块类似"天下第一"的牌匾。不过，这两家成立近十年却始终保持巨亏纪录的"全球最大的中文网＊店"，也许没有注意到：一家叫红孩子的 B2C 同行，以母婴用品为切入口，仅用了三年时间，在营业额上已经称雄国内 B2C，利润上更是一枝独秀。

公司网站上，红孩子如此定位自己：一站式家庭购物平台。红孩子成立于 2004 年 3 月，通过目录和互联网提供购物服务，拥有母婴用品、化妆品、健康产品、自选礼品、家居产品多个产品线。简单地说，红孩子就是一家通过网站等媒介，销售家庭用品的机构。按照通常的归类，这种企业属于电子商务中的 B2C。

2007 年红孩子的销售额至少突破 6 亿元。与卓越、当当在 B2C 行业挣扎多年仍处于亏损相比，红孩子发展初期就盈利，无疑是非常幸运的。而这幸运与其产品特性息息相关。与图书产品相比，单个母婴产品不仅利润高，单价也高。单个家庭在红孩子平台上最高消费额能达到每月 3000 多元，平均消费也有每月 700 多元。此外，红孩子平均每单销售金额能达到 200 元左右，与卓越、当当平均每单销售额只有 60 元左右相比，即使在相同物流体系下，红孩子也过得比卓越、当当"舒服"得多。

2004 年，B2B 正是发展高峰，B2C 则处于低谷。但几个创始人都很看好 B2C 的未来，认为它今后肯定会吸引更多层次的用户。当时，创业团队 4 个人中有 3 个人刚刚当上爸爸。孩子都很小，需要经常买各种婴儿用品，北京城市很大，购买的时间成本很高。更难的是，初为人父，对很多产品不熟悉，买回来后发现，还常常买错。几个人一致认为母婴市场有非常好的前景，一拍即合，就开始干了。

点子有了，但困难刚刚开始。一开始，他们什么资源都没有，采购、销售和配送等等都是从零做起。尤其是采购，没经验，很难。资金不足，供货商经常不愿意供货，导致他们商品的品种也不齐全。经常客户打来电话说需要哪些产品时，却发现自己没货。于是，只好忍痛去超市买，再免费递送给客户。宁愿亏钱，也不能影响客户体验。配送上，公司一开始只有 4 个人，人手严重不足。我们几个创始人经常自己骑着自行车，不管白天黑夜，一起走家串户去送奶粉等母婴产品。

令人欣慰的是，4 个创始人中有两个是从其他网跳槽出来，深谙如何通过发放目录的方式，寻找到目标客户。红孩子形成以目录销售为主，网络销售为辅的自有销售模式。第一期印了一万册目录，到妇幼保健医院去发放。成本非常高，一万册目录就要花费 20 多万元。而第一个月，红孩子总销售额也仅为 20 万元，离 60 万元目标相去甚远。

但他们不断摸索，并形成自己的一套技术系统，多角度、多维度去思考探索哪些用户是我们真正的目标客户。没过多久，红孩子的状况得到很大改善。但进军天津市场时，供应商不供货。进军沈阳市场时，他们遭到供应商恐吓，还有黑社会的敲诈。进军南京市场时，甚至有人拿油漆泼他们。很多困难，既是预料之中，又是意料之外。创业容易壮大难，很多时候，困难都不是来自于自身，而是外界环境的阻力。

如今,红孩子已经将分公司扩展到天津、沈阳、南京、上海和杭州等全国 11 个城市。

在 2005 年 10 月,红孩子启动了第一轮融资计划。在公司发展过程中,红孩子尤其重视公司文化建设。红孩子管理核心团队中的 4 个人,只挤在一个大办公室里工作,而事业部老总反而都有自己的独立办公室。正是这些点滴的工作作风、文化氛围,让红孩子"轻松"地打动了风险投资商。2005 年 11 月,北极光和风险投资基金 NEA 对红孩子第一轮共投入 300 万美金。

5. 用两个能动的手指办起一个网店

一对坐在轮椅上的残疾人姐妹,她们的网上名字叫"轮椅上的天使"。妹妹 34 岁,姐姐 43 岁,她们出生在一个很普通的家庭。她们的不幸是因为都患有一种叫"进行性肌肉萎缩"的疾病。这是一种目前还没有办法医治的病。患了这种病会全身无力,手脚就像婴儿一样软弱瘦小,生活无法自理,一切都需要别人的照顾,包括大小便,穿脱衣服。医生曾下定论说得了这种病基本上活不过四十岁。

姐妹俩每天生活在十几平方米的小屋里,一年也很少出去几次。有时候,姐妹俩躺在床上睡不着,就会相互讨论一下彼此的身体情况。姐姐的体质差一些,一旦她说自己的胸口像堵了一块大石头一样喘不上气来的时候,姐妹俩心里就很清楚这是病情恶化的征兆。姐姐常常怕自己哪天睡着了就醒不过来,所以就会把一些放心不下的事情交代给妹妹。而妹妹盼望的,则是能让姐姐多看看外面的世界,能晒晒太阳,能看看马路,能感觉人流在自己旁边走过。

2001 年的 5 月,姐妹俩就开始接触互联网。她们先是在互联网上建了一个"爱心网站",通过 QQ 和论坛给需要的人更多的爱心帮助。

一开始的时候,面对电脑,她们拿着鼠标的手僵硬得要命,根本不听指挥。但是她们一次次重新学习,学习怎样打开网页,怎样安装软件,怎样打字,怎样复制,怎样粘贴等等,这些都是在没有人教的情况下完全靠自己摸索的。那时候,电脑系统几天就要崩溃一次,每次求人都很不方便,于是她们又开始自学重装系统。现在她们不仅可以把电脑运用自如,还经常帮别的残疾朋友解决电脑出现的问题。

几年以后,姐姐的手指很难动弹了,每天要靠妹妹的两个手指来敲打键盘。妹妹的手也没有了力气,只能打打停停,一天也写不了多少字。几年里,姐妹俩靠不懈的努力,整理出了一本书稿。这本书稿记录了姐妹俩的生活,包括婚姻、工作、学习、为人处世等多方面的解答以及对人生的感悟。

2008 年 5 月,姐妹俩在淘宝注册,开了一个网店。这个时候,姐妹俩剩下的,就是妹妹能够活动的两个手指了。姐妹俩用"轮椅上的天使"做网店掌柜的名字。一开始,她们把自己写的书《创造明天的奇迹》和自己秀的十字绣放在网上卖。后来,她们每天到淘宝论坛去看,去学习,偶然间妹妹认识了一个魔豆妈妈,她非常热心地介绍给妹妹一个服装代理网,于是姐妹俩有了第一个代理的产品。现在淘宝上的网店基本靠妹妹打理,每天都要花十个小时左右的时间。姐姐的身体已经不能胜任电脑旁的辛劳了,而妹妹也因为长时间地坐在电脑前,脚肿得很厉害,脊椎严重变形,坐了一天后会特别的疼。但是姐妹俩还是坚持着努力着,她们每天的目标就是能够战胜自己。

在两个月的时间里,姐妹俩的小店上了三星,没有人知道她们付出了多少的努力才换来这个成绩,更没有人知道她们的病情已经愈加严重。她们俩不敢有一丝一毫的放松,她们说,"我们还有梦想,还有希望,我们不愿带着遗憾离开这个世界。"她们渴望靠自己仅余的能力改变生活。她们希望看到一种事实,这个事实能够证明自己还能够顽强生活,没有成为社会的拖累。她们的目标是每个月有 1 千元的收入,用来减轻父母的压力。(店铺链接:http://shop35841663.taobao.com/)

6. "校园网上杂货店"生意红火

"超市也能送外卖!"这几天,不少交大学生都收到了这样一封邮件,一家"校园网上杂货店"的广告宣传单,专门提供物美价廉的百货订购配送服务,小到一包薯片,大到一箱牛奶,学生只要轻点鼠标就能享受送货上门的贴心服务,该服务受到学生的欢迎。

"只要你一封邮件、一条短信、一个电话,我们就能为您提供送货上门、货到付款的贴心服务,让您在省钱的同时,免去到超市的奔波劳累。一切就是这么简单,还不赶快尝试一下?"记者在这份购物清单上看到,这家"校园网上杂货店"名叫"买莫士",商品可谓琳琅满目,品种达 6000 余种之多。

记者点击一看,小到 QQ 糖、巧克力、薯片、话梅,大到整箱牛奶、方便面、洗衣粉等,别看麻雀虽小,五脏俱全,吃的用的无所不包,且所有商品都拥有绝对实惠的"交大价"。记者对比发现,部分商品竟比市场价便宜了 4 元多,促销力度之大令人心动。

"我们的定位就是校园,承诺提供比超市更低的价格,让大学生能轻轻松松'网上逛大卖场'。"创业团队成员交大安泰经管学院大三学生小蒋告诉记者,之所以考虑开一家网上杂货店是源于同学的亲身经历。有一次,他听说同学为了买一箱牛奶,从学校附近的唯一一家大超市步行至寝室,花了近 40 分钟,手都快被勒断了。

"如果能网上订货就好了!"同学一边捶着酸疼的手臂,一边喃喃自语。可就是这么一句不经意的感叹,让小蒋和几位好友萌生了开网上超市的想法。四个"臭皮匠"一合计,就像模像样地把杂货店开了起来。

"买莫士"刚开张几天,生意还不错,已经接到了 500 多元的订单,售出的多是咖啡、饼干、洗衣粉、牙刷等食品和生活日用品。第一位光顾他们店的是一位女硕士,"她买了沐浴乳、红茶、洗衣粉和洗面奶,共计六七十元,当时大家都很兴奋!"接到第一单生意,团队成员可不敢马虎,决定亲自送货,给顾客留下好印象。没有办公室、仓库,每天晚上七点,就是他们"接订单"时间,"主要就是查邮箱,看看有没有订单,我们的寝室就是办公室啦。"负责订单收集的小蒋说,订单凑齐一定数量,把订单传真给供货商,取货后由"快递员"送货到寝室。"保证亲自送到你手中,不需要送货费,因为就在学校!"机动学院大四学生小陆说。

不过,创业的道路也并非一帆风顺,"也有顾客抱怨,说送货时间太长,还不如到楼下的超市买。"说到"投诉",几个小伙子也很无奈,毕竟创业刚起步,需要完善的地方还很多。小陆说,他们正在考虑改变销售方式,比如及时送货、保证质量、考虑退换等,争取向交大同学提供更优质便捷的配送服务。

大学生选择在网上开店,同样需要脚踏实地、持之以恒,进行全方位的策划和市场定位,而不是凑热闹。当前,严峻的就业形势和巨大的就业压力,让不少大学生有了自主创业的梦想;而互联网高速增长所蕴涵的巨大商机,则激发出大学生网络创业的冲动。现在,不少大学生正试图通过网络创业,缔造自己创业的"梦工厂"。然而在现实中,大学生网上创业的现状却难以让人持乐观态度。

与社会其他人员相比,大学生网上创业拥有较多优势:有较高的文化水平,善于自主学习和分析领悟,接受新鲜事物快;思维普遍活跃,自信心较足,对认准的事情有激情去做。但他们也存在一些缺点:缺乏社会经验和职业经历,尤其缺乏人际关系和商业网络;部分大学生眼高手低,好高骛远,喜欢纸上谈兵,市场预测普遍过于乐观;心理承受能力差,遇到挫折就放弃等。

缺乏创业"风险意识"。大学生网上创业失败的多,很重要的一个原因就是很多大学生网上创业没有具备"风险意识",对市场、营销和竞争对手情况等缺乏足够的认识,很多大学生看到的都是著名人物的成功例子,把网上创业理想化,对于网上创业中的挫折和失败,他们还没有足够的思想准备。

缺乏持之以恒的精神。"很多学生都曾经在网上开过小店,但大部分是不了了之,任其自生自灭。"一位开网店的学生小林说,周围很多同学一开始都是因为热衷网上购物,一时冲动,觉得好玩就自己注册开店,而一旦新鲜劲过去就没了耐心,能成天在电脑前"看店"的人很少,有的到最后连自己的店铺地址都忘了。小林宿舍里有 3 个同学开过网店,现在只有她这家还开着。

缺乏明确的创业方向。有调查显示,不少大学生都是看到别人在做觉得好玩,于是决定自己去尝试一下,赚些零花钱,对自己创业方向显得含糊不清。对于创业的预期,不少学生表示"只作过渡打算,没有明确预期,走一步算一步",很少有大学生为了在网上开店专门去做市场调研和策划。

俗话说,不打无准备之仗。投资创业首先必须对行业市场深度审视,对社会和大众消费有深刻了解。网上开个店与实际开个公司,只不过不需要场地,其他没什么区别。网上开店同样需要店面"装修"、管理、营销、进货、送货、售后服务,以及对产品价格、特点、优势的介绍,绝对不是到网上凑热闹。因此,如未在创业前对发展方向、市场定位等进行全方位策划,很容易被淘汰。

第五节 生产制造业

命运是两点:命运是机会和抓住机会的能力。有时候,机会对很多人都是均等的。但是如果有一个人他能抓住机会,并且利用,他就有可能成功。慢慢的一次两次三次四次,也许就变成了命运。所以,我认为机会你可以等待,那是被动的。但是,能力是主动的,你要锻炼。

——中国著名电影导演　张艺谋

1. 服装创意

目前来看,服装的广告几乎都是秀产品,尤其西服,从面料、款式到设计、做工的种种细节,早已经被秀得淋漓尽致。柒牌找到一种独特的表达方式,服装不仅仅是服装,还是品味、气质、文化、意境,甚至立场。作为一个舶来品,大多数西服都竭力表现其品牌的国际感,那么我们是否可以反其道而行之呢?想要避开高低优劣的直接较量,差异化是最好的选择。进入一个没有竞争的领域,才是最高明的竞争。

中国元素!以中国元素来表达西服,这是一个大胆的创作,将柒牌服装都融合在了长城、竹林、山脉等特定的中国环境中,希望借此体现柒牌与众不同的气质与品味。包括李连杰在广告片中的服饰,也是特别设计了中式立领,彰显中国味道。没有想到,广告片播出后,片中李连杰穿的立领男装引起了消费者强烈的兴趣,好多消费者到柒牌专卖店指名购买这款服装。于是柒牌立马跟进消费者需求,顺势而为。立领男装一经推出,便受到消费者热情追捧。当年,这种原本极小众的立领款式居然在市场上供不应求,呈现大众流行态势。后来这种中式立领男装有了一个非常大气的名字:柒牌"中华立领"男装。

300块钱,一年时间,变成300万。这个神话,让一个出生于1987年的女生做到了。宋雅丹,浙江林学院工程学院家具设计052班应届毕业生。2008年3月,她从生活费中省下300块钱作为启动资金,买回了第一批布料,设计了第一条漂亮裙子。一年后,她设计的服装每天销售上千件,而她也成为拥有车子、房子、厂子和300多万流动资金的"大学生富豪"。

"我设计的第一件衣服是条裙子,一条带有蕾丝的雪纺裙子,是乖巧的浪漫公主风格。"从小就爱给布娃娃缝制各种衣服的宋雅丹,读大学后喜欢在新鞋子上画些漂亮的图案,或者对新衣服进行修改。没想到,同学看到她的这些"小搞搞"都惊呼起来,"这些完全可以拿出去卖了!"在学校的淘宝市场,宋雅丹拿出了经过修改后的衣服,一亮相,立马被抢售一空。第一次尝试的成功,让宋雅丹兴奋极了。

"我干脆多做几条裙子,赚点生活费吧。"一番思量后,她把自己的生意做到了淘宝网上。2008年3月,宋雅丹瞒着父母,拿着从生活费中省下的300元钱,到四季青布料市场买回了一批布料。随即,她便按照自己的想法,开始设计女生们的衣服。

可小打小闹容易,真正要做成衣服,难度还真不小。尺子、剪刀、缝纫机,这些基本工具一样都没有。"那时候,我真的头都大了。"宋雅丹说。后来,学校附近一家洗衣店的老板,愿意免费提供缝纫工具,这才解决了她的难题。那段时间,宋雅丹每个晚上都在加班加点——独自设计、独自打版、独自裁剪,最后自己用缝纫机制作。经常是累了就躺在布料上睡一会儿,醒了继续干。

经过一周时间的努力,最后300元投入化作了6款漂亮的女装样品,忐忑的宋雅丹把样品照片,放到了在淘宝网上申请的店铺,以每件45—120元不等的价格进行试卖。

让宋雅丹没有想到的是,不到两天,她就接到二十多份订单,其中一款连衣裙一天内就卖掉了10多件!第一批衣服卖出后,宋雅丹挣了1000多元钱。

每次拿到货款,宋雅丹就全部用来增添设备和布料。因为设计的款式漂亮,价格也实惠,宋雅丹的衣服在网上特别受女孩子的欢迎。"印象最深的是,赚到第一个1万块的时候。"2008年5月份,在开店不到两个月时,宋雅丹发现自己已经变成了"万元户","那时真的是兴奋极了!"至2008年暑假,宋雅丹设计的衣服已经卖出了上千件,300块钱起家,眨眼间,她已赚到了5万块。

现在,宋雅丹在老家海盐注册了属于自己的工厂,并招聘了包括车工、客服、销售、设计等在内的近50名员工,还花高价请了两位在网络销售上有一定经验的校友,担任自己的助理。[①]

2. 休闲食品

在传统领域依然可以通过创新的思维、创意的点子创造新的财富。创新的产品不一定以好和坏来衡量,而是区别于有和没有。有就是不一样。比如"雅客V9",做维生素糖果,把补充维生素和糖果嫁接,四个月创单品销售3.5亿元的奇迹。在传统思维里,维生素与营养保健品密切相关,与糖果似乎没有联系,但创意就是突破传统思维,找到新的市场机会。同样,雅客益牙木糖醇,经过深思熟虑在大家都熟知的木糖醇里添加了维C,变成了有维C的木糖醇,保护+营养,双重益牙,一上市就卖得火爆。现在,益牙在木糖醇市场已三分天下有其一,在很多城市已经超越益达、乐天成为消费者首选,每天30万瓶的产量仍供不应求。

3. 家用建材

莱茵阳光是德国柯诺2005年推出的一个全新品牌,当时面临三个困境:品牌知名度为零,通路为零,产品也毫无特色,与同类大同小异。更重要的是,在整个行业,市场形势非常严峻。强化木地板市场已经是一个非常成熟的市场,而且品牌的座次都已排定,第一品牌是圣象,它很强大,已经形成了完整的产业链条。第二三名品牌亦已名花有主。

"莱茵阳光"要切入市场,该从哪下手呢?创新产品!创新一个前所未有的产品。莱茵阳光发现这是一个中国人对运动充满了前所未有热情的时代,毕竟奥运马上就要在北京举办了。于是考虑开发两个功能性产品——运动步道,木地板表面是凹凸不平的,就像小区里的健身步道,你可以在木地板上做足底按摩,也可以做运动。这个运动步道,不仅借鉴了公园的鹅卵石步道,还引入了中医的穴道按摩原理,按照人体脚步的穴位分布,有针对性地布局凸起的大小及疏密,

---

① 陈胜伟,刘云.2009-04-14 09:27,新民网。

真正做到消费者在地板上行走,就可以舒筋活血,强身健体。

另外,还把运动细分为脑力运动和体力运动。体力运动就是健身步道,脑力运动就是围棋、象棋、五子棋。消费者买的地板上就有国际象棋、中国象棋、围棋图案,而且还送给消费者棋子,消费者就可以直接在地板上下棋了。提出一个理念:在家里面做运动,而且是由木地板帮你做运动。也就是说,让体育的东西变得生活化一点,随意一点。运动可以是生活化的,生活也可以是运动化的。短短一年时间,莱茵阳光运动地板突破僵局,在两千多个品牌云集的强化木地板市场中迅速崛起,现已位居第五。

1. 孔明灯出口①

2007 年从江西九江学院金融系毕业前往义乌工作,一个偶然的发现让刘鹏飞决定辞职创业——卖孔明灯。仅仅两年时间,这个被称为"义乌最牛 80 后大学生创业生"的小伙子已经成为义乌三家孔明灯厂、三家十字绣厂和一家印刷设计公司的老板,把孔明灯、十字绣卖到海内外,一年销售额就达几千万元。

两年前的 7 月,刘鹏飞还只是一家外贸公司的推销员,当拿到第一个月 1400 元的薪水时,他决定辞职了,"我想创业。"其实,创业并非刘鹏飞的一时冲动,他心里早已有了打算。

原来,一个晚上,刘鹏飞与几个朋友相约到义乌某公园散步时,抬头无意间看到了天空中正漂浮着几个不明飞行物。不过,当大家激动地向周围人打听后,才知道这些夜空中美丽的"UFO"叫做孔明灯。

在接下来的几天里,心思灵活的刘鹏飞在义务小商品市场里做起了调查,他发现孔明灯在当地供不应求。不仅如此,在他上网了解孔明灯市场信息时,还看到了德国有网站出售孔明灯。"其实孔明灯在国外也很受欢迎,不少外国人在圣诞节、新年时也会放飞孔明灯讨吉祥、好玩,比如东南亚还有专门的灯节。"如果说在义乌卖孔明灯可能面临激烈竞争,那么,把中国传统的孔明灯卖到国外呢? 市场竞争少,有文化内涵,中国人喜欢,外国人更喜欢,见效比较快。只要有一个中英文的网站,挂上几张孔明灯的照片,就能开张营业。

"不少身边朋友都拿我卖孔明灯当做笑话,但我依然觉得应该尝试一下。"刘鹏飞和女友两人从义乌小商品市场花 400 元买了 100 多个孔明灯,把图片、文字挂到了网上。"很快就被抢购完了,我们赶紧进货。"一个月下来盘点"战果",竟然赚了几千块,比普通工薪一族的收入还高。在接下来的几个月里,生意一直不错。半年下来,他的存款数已经达到 6 万多元。

2. 生态农业②

在封闭落后的闽西山区农村,蓝招衍,一个农民出身的医生,在交通闭塞、信息不畅、不懂技术、没有场地、经济落后的情况下,从 2000 元养殖野鸡起家发展成为占地 200 多亩全国闻名的大

① http://daxuesheng.net/html/34/n−1134.html.
② http://daxuesheng.nethtml89/n−289.html.

型生态农庄。他是如何一路走过来并完成财富裂变的呢?

1990年3月,高考落榜后搞过几次创业都失败的蓝招宝,一天偶然看到一家酒楼竟以45元的高价从猎户手中购进一只野鸡。同日夜间,大哥蓝招衍从《人民日报》看到一农户养殖野鸡致富的报道。兄弟俩得到启发:养殖野生动物大有市场。深思熟虑后,他们偷偷卖了两头大肥猪,凑齐2000元钱,从外地买回10个野鸡蛋,以2平方米的破猪舍作为养殖场,当年即收回成本并赚了2万元,赚得了创业后的第一桶金。这是在缺乏资金、技术、场地、人才等,条件极为艰苦的情况下开始创业的。

1993年春,养殖场搬到了新建的几千平方米养殖基地,存栏野鸡达1万多只,并在省市县领导的关心下,成立了"福建省永定县招宝珍禽开发公司",实现了从养殖户向专业化、规模化的养殖企业的迈进。当时成为华东最大的珍禽基地,年收入100多万元。

从养殖野鸡的成功尝到甜头后,蓝招衍不断引进市场走俏的山珍野味:鹧鸪、黑凤鸡、贵妃鸡、绿壳蛋鸡、红腹锦鸡、大雁等特养新品种,项目引进一个成功一个,使企业得到进一步发展和壮大,到1998年时已发展成为年产各种珍禽100多万只的规模,成为全国公认的"珍禽养殖大王"。从而真正成为华东地区乃至全国规模最大,专业水平、管理水平最高的特养企业,为企业今后的发展奠定了坚实的基础。

1999年,招宝公司在广东考察市场时发现,野猪、野兔市场需求量极大,仅广州市场野猪的毛重批发价一般都在30元/公斤,最高达到50元/公斤,野兔也在30元左右/公斤,而且还常常没有货源。二者都是草食动物,而农庄果园中青草多且鲜嫩,非常适合农庄发展。仅此两项,如今公司每年获利几百万元,为企业的蓬勃发展注入了新的动力。

在养殖过程中,招宝公司将珍禽粪便用EM制剂发酵后喂野猪,动物粪便通过沼气池产生沼气用作珍禽及野猪仔的保温和农庄生活能源,沼液连同沼渣又是台湾青枣、食用仙人掌等果树、苗木的优质有机肥,种植园的青草养动物,使养殖不用买饲料,种植不用买化肥的低成本经营成为现实,且生产的都是绿色食品。同时公司还开发制作栩栩如生的山鸡、孔雀、红腹锦鸡等标本作为家居、办公室的装饰品和高档礼品,既拓宽了珍禽的销售渠道,同时产品附加值提高几倍以上。通过延伸产业链,农庄由珍禽增加了标本、野猪、野兔、水果、苗木、仙人掌、沼气、食品等10多个产品,保证农庄在任何时候都具有良好的收入。农庄建立起一个"立体种养、综合加工、循环利用、全面增值"的经营模式,形成了一个强大的生态产业和投资安全体系,具有极好的经济、社会、生态效益。

作为大学生,专业知识是最大的创业资本,所谓"知己知彼、百战百胜"。大学生在创业过程中应寻找知识的转化点,充分结合专业元素,发挥特长,选择与自己专业相关的项目创业,才能在以后网上创业中拥有优势。[①]

---

① 北方网,2009-12-08。

📖 案例分析

一、哇哇创意城——创业项目构思

1. 时代背景

在这个经济迅速发展的时代,人们已不再单纯地满足物质方面的需求,而是更多地开始注重产品的文化内涵。文化创意产业应运而生,并开始作为一种新兴产业不断地发展壮大。不仅如此,如今是个崇尚标新立异的时代,因此越来越多的年轻人开始追求一种独创的个性。

2. 创意城由来

根据这一客观需求,我们欲建立"哇哇创意城"网站这一属于创意者的虚拟"创意集市",通过它给有思想有创意的年轻人一个自由发挥的空间,给他们一个可以将自己的创意转化为实际产品并且换取经济效益的舞台。同时通过这个平台收集各种创意,为我公司自主开发创意产品提供优秀的创意支持。目前,我国文化创意产业人才相当的缺乏,专业创意人才总量、结构和素质还不能够适应产业快速发展的要求,并且全国还没有类似"哇哇创意城"这样的将创意产品最终投入生产销售,转化为实际经济效益为目的的创意产品设计平台,具有很高的市场价值和社会意义。

3. 创意城的目标

哇哇创意城以建立一个属于创意产品和人才的"硅谷"为目标,提出"让无限创意从哇哇开始"的口号,欢迎各行各业有创意的人士加入这个属于"创客"们的天地,在这里展示自己的构想并实现自己的梦想。让自己的创意成为可能,让梦想照进现实!

二、哇哇创意城——产品与服务

1. 产品与服务规划

(1)"哇哇创意城"的产品

- 自主研发的创意产品,现阶段主要是以哇哇创意袜为主,同时开发销售一部分的创意饰品。
- 代理日用创意产品,通过哇哇创意城的网站进行展示与销售。
- 通过"哇哇创意城"网站收集各种创意,通过评比排名,从中挑选一部分优秀的创意,投入生产并且进行销售。
- 为各类企业提供创意的支持,企业可通过"哇哇"平台选购自身所需要的"创意"。

(2)"哇哇创意城"的服务项目

- 为创意人士提供一个展示自己的创意并且有机会让自己的创意成为现实产品进行销售

的平台。

- 免费提供给厂家一个可以展示并且销售其创意产品的平台,而厂商给予设计要素的支持,签订合作协议,促成双赢的局面。
- 与社会各类相关创意工作室合作,进行创意资源的交换。

(3)主打产品:哇哇创意袜

- 按设计分:

a. 混搭袜系列   b. 故事系列

c. 搞怪整蛊系列   d. 情人专属系列

e. 特立独行系列   f. 运动系列

g. 动漫卡通系列   h. 礼品系列

- 按功能分:

a. 果香袜

b. 保健袜

c. 驱蚊袜

- 按价格分:

a. 低档袜

b. 中档袜

c. 高档袜

(4)创意袜样品图

- 礼品系列高档袜

- 运动系列高档袜

搞怪整蛊系列的中档袜

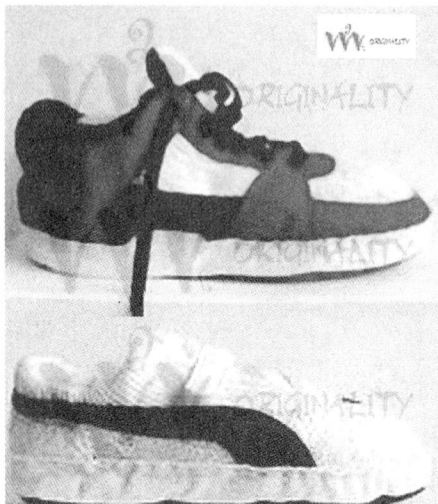

● 故事系列的中档袜   情侣专属系列的低档袜

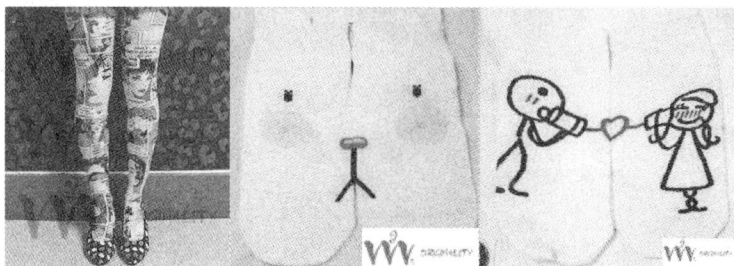

(5)其他产品:饰品

银饰品:手链、项链、戒指、耳环、胸针、吊坠等。

精品类:茶具、碗碟、咖啡杯、相框、陶瓷精品等。

休闲类:休闲包、围巾丝巾、帽子等。

其他:毛绒玩具、发饰头巾、手表等小件物品。

2.产品的研究与开发

(1)创意袜的主要技术路线研发

● 制定产品设计和推广策略,形成独特的风格,和面料配比颜色搭配。

● 使用珍珠纤维混纺纱线,在面料上保证质量。

● 利用网状立体编织防勾设计、雕空设计、真跟设计、五趾设计的技术,不断更新产品。

● 面向青年市场,研发更适合青年心理的创意袜产品系列。

(2)技术支持

● 组建专业优秀的创意设计团队。

● 采纳好的创意,与厂商进行合作并进行生产销售。

- 网站与创客合作。
- 浙江理工大学工业设计中心合作研发。

3. 未来产品和服务规划

在未来的三年内，以创意袜为主打产品，开发新款式，不断扩大市场份额。同时不断开拓创意饰品市场，把市场做细，争取更大的市场份额。

五年内的目标是进军其他日用品市场，把市场做大，给予哇哇巨大的业务增长空间。同时，专门针对日用品市场，保证产品的创新性和流通性，控制经营风险。

哇哇创意城上持续收集创意和发展创客，形成一定规模的创意库与人才库，为企业未来的运作提供服务。

实训练习

成功者的创业初衷，往往是为了解决一个简单的问题。Jerry 和 David 创办雅虎时，就是觉得在网上找网站不方便，因此做了一个网址大全。先是两个人自己用，后来也推荐给朋友用。最后用的人越来越多，这个网址大全成为商业的载体，终于越做越大。eBay 最早的创始者是为了把自己的一些东西卖掉，后来发现很多人也有同样的需求，因而得以发展起来。戴尔起初也根本没想要创造一个直销模式，他就是觉得自己攒电脑有成本优势，可以卖给周围的人，做得多了，形成了现在的企业。

这些历史的当局者未必一开始就清楚事情的归宿，甚至可能他们都没有意识到自己已经开始了创业的旅程。但对于今天的创业人来说，这种平和、从小做起、从具体业务做起的心态，倒是一条宝贵的经验。因此，创业项目要着眼现实，不要一开始就设想得多么宏大。事实上，描述得越大越不成功。创业公司不具备大公司的资本、资源和人才，所能做的只可能是非常简单的事情。

创业成功还有一个前提，重要但简单，就是挑你喜爱的事情去做，不要人云亦云。创业必须意志坚定、苦中作乐，将兴趣、爱好和事业相结合，才能有热情。而只有近乎疯狂的热情与热爱，才能激励出信念，才能以此去鼓舞团队，遇到困难才能撑得下来。

同时，不要选择已经很成熟的商业模式，跟大公司做一样的事情是没有优势的。为所要投身的领域画一张产业地图，看看哪些领域已经被占领了，找一个空白点去做。互联网搜索业务几年前并不被重视，这是 Google 成功的一个前提。

请根据上述经验，找出一个你比较喜欢、适合自己的创业项目，可以是原创、可以是仿制，也可以在别人的基础上进行创新，并把创业项目的商业模式写下来。

游戏训练

真钻石

参与人数:不限　　时间:10分钟　　场地:不限　　材料:无

这个游戏主要锻炼大家的经验思维,虽然成功一定要经过不断的努力,但是别人成功的经验也可以为你提供成功的捷径。适当吸取前人的经验,找到成功的捷径,成功就会离你愈来愈近。

游戏的步骤如下:

1.游戏的主持者讲述下面这个故事:

罗伯特是美国著名的个人理财专家,在他的帮助下,众多美国人实现了成为百万富翁的梦想。

在一次小型研讨会上,为了启发大家,罗伯特在讲桌上放了一块蓝绒珠宝衬垫,然后在中间放了一把特殊的镊子、一个珠宝鉴定用的放大镜和50颗晶莹闪亮的石头。

摆完之后,罗伯特对大家说:"这些闪闪发光的石头并不都是钻石。其中有49颗假钻石(氧化锆)和一颗真钻石。如果在座的人能够找出这颗真钻石,我就把它送给他。有没有人想试一下?"

众人个个跃跃欲试。罗伯特补充道:"只能试一次,而且,每个人只有60秒钟的时间。"众人开始一个接一个地试图找出真钻石,但全都失败了。

众人纷纷要求罗伯特揭示寻找真钻石的秘诀,罗伯特同意了。在时钟的滴答声中,他开始将每一颗石头都翻过来,让琢面向上,平面向下。罗伯特花了55秒钟的时间把真假钻石都翻过来,然后他从上方往下看钻石,仅仅用肉眼就在短时间内迅速找到了真钻石。

事实上,不管是谁,一旦将钻石如此摆放整齐,都可以简单地找到真钻石。原因就在于,所有的氧化锆都是一个模样,完美无瑕。只有真钻石上面有一个瑕疵——有一小块碳。正是这个内含物使得真钻石对灯光的反射与假钻石略有不同。这个不同点很明显,仅用肉眼就可以分辨出来。

此刻,秘诀公开了,众人都想再试一试。"很抱歉,"罗伯特说道,"你们已经错过机会了。由于你们不知道这个找到真钻石的方法,因此你们一无所获。而我知道它,所以每次都可以成功地找到真钻石。"

2.让参与游戏的人讨论故事的主题。

为了让这个游戏更圆满,建议注意以下几点:

(1)做好这个游戏的关键是要懂得聆听。

(2)游戏的主持者要注重故事的讲述方式。

这个故事告诉我们:所有的人都有自己熟悉的领域,有自己的系统,这一系统能让人快速赢得成功。投资理财也是一样,我们要善于在自己熟悉的领域进行投资,这样才能积累更多的财富。

模块六 ｜ 市场价值评估

四小虫大晒创业点子

我们要是创业,做什么好呢? 我们什么也不会,什么也没有呀? 没有钱,没有技术,没有产品,也没有顾客。呜……别急! 我们不是看了人家好多创业项目吗? 有不少我们也可以试试的。比如做产品代理、卖服装、出租自行车,还有……这样,我们每个人都想些点子出来,然后晒一晒,比一比,看看哪个最合适!

内容提要

机会没有好坏,重在适宜性。每个人对机会的把握程度不同,学习系统地调查与分析现状,客观地评估机会的价值,特别要了解竞争对手情况,他们是最好的老师。

很多经济学家认为,日本企业推广他们的产品之所以能获得成功,很重要的一个原因是,在事先作了充分的市场调查。这一点和一般的经营手法有极大的不同。我们不妨把两者分别称作市场法和产品法。市场法的特点是:要求你先走近市场,分析消费者的需求和行为特征,然后决定制造什么、销售什么。而产品法正好相反:先决定制造什么、销售什么,并相信会有市场,然后才走出去找市场,并设法把商品推销出去。

显然市场法更合理。但大多数经营者仍然固执地认为,只要肯投入,市场总是可以打开的。在他们看来,花费那么多金钱去搞市场调查,不值得。更何况,对市场研究他们一无所知。对于这样的经营者,其产品畅销与否,完全取决于他的想法是否和消费者恰好吻合。但事实上,运气常常不在他们这一边!

寻求财富和成功是我们大家共同的追求,创业梦想的实现前提是要有系统的创业计划为依托,从几方面评估我们的创业计划是否可行。你了解自己吗? 你有什么爱好和兴趣吗? 你做好准备了吗? 财富最终从市场中来,因此,除了了解自己,更需要了解市场,探索市场的奥妙!

第一节　市场调查工作

市场目标的确定不是以个人能力为限,而是以用户满意度为准。

——张瑞敏

必须先去了解市场和客户的需求,然后再去找相关的技术解决方案,这样成功的可能性才会更大。

——马云

1. 市场调查的概念

所谓市场调查,就是运用科学的方法,系统地搜集、记录、整理和分析有关市场信息,从而了解市场发展变化的现状和趋势,为市场预测和经营决策提供科学依据的过程。

2. 市场调查的作用

一个企业,之所以能够取得较好的经济效益及盈利,说明它的经营活动及商品满足了消费者的需求。我们要使企业的产品满足消费者的需求取得盈利,必须首先要了解消费者需求什么。通过市场调研,确定顾客的需求,才能生产消费者需要的产品,保证企业获得满意的利润。

市场调查研究是企业取得良好经济效益的保证。

市场是不断变化的,顾客的需求各不相同。通过市场调研,可以发现一些新的机会和需求。引进新的商品去满足这些需求。通过市场调研可以发现企业的不足及经营中的缺点,及时地加以纠正,修改企业的经营策略,使企业在竞争中保持清醒的头脑,永远立于不败之地。

通过市场调研还可以及时掌握企业竞争者的动态,掌握企业产品在市场上所占份额的大小,针对竞争者的策略,对自己的工作进行调整和改进,知己知彼,才能百战百胜。

通过市场调查研究,可以了解整个经济环境对企业发展的影响,了解国家的政策法规变化,预测未来市场可能发生的变化。抓住一些新的发展机会,并对可能发生的不利情况及时地采取应变措施,以减少企业的损失。

3. 市场调查的形式

常用的市场调查的形式有两种:市场普查和抽样调查。

(1)市场普查

市场普查,就是对市场有关母体(又称为总体)即所要认识的研究对象全体,进行逐一的、普遍的、全面的调查。市场普查可以获得完整的、系统的信息资料,但是因为时间、地域、人员水平、财力上的限制,一般只用于商业网点普查、某种商品库存量普查、试销新产品对全体消费者购买新产品质量反映的跟踪调查等。

(2)抽样调查

抽样调查,是指从母体中抽取一部分子体作为样本,对样本进行调查,然后根据样本信息,推算市场总体情况的方法。抽样调查的特点是用样本调查结果推断整体结果,会产生抽样调查误差,即抽样资料能否较为可靠的、精确的描述抽样样本所代表的总体。抽样的误差产生于两个方面:抽样误差和资料收集误差。

4. 市场调查的内容

一般消费品市场调研主要包括以下内容:

(1)市场容量调查

市场可能拥有的最大消费数量及本企业可能拥有的比例。

(2)消费者需求特点调查

①商品:质量要求、商品特性、规格种类、包装要求、商品结构等。

②价格:消费者可能接受的价格。

③促销:购买者的购买信息来源,影响其购买的方式及可能使用的促销手段。

④销售:商品的主要销售渠道、销售方式,消费者购买方式、购买地点、场合。

(3)主要竞争对手及潜在竞争者调查

主要竞争对手的商品结构、商品价格、卖场情况、市场占有率;竞争企业的实力;可能的潜在竞争者;将要进入本行业的企业,可能的竞争对手。

(4)目标顾客调查

调查确定本企业商品的目标顾客,哪类消费者最可能接受和购买我们的商品。

(5)未来市场发展预测调查

对未来市场的发展趋势进行预测,找出影响市场发展的主要因素,分析可能的市场机会及不利情况。

5. 市场调查的方法

市场调查的方法主要有:间接资料调查法、访问法、观察法、实验法、态度测量表法。

(1)间接资料调查法,是指从文献档案中收集的资料来完成调查工作的方法。

间接资料法的资料分为外部资料和内部资料。外部资料来源有政府机构及经济管理部门公布的有关资料,各种统计公司及市场调查公司,行业协会公布的市场信息,各种书籍也是很好的资料获得方法。内部资料来源包括企业业务资料、统计资料、财务资料以及各种调研报告、经验总结、顾客建议等。

(2)访问法,指以询问的方式向被调查者了解市场情况的一种方法。

访问法又可细分为:面谈调查、邮寄调查、电话调查和留置调查。

面谈调查是调查人员同被调查者直接面谈,当面听取意见,收集市场反映,询问有关问题的方法。它有个人面谈、小组面谈、集体座谈,询问的方式有自由问答、倾向偏差询问、强制性选择。

邮寄调查法是将设计好的问卷,通过邮政系统传递给被调查者,被调查者填写完以后再寄回来的一种调查方法。

电话调查法是调查者通过电话与被调查者进行询问的一种方法,询问时多采用两项选择法。

留置访问调查是将问卷当面交给被调查者,说明填写的要求,并留下问卷,让被调查者自行填写,并由调查者定期回收的一种市场调查方法。

(3)观察法,是指通过观察被调查者的活动获取第一手资料的调查方法。观察法可采用眼看、耳听或者借助于照相机、录音机、摄像机,主要用于顾客观察、竞争对手观察等。

(4)实验法,是指通过实验对比来取得市场情况第一手资料的调查方法。改变商品品质、变换商品包装、调整商品价格、推广新产品和商品陈列变动都可以采用该方法进行调查测试效果。

(5)态度测量表法。消费者在市场上选购什么商品,不选购什么商品,不是随意决定的,而是在内心有一定的尺度,这个尺度在心理学上称为量表。运用量表调查测量消费者对商品的需求心理评价尺度,就是态度测量表法。它分为类别量表、顺序量表、差距量表和等比量表。类别量表类是测量消费者对不同性质问题的分类,如满意、不满意,是、否等等。顺序量表是测量消费者对类别之间的次序关系,如5、4、3、2、1,对所调查商品很喜欢的给5分,较喜欢的给4分,无所谓的给 3 分,不喜欢的给 2 分,很不喜欢的给 1 分。差距量表是用于测量消费者对于喜欢或在喜欢商品次序之间的差距距离的,如 4 分同 3 分差距等于 3 分同 2 分的差距。等比量表是表明次序关系中数量比率关系的,如 4 分非 2 分的两倍。

6. 市场调查的步骤

(1)明确调查目的,为什么要作这次调查? 通过这次调查了解哪些情况? 调查结果有什么具体用途?

(2)制定调查计划,选择与安排调查项目、调查方法、调查形式、调查人员、调查费用等。

(3)实施调查计划。

(4)整理资料并提出报告。

7. 调查问卷的设计

问卷设计步骤:

第一步,根据调查目的和要求,确定所需的信息资料;第二步,进行问题的设计和选择;第三步,确定问题的顺序,一般容易的问题放前面;第四步问卷的测试和修改。

一个调查问卷通常由三个部分组成,前言、主题内容和结束语。

［案例一］ 药店门店选址调查

几乎所有进入中国市场的外国大型连锁零售公司,如沃尔玛、麦德龙、家乐福等,在进入中国市场之前,都对中国市场进行了长达数年的市场调查,投入了成百上千万的费用,重金委托专业公司进行市场调查,并据此制定出一整套详尽的投资和发展规划。 由此可见,市场调查在门店选址乃至将来运营中的重要意义。一般来说,门店选址调查包括立地城市调查、城市区域调查和具体地址调查这三方面内容。

1.门店立地城市调查

选择条件优良的城市是门店选址工作的第一步,也是非常关键的一步。对某一城市是否可以兴建门店,主要从以下几个方面进行调查分析。

(1)城市类型

先看地形、气候、风土等自然条件,继而调查行政、经济、历史、文化等社会条件,从而判断是工业城市还是商业城市? 是中心城市还是卫星城市? 是历史城市还是新兴城市? 这一指标对业态的定位、商品结构确定及卖场的大小有相当大的参考作用。

(2)经济发展水平

这是对门店选址影响最大的一个因素。要重点考察 GDP 总量、人均 GDP 及其在近几年内的增长幅度,物价指数变化,固定资产投资增幅、非公有制企业的比重等。这个指标主要是用于确定开店的可行性和卖场的面积大小。

（3）交通条件

城市内各个区域间以及与其他城市间的交通条件。重点要考察：城市每千人拥有轿车的数量、每平方公里拥有的轿车数，其中私车又各有多少，公交车的总量及分布。城市交通条件的便利与否，很大程度上会直接决定着门店有效商圈在该城市的覆盖范围。

（4）消费者因素

如该城市的人口数、户数、人口密度、人均收入、消费水平及消费习惯，通过该项目的调查分析以了解该城市的总需求以及潜在的市场总量。

（5）城市的医药企业情况

如现有医院数、药店数、医药批发企业数、医药企业职工数、营业面积、销售额等绝对数值，以及由这些数值除以人口数所获得的相对数值，如人均营业面积。要特别注意了解和收集与门店可能会产生直接竞争的药店的情况；如该地已有多少家药店，有多少家大型平价药店、大型连锁医药企业，它们的规模、实力和经营情况如何？另外还要留心该城市有多少家专业药店？

当地政府对兴建药店的关心和支持程度。当前我国正处于向市场经济过渡阶段，离开政府有力的支持和配合将会事倍功半。因此在选址阶段要多与政府有关部门接触，力争在政策上，如办证、税收等方面得到政府更多的支持，并将争取到的政策多寡作为确定门店选址的一个重要依据。

2.门店城市区域立地调查

城市确定以后，下一步要确定的是把门店建在该城市的哪一个区域。为此，要围绕需求和供给两大因素，从总量和结构入手，对拟建的门店的商圈作一具体、深入的调查与剖析。这实际上就是商圈调查。

（1）人口与购买力调查分析

有关人口数和家庭人口的组成，可参考当地街道办事处和派出所存档的户籍人口数和人口普查资料。所需调查的项目有：常住人口数、家庭构成、人口密度、年龄构成（尤其老年人数量与比重、需经常服药人员比例）、受教育程度、职业、人口自然增长率、家庭人均收入、白天流动人口数、家庭年支出及支出结构。其中较主要的项目有：

A.家庭人口及收入水平。

家庭状况包括人口、家庭成员年龄、收入状况等因素，它不仅会影响到消费需求的总量，还会影响到需求的结构。如每户家庭的平均收入会影响药店的销售量，平均收入的提高会增加家庭对所需药品数量、质量和档次的要求（广东和浙江等沿海地区的商品档次就明显高于内陆地区）。家庭的大小也会对商店的销售产生较大的影响，比如两个年轻人组成的家庭，消费多追求时尚化、个性化，很少进行健康投资，购药多为临时性消费。而有一个独生子女的三口之家，则其消费需求大多是以孩子为中心来进行。家庭成员的年龄也会对商品形成不同需求，比如老龄化的家庭倾向于购买保健品、健身用品和营养食品等，购药有较大的主动性，而有儿童的家庭的医疗保健支出则重点投资于儿童等。

B.人口密度。

其他条件相同的情况下,一个地区人口密度越大,对门店建店越有利,门店的规模也可相应扩大一些。一个地区的人口密度一般用每平方公里的人数或户数来衡量。考虑到外出而带来人口的流动性,为了便于分析,我们引进白天人口数这一概念:白天人口数＝户籍人口数(除幼儿)＋该地区上班、上学人口数—到外地上班、上学人口数。白天人口密度高的地方多为办公区、旅游娱乐区和学校文化区。白天人口密度越大的地区,其潜在市场需求越大。

C.客流量。

客流量大小是影响门店成功的一个关键因素。在其他条件相似的情况下,将门店设在人口最密集的位置是最佳的。客流量因时间(每天不同的时刻、平时与周末、不同的季节)、气候条件的变化而存在差异,调查分析时要充分考虑到这些差异性,并进行调整与修正(药店因为其特殊性,选址临近医院也是较好的选择)。

D.购买力。

商圈内家庭和人口的商品购买力是家庭和人口的总收入扣除储蓄和各项目服务性支出,它与收入水平成正比例关系,收入水平越高,则购买力越强。家庭人均收入可通过抽样调查取得。(消费者的购买力水平很大程度上决定了商品的档次)

(2)竞争对手的调查分析

在门店选址调查的第二阶段,必须在上一阶段对竞争对手在整个城市面上调查的基础上,缩小到对商圈内竞争对手再作一深入、细致的调查分析。调查对象主要为本区域内的医院、药店以及医药批发(或零售)企业等可能与门店产生直接竞争的企业。调查的重点是该地区主要竞争对手有哪些,潜在的对手有哪些,它们的威胁有多大? 门店与它们相比在竞争中存在哪些优势?

A.店铺硬件调查。主要包括:竞争店的选址、店铺外观形象、建筑物构造、停车场的设计、经营设施配置等方面的调查。

B.店堂陈列布局调查。主要包括:竞争店的楼面构成、平面布局、面积分割、商品陈列及店堂气氛营造等方面的调查。

C.商品能力调查。对竞争商店商品品种齐全的程度、商品的价格带、商品的品质、货源供应等情况进行调查分析。重点可放在对竞争者 A 类商品或主力商品的调查上。

D.顾客层次的调查。主要从年龄层次和收入层次进行调查。

E.店铺运营管理调查。对促销、补货、陈列及环境卫生等方面的调查。

需求与供给的关系有以下几种类型:①需求旺盛,供给偏低型;②需求旺盛,供给旺盛型;③需求不旺,供给也不旺型;④需求不旺,供给旺盛型。从门店选址看,其立地商圈内需求与供给关系呈现出第一种类型最佳,第二种次之,第三、第四种类型要尽力回避。对需求和供给的调查,要注意对潜在需求和供应的调查,要特别留意可能会引起供需变化的一些因素的发展趋势。

3.门店具体地点调查

在门店选址时,除了对以上大的项目调查外,具体地点选址还必须对以下几个虽属细节问题但又颇为重要的因素进行调查。

(1)可见度

可见度是门店被往来行人或乘车者所能看到的程度。场所可见度越高,商店越容易引起客流的重视,他们来店购物的可能性越大。因此,门店选址时要选择可见度高的地点,如两面临街的十字路口或三岔路口。

(2)适用性

如果要征用土地建房子,必须考虑土地面积形状与门店的类型是否相符(多适用于连锁超市)。如果租用现成的房子则要考虑建筑的构造、材料、立面造型及其可塑性,药店货架比一般商场的低,相应地对建筑物的层高没什么要求。同时还要了解有关城市建设发展规划要求,详细了解该地点的交通、市政、绿化、公共设施、住宅建设或改造项目的近期、远期规划。

(3)交通便利性

主要了解两方面的情况:一是该地是否接近主要公路,交通网络能否四通八达,商品从火车站、码头运至商店是否方便,白天能否通过货车,因为大城市普遍对货车实行运输管制,中心区许多街道不允许通货车,有的只允许夜间通车(提前考虑配送问题)。二是该地是否有较密集的公交汽车路线经过,各条公交路线的停靠点能否均匀全面地覆盖整个市区,当前我国私家车普及不广,这点显得尤为重要。因为这直接关系到顾客购物的便利程度。

从上面分析的情况看,城市调查、区域调查、地点调查这三个环节互为关联而又层层深入,它们在调查的内容上虽有一些重复,但侧重点不同,一般要分开进行,有时为了工作方便,也可将它们合并成两步调查。另外在调查程序上,由于第三步地点调查工作量较小,可把它放在城市调查之后进行,如果地点调查通过后,再进行工作量较大的城市区域调查,如果没通过就没必要对该区域再进行调查了,以节省工作量,使调查工作更有针对性。

[案例二] 零售企业的顾客满意度及其评定

顾客满意是顾客在进行一定消费之后感到满足的一种心理体验。顾客对所购买的产品或服务的满意状态和程度称为顾客满意度,它是对顾客满意的量化界定方法,表示顾客在每一个满意属性上的深度。"顾客第一"还是"利润第一",一度曾是相互对立的两种经营观念。但随着营销观念的改变,人们意识到这两者实际是统一的,即必须首先满足顾客的需求、愿望和利益,才能获得企业自身所需的利润。因此,建立科学的满意度评价指标体系已经成为商业企业极为关心的问题。

一、顾客满意度体系

顾客包括内部顾客和外部顾客。内部员工满意度反映了企业的士气、向心力和团队精神,是外部顾客满意的动力。外部顾客满意即人们常说的顾客满意,关系企业的经济效益和社会声誉。顾客满意度体系构成如下:

1. 外部顾客满意的构成体系

零售企业外部顾客满意度体系由三大部分构成：商品（质量、价格、品种）、服务（顾客咨询服务、接待服务、售后服务、环境设施、投诉处理）和企业信誉。每个组成部分包括很多要素，其中：

（1）顾客的感受来自两个方面

通过企业形象宣传和他人介绍等渠道获得的间接感受；顾客在与企业提供的产品和服务的接触过程中产生的直接感受。

（2）顾客满意的形成受企业和顾客两方面影响

在资源一定的情况下，必须保证利益各方均能接受的满意水准，即任何企业不可能不计成本去获得顾客的满意。顾客的满意是在与企业提供产品和服务进行接触过程中形成的，会受多种因素影响。

（3）服务和商品的满意特性

与服务有关的因素有：专业性、文明性、及时性、适用性、舒适性、卫生性、硬件设施、信誉等。与商品有关的因素有：功能性、使用寿命、安全性、可靠性、外观、价格等。

2. 员工满意度体系

研究结果表明：员工满意度提高 5%，会连带提升 1.3% 的顾客满意度，同时也提高 0.5% 的企业业绩。也就是说，重视提高员工满意度，最终可以给企业带来收益。根据马斯洛的需求层次理论，商业企业可以建立内部员工满意度指标体系。包括：

（1）生理：薪资待遇、医疗保健、工作时间、福利保障、工作环境。

（2）安全：就业保障、退休养老保障、健康保障、意外保险、劳动防护。

（3）社交：上下级间沟通、团体活动、娱乐、教育训练、同事关系。

（4）尊重：薪水等级、晋升机会、奖励、参与、企业形象认同感与骄傲感、自豪感。

（5）自我实现：参与决策、工作挑战性、发挥个人特长。

二、顾客满意表征

顾客满意是顾客的一种心理体验，需要采取间接的方法来反映。顾客满意表征即通过对满意程度的重要特征的描述，用直观的手段表达顾客的满意程度。下面是顾客满意表征的具体描述：

很不满意（愤慨、恼怒、投诉、反宣传）指顾客在消费了某种商品或服务之后感到愤慨、恼羞成怒难以形容，不仅企图找机会投诉，而且还会利用一切机会进行反宣传以发泄心中的不快。

不满意（气愤、烦恼）指顾客在购买和消费某种商品或服务后所产生的气愤、烦恼状态。在这种状态下，顾客尚可勉强忍受，希望通过一定方式进行弥补，在适当的时候，也会对此进行反宣传，提醒自己的亲朋不要去购买或消费同样的商品或服务。

一般（无明显正、负情绪）指顾客在消费某种商品或服务过程中所形成的没有明显情绪的状态。也就是对此既说不上好，也说不上差，还算过得去。满意称心、赞扬、愉快指顾客在消费了某种商品或服务之后所产生的称心和愉快的状态。在这种状态下，顾客不仅对自己的选择予以肯定,还会乐于向亲朋推荐;自己的期望与现实基本相符,找不出大的遗憾所在。

很满意(激动、满足、感谢)指顾客在消费某种商品或服务之后形成的激动、满足、感谢状态。在这种状态下,顾客的期望不仅完全达到,没有任何遗憾,而且可能还大大超出了期望。顾客不仅为自己的选择自豪,还会利用一切机会向亲朋宣传、介绍推荐。

三、顾客满意度调查

每半年或一年进行一次满意调查。根据企业的规模确定问卷发放量,以重要性为权重计算出满意度综合得分:满意度综合得分 $= \sum(满意度 \times 重要性)/\sum 重要性$

1. 顾客满意度问卷

为使调查更有效,问卷设计应做到:使被调查者容易得到答案,使之容易回答;便于统计处理;问卷不应太长,问题不应重复,最适合的长度是20—30个问题。下面是根据顾客满意指标体系,结合实际情况,为零售企业设计的满意度调查问卷:

顾客满意度问卷

下列诸多因素中,哪些对你来说是最重要、最满意的,哪些影响程度一般,请按强弱程度打分。

非常满意(5分) 满意(4分) 一般(3分) 不满意(2分) 很不满意(1分)

非常重要(5分) 重要(4分) 一般(3分) 不重要(2分) 一点儿也不重要(1分)

影响因素	重要性	满意度
价格合理	5 4 3 2 1	5 4 3 2 1
商品质量	5 4 3 2 1	5 4 3 2 1
进出方便	5 4 3 2 1	5 4 3 2 1
商品有特色、符合需要	5 4 3 2 1	5 4 3 2 1
信誉好	5 4 3 2 1	5 4 3 2 1
内外环境卫生、清洁	5 4 3 2 1	5 4 3 2 1
空气流通、光线充足	5 4 3 2 1	5 4 3 2 1
标识清楚	5 4 3 2 1	5 4 3 2 1
能轻易找到目标商品	5 4 3 2 1	5 4 3 2 1
卫生间清洁	5 4 3 2 1	5 4 3 2 1
服务员有亲切感	5 4 3 2 1	5 4 3 2 1
员工专业知识丰富	5 4 3 2 1	5 4 3 2 1
服务员细致解答顾客疑问	5 4 3 2 1	5 4 3 2 1
可以退换货	5 4 3 2 1	5 4 3 2 1
售后服务好	5 4 3 2 1	5 4 3 2 1
付款等候时间短	5 4 3 2 1	5 4 3 2 1
投诉方便	5 4 3 2 1	5 4 3 2 1

| 优惠活动多 | 5 4 3 2 1 | 5 4 3 2 1 |

您的性别:①男 ②女

您的年龄最符合下列( ):①15—20 岁 ②21—30 岁 ③31—40 岁 ④41 岁以上

您的职业:①职员 ②个体劳动者 ③工人 ④学生 ⑤离退休人员 ⑥其他

您个人平均月收入是( )元,您家庭人均月收入是( )元。

您家住在哪个区＿＿＿＿＿＿＿＿＿＿,您的工作单位在哪个区＿＿＿＿＿＿＿＿＿。

您对本店不满意的是:＿＿＿＿＿＿＿＿＿＿＿＿＿＿＿＿＿。

您的建议:＿＿＿＿＿＿＿＿＿＿＿＿＿＿＿＿＿＿。

2.员工满意度问卷

在员工满意度问卷设计过程中,选择问卷涵盖的议题前,应确定调查的目的,并与员工沟通,深入了解他们所关心的话题,然后有针对性地设计问卷。员工满意度调查至少一年进行一次。定期做调查可以对比出改进效果,从而提高工作业绩。以下是为零售企业内部员工设计的满意度调查问卷。

内部员工满意度调查问卷

下列诸多因素中,哪些对你来说是最重要、最满意的,哪些影响程度一般,请按强弱程度打分。

非常满意(5分)满意(4分)一般(3分)不满意(2分)很不满意(1分)

非常重要(5分)重要(4分)一般(3分)不重要(2分)一点儿也不重要(1分)

满意度指标	重要性	满意度
公司在行业中的竞争力	5 4 3 2 1	5 4 3 2 1
公司在顾客中的形象	5 4 3 2 1	5 4 3 2 1
公司在社会上的知名度	5 4 3 2 1	5 4 3 2 1
公司发展前景	5 4 3 2 1	5 4 3 2 1
能够增加经验或提高技能	5 4 3 2 1	5 4 3 2 1
你所从事的工作能发挥特长	5 4 3 2 1	5 4 3 2 1
工作场所舒适	5 4 3 2 1	5 4 3 2 1
工作压力适当	5 4 3 2 1	5 4 3 2 1
同事之间关系融洽	5 4 3 2 1	5 4 3 2 1
与主管(上级)的关系良好	5 4 3 2 1	5 4 3 2 1
有不满时可以向上级倾诉	5 4 3 2 1	5 4 3 2 1
及时知晓公司的政策	5 4 3 2 1	5 4 3 2 1
上级或同事经常给予你帮助	5 4 3 2 1	5 4 3 2 1
你的努力得到及时肯定	5 4 3 2 1	5 4 3 2 1
公司提供适当的教育训练	5 4 3 2 1	5 4 3 2 1

未来能得到较好的工作机会	5 4 3 2 1	5 4 3 2 1
工资收入居同行之先	5 4 3 2 1	5 4 3 2 1
适当的年终奖金、节日津贴等	5 4 3 2 1	5 4 3 2 1
有退休养老保险及医疗保障	5 4 3 2 1	5 4 3 2 1
经常组织集体活动	5 4 3 2 1	5 4 3 2 1
工作很出色,因而感到满足	5 4 3 2 1	5 4 3 2 1

你对公司最满意的是：_____。

你对公司最不满意的是：_____。

你还有哪些建议或意见：_____。

以上这两套调查问卷是消费者满意度调查和内部员工满意度调查的基本思路。如需进行这两项调查,可根据具体情况进行深化设计。

第二节　行业环境分析

惟一持久的竞争优势,也许就是比你的竞争对手学习得更快的能力。

——美国壳牌石油公司企划总监　阿瑞斯·德格

最核心的问题是根据市场去制定你的产品,关键是要倾听客户的声音。

——马云

行业是指一组提供同一类产品(或服务)或提供具有可替代性产品(或服务)的企业群。行业由一组提供相似产品或服务的企业为主体构成,并包括这些企业的特征因素。行业生命周期理论,对创业者了解不同行业类型所提供的创业机会大有裨益。如图 6-1 所示列出了最常见的四种行业形态,分别是新兴行业、成长行业、成熟行业、衰退行业。每种类型的行业都蕴涵着特定的创业机会。

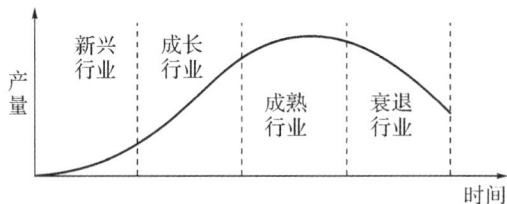

图 6-1　行业阶段和形态

1. 新兴行业

随着市场经济的发展和科技的进步,不断有新兴行业诞生,传统"三百六十行"的界定早已不符合时代的发展。寻找新兴行业,也就是那些可以在未来有很大发展的行业,对于创业者来说是非常重要的。新兴行业的迅速上升,在很大程度上弥补了财富积累的漫长过程,它可能带来的收益是最初投资的几倍、几十倍甚至更多,这是创业者的梦想,而现在许多从事新兴行业的创业者都轻易实现了这样的创业梦。在新兴行业中,那些率先进入新市场的企业往往能获得先机优势。新兴行业的风险较大,导致创业者抓住的任何商机都可能转瞬即逝。尽管如此,对于创业者来说,新兴行业进入壁垒通常较低,具有较大的诱惑力,大部分成功的创业集中在新兴行业中。

20 世纪初的美国,铁路行业占据着重要地位,产生了美国"铁路大王"哈里曼等一批依靠铁路行业起家的富豪,但经过将近 100 年的发展,该行业已经没有太大的发展潜力;而同一时期,从事石油行业的洛克菲勒用了 20 多年的时间,就成为美国历史上第一位 10 亿美元富翁,大大超过了子承父业的哈里曼。这不是因为洛克菲勒比哈里曼聪明,二者都是非常成功的创业者,关键在于所从事的行业。洛克菲勒从事的石油业在 20 世纪之初正是如早晨的太阳,蓬勃有力。然而到了 20 世纪末,石油行业又被计算机行业比了下去。比尔·盖茨的创业之路,充分展示了新兴行业所可能带来的巨大收益。他创业只有不到 20 年的光阴。这会让洛克菲勒自愧不如,也会让福特汽车公司创始人亨利·福特惊叹不已,因为他祖孙三代辛辛苦苦建立的全球第二大汽车制造厂,居然还没有年纪轻轻的比尔·盖茨一个人有钱。盖茨成功的根本就在于他抓住了个人电脑的发展机遇,迎接了新兴行业的诞生和发展。

2. 成长行业

成长行业是指这一时期内市场增长率很高,需求高速增长,技术渐趋定型,行业特点、行业竞争状况及用户特点已比较明朗,企业进入壁垒提高,产品品种及竞争者数量增多。一个行业在成长阶段往往呈众多小企业分散发展的状态,分散行业是由大量规模相近的企业所组成的行业。对创业者而言,分散行业内蕴涵的主要机会是整合行业,而且整合结果在于建立行业领导者地位。行业整合过程中,较小的企业被收购或倒闭,而少数大公司则接管大部分业务。如影碟租赁行业、房屋中介行业、汽车修理行业、快餐行业等。整合行业的风险往往在于创业者高估了自身整合行业的能力,导致成长速度过快。对创业者来说,连锁加盟是进入分散行业常见的方式。

3. 成熟行业

成熟行业是需求增长缓慢甚至不增长的行业,技术上已经成熟,拥有大量重复购买目标客户,行业特点、行业竞争状况及用户特点非常清楚和稳定,买方市场形成,行业赢利能力下降,新产品和产品的新用途开发更为困难,行业进入壁垒很高,并且产品创新较少。有时,大型企业会被自身战略和契约义务所限制,这就为新创企业提供了创新的机会。创业者在成熟行业只能依靠产品或服务的创新。对创业者来说,成熟行业的壁垒比较高,建议不要轻易进入这些行业。

4.衰退行业

衰退行业是产品需求持续下降的行业,产品品种及竞争者数目减少。一般来讲,创业者对衰退行业避而远之,但并非没有例外,如果新创企业能够打破常规惯例的思维,就能够在衰退行业中建立避开恶劣竞争的定位。在衰退行业,创业企业可以专注于行业内狭窄的细分市场,并通过产品或流程创新而获得成长。综上所述,各行业都存在创业者可以利用的特征和机会,如表 6-1 所示[①]。

表 6-1　各种行业的创业机会

行业类型	行业特征	创业机会	成功案例	对创业者的建议
新兴行业	需求和经营标准的不确定性	先机优势,尽早进入	雅虎与网上搜索引擎行业,微软公司与计算机软件行业,易趣与网上拍卖行业	尽早进入
分散行业	大量规模相近的企业	整合、兼并、加盟、联盟	星巴克和咖啡吧行业,不动产经纪行业	加盟连锁
成熟行业	需求增长缓慢,有限的产品创新	产品、技术、服务、方法、流程等创新	沃尔玛与零售行业,Google 与搜索引擎行业	不轻易进入
衰退行业	产品需求持续下降	细分或退出	纽克与钢铁生产行业	不进入

行业生命周期在运用上有一定的局限性,因为生命周期曲线是一条经过抽象化了的典型曲线,各行业按照实际销售量绘制出来的曲线远不是这样光滑规则,因此,有时要确定行业发展处于哪一阶段是困难的,识别不当,容易导致战略上的失误。而影响销售量变化的因素很多,关系复杂,整个经济中的周期性变化与某个行业的演变也不易区分开来,再者,有些行业的演变是由集中到分散,有的则是由分散到集中,无法用一个战略模式与之对应,因此,应将行业生命周期分析法与其他方法结合起来使用,才不至于陷入分析的片面性。

[案例一]　中国博客市场调查[②]

中国博客市场规模

1. 博客作者(blogger)规模,博客作者(blogger)总规模

中国互联网络信息中心预计截至 2007 年 11 月底,中国共有网民 1.8 亿,依据此数据推算,中国博客作者(blogger)规模为:1.8 亿×26.1%＝4698.2 万人。

2. 活跃博客作者规模

活跃博客作者数:4698.2 万人×36.0%＝1691.3 万人。

活跃博客作者占全体网民的比例:1691.3 万/1.8 亿＝9.4%。

---

① 杨安,兰欣,刘玉.创业管理——成功创建新企业[M],北京:清华大学出版社,2009.

② 2007 年中国博客市场调查报告,中国互联网络信息中心,2007 年 12 月。

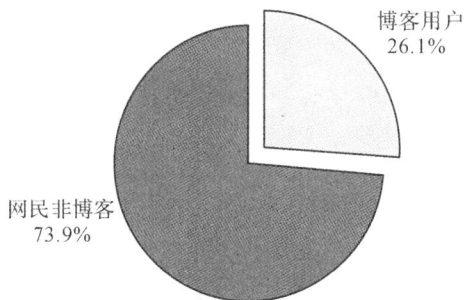

图 6-2 网民中的博客与非博客用户的比例

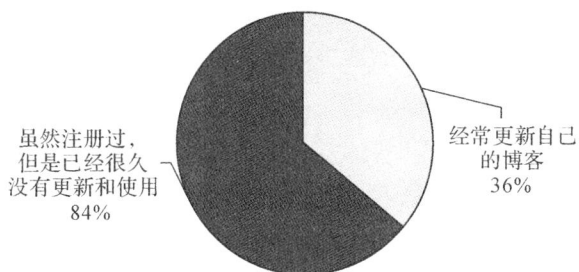

图 6-3 活跃博客作者规模

3. 博客空间(blog)规模,博客空间(blog)总规模

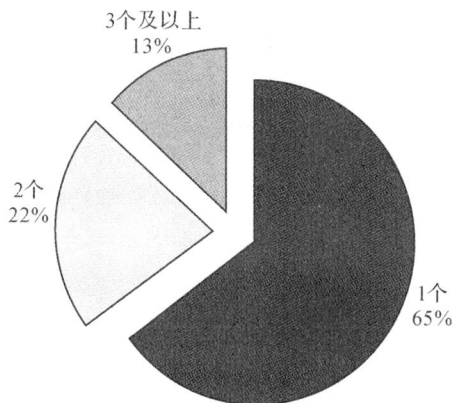

图 6-4 博客作者拥有的博客账户数量

博客作者注册博客的数量以 1 个居多,65％的被调查者只注册过一个博客。注册过两个博客的占 22％,注册过 3 个及以上博客的被调查者只占 13％。通过调查数字计算,博客用户的平均拥有博客账户数字为 1.55 个。

博客空间规模:4698.2 万×1.55 个＝7282.2 万个。

4. 活跃博客用户的博客空间规模

尽管各个 BSP 都宣布了自己的博客注册用户规模很大,但是在庞大的账户中有多少账户是有效的,经常更新的呢? 我们将活跃博客用户的账户认定为有效的博客空间。

在 1691.3 万个活跃用户中,只拥有一个博客账户的占 55％,拥有 2 个账户的占 27％,另外有 18％的用户拥有超过 3 个博客账户。平均每位活跃的博客用户拥有的博客账户数达到 1.70

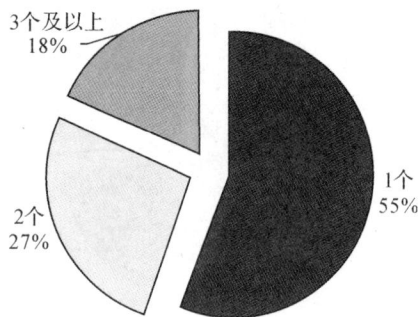

图 6-5 活跃用户拥有博客账户的数量

个。活跃博客用户的有效空间数：1691.3 万×1.70 个＝2875.3 万个。

5. 博客规模历年变动

单位：万人

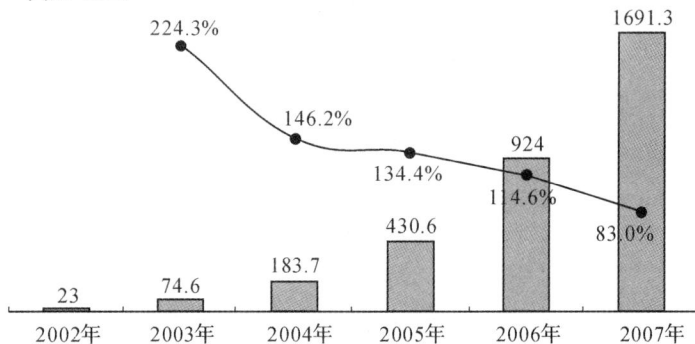

图 6-6 活跃博客作者的增长趋势

在过去的 5 年里，博客的应用一直处于快速发展的阶段，腾讯、新浪、搜狐、网易等传统综合性网站在博客服务方面的积极推广，使博客的发展在 2007 年仍然延续着高速增长的趋势，只是随着博客的普及度越来越高，这种增长率的绝对值也在逐渐降低。

中国的网民群体中有 4698.2 万人注册有自己的博客空间，但是其中只有 36％的人会经常更新自己的博客；每个博客平均注册过 1.55 个博客空间；活跃博客用户拥有的博客账户数量高于非活跃用户的平均拥有量；在超过 7282.2 万个博客空间中，只有 39.5％的空间为有效空间，存在较大的空间浪费。博客用户及活跃博客用户仍然保持高速增长，只是这种增长率的绝对值也在逐渐降低。

［案例二］ 杭州单身公寓市场分析①

一、市场情况分析

1. 杭州市城市发展综述

杭州是一座有着悠久历史和文化的古城。她三面环山一面临江，坐拥天下美景——西湖，

---

① 胡芸璐，陈巧西，张淑芳. 浙江工业大学学生课外科技基金项目：杭州单身公寓广告推广分析. 2005。

在独具优越的自然环境的同时,也具备悠久的历史人文资源。杭州市政府以西博会为平台,实施了"住在杭州、游在杭州、学在杭州、创业在杭州"的城市发展战略,出台了一系列"构造大都市,建设新天堂"的配套政策,积极向国际花园城市迈进。未来的杭州是旅游胜地、学习创业乐园、居住生活天堂以及时尚休闲之都。

2. 杭州房地产行业的发展状况和前景

杭州楼盘价格持续上升的现象已被称作"杭州现象"来分析,在繁荣、涨价、感叹和争论声中,不光是房地产业及相关行业,现在全社会都在讨论房地产市场。杭州房地产较为集中的问题,一是高价位房屋比重过大,杭州长期以来新增高档房屋占据主流,中低档房屋严重缺乏;二是房价炒作和投资性需求过度。据有关机构在杭州的问卷调查显示,仅有11%的居民购房的目的为居住,其余均为置业投资或居住兼投资目的。杭州市房地产市场价格逐年上涨,2004年杭州市商品房预售平均价格达到每平方米7253.52元,住宅平均价格也高达每平方米6865.65元,二手房平均价格也创新高,达到每平方米6312.33元。有很多人认为房地产炒作可以刺激经济发展,增加就业机会,这完全是一种错误的认识。房价过高带来一系列问题,如抬高了劳动力成本,削弱了国民经济整体竞争力,进一步加剧了社会贫富差距等。老百姓对住房的消费需求具有较强的刚性,只要收入条件许可,潜在的住房消费需求自然会及时转化为实际市场需求,无需房地产炒作的刺激。相反,过高的房价只会延迟老百姓对住房的消费需求或降低消费等级。因此,房地产炒作对经济的刺激作用是透支性的,效果是短暂的、虚幻的,最终还是要受制于老百姓的真实需求。

3. 目前杭州楼市的发展趋势可以概括如下:

● 改善居住的需求很大

● 投资比例增长

● "看涨"预期主导,市场发热

● 高房价与低购买力

● 政府调控住宅市场

● 小户型住宅悄然兴起

二、杭州单身公寓项目市场分析

近几年,不少开发商都打起了"小户型"的旗号。在北京、上海、杭州等大城市,小户型的单身公寓正越来越受年轻一族的欢迎。在杭州的房产界,也出现了这种现象。然而,目前的小户型一般是边角料,拥有完整的配套设施的小户型非常少。在杭州市场上,除了三华园、星都嘉苑等,绝大多数的"单身公寓"都属于"伪单身公寓"。这种在写字楼、酒店或其他配套设施上改造的"伪单身公寓"将被政府明文禁止。

在2005年5月份的房交会上,天都城、华盛·双溪假日、世纪嘉园等10多家房产商推出了单身或度假公寓,其中天都城的单身公寓单价在4000元/平方米左右,在房交会上成交50套。广厦天都城单身公寓位于广厦天都的核心位置,北面紧邻欢乐广场、天都国际度假酒店、欢乐四季公园,南面与天都广场衔接,采用对称流线形式布置。此次推出的天河苑酒店式单身公寓建筑面积达 92610.6 平方米,建筑面积为 5—6 层,层高 3.1 米,面积在 26—107 平方米之间,有一室一厅和一室一厅一卫两种户型设计。龙门单身公寓建筑面积为 10789 平方米,可入住客户数为 240 户。以"青春·梦想·奋斗·享受"为主题,打出了"70 年住宅产权"的口号。相比较而言,"阳光部落"的"我的领地,我的主张"这个口号更有针对性。"阳光部落"单身公寓位于临平南苑,它的目标受众定位在年轻新贵一代,配套装置、精致装修、完善的物业管理等卖点,使其大受欢迎,开盘 20 天已几度掀起抢购风潮。

第三节 竞争对手分析

> 人的一生,最大的竞争对手就是自己。不管是做人还是做企业,最难的是自我否定和自我超越!
>
> ——正泰集团股份有限公司董事长兼总裁 南存辉

竞争对手分析工具(Competitor Analysis)是一个系统性地对竞争对手进行思考和分析的工具,这一分析的主要目的在于估计竞争对手对本公司的竞争性行动可能采取的战略和反应,从而有效地制定自己的战略方向及战略措施。

1. 竞争对手分类

在进行竞争对手分析时,需要对那些现在或将来对客户的战略可能产生重大影响的主要竞争对手进行认真分类。这里的竞争对手通常意味着一个比现有直接竞争对手更广的组织群体。在很多情况下是因为客户未能正确识别将来可能出现的竞争对手,才导致了盲点出现。需要评价的竞争对手包括现有竞争者和新的及潜在竞争者。

(1)现有直接竞争对手

客户应该密切关注主要的直接竞争对手,尤其是那些与自己同速增长或比自己增长快的竞争对手,必须注意发现任何竞争优势的来源。一些竞争对手可能不是在每个细分市场都出现,而是出现在某特定的市场中。因此,不同竞争对手需要进行不同深度水平的分析,对那些已经或有能力对公司的核心业务产生重要影响的竞争对手尤其要密切注意。

(2)新的和潜在的进入者

现有直接竞争对手可能会因打破现有市场结构而损失惨重,因此主要的竞争威胁不一定来自它们,而可能来自新的潜在的竞争对手。新的竞争对手包括以下几种:

- 进入壁垒低的企业
- 有明显经验效应或协同性收应的企业
- 前向一体化或后向一体化企业
- 非相关产品收购者,进入将给其带来财务上的协同效应

- 具有潜在技术竞争优势的企业

2. 竞争对手情报来源

对竞争对手的信息进行例行的、细致的、公开的搜集是非常重要的基础工作。竞争信息的主要来源包括以下几部分：

(1)年度报告

(2)竞争产品的文献资料

(3)内部报纸和杂志。这些通常是非常有用的，因为它们记载了许多详细信息，如：重大任命，员工背景，业务单位描述，理念和宗旨的陈述，新产品和服务以及重大战略行动等。

竞争对手的历史。这对了解竞争对手文化、现有战略地位的基本原理以及内部系统和政策的详细信息是有用的。

(4)广告。从此可以了解主题，媒体选择，花费水平和特定战略的时间安排。

(5)行业出版物。这对了解财务和战略公告、产品数据等诸如此类的信息是有用的。

(6)公司官员的论文和演讲。这对于获得内部程序细节、组织的高级管理理念和战略意图是有用的。

(7)销售人员的报告。虽然这些经常带有偏见性，但地区经理的信息报告提供了有关竞争对手、消费者、价格、产品、服务、质量、配送等此类的第一手资料。

顾客。来自顾客的报告可向内部积极索要获得，也可从外部市场调研专家处获得。

供应商。来自供应商的报告对于评价诸如竞争对手投资计划、行动水平和效率等是非常有用的。

(8)专家意见。许多公司通过外部咨询来评价和改变它们的战略。对这些外部专家的了解是有用的，因为他们在解决问题时通常采用一种特定的模式。

(9)证券经纪人报告。这些通常能从竞争对手简报中获得有用的操作性的细节。同样，行业研究也可能提供有关某一竞争对手在特定国家或地区的有用信息。

(10)雇佣的高级顾问。可以雇佣从竞争对手那里退休的管理人员作为自己的咨询人员，有关他们以前雇主的信息可以在要求他们在特定工作领域提供帮助时起到有效的决定性作用。

3. 竞争对手分析数据库

对大量搜集到的竞争对手资料应建立完善的竞争对手分析数据库，以便充分、及时地使用。应当搜集的数据包括以下内容：

- 竞争对手或潜在竞争对手的名字
- 作业场所的数量和位置
- 每个单位的人员数量和特征
- 竞争对手组织和业务单位结构的详细情况
- 产品和服务范围情况，包括相对质量和价格

- 按顾客和地区细分的市场详情
- 沟通策略、开支水平、时间安排、媒体选择、促销活动和广告支持等详情
- 销售和服务组织的详情,包括数量、组织、责任、重要客户需求的特殊程序、小组销售能力和销售人员划分方法
- 市场(包括重要客户需求的确认与服务)的详情
- 顾客忠诚度的估计和相对市场形象
- 有关研发费用、设备、开发主题、特殊技能和特征的详情,及地理覆盖区域
- 有关作业和系统设备的详情,包括能力、规模、范围、新旧程度、利用情况、产出效率评价、资本密集度和重置政策
- 重要顾客和供应商的详情
- 职员数量,生产力,工资水平,奖惩政策
- 在竞争对手组织内部关键人员的详情;控制、信息和计划系统的详情

利用这个数据库,可以分析和评价竞争对手未来的战略行动,并提出指导客户获得和保持竞争优势的建议。

4. 分析竞争对手战略

要评价主要竞争对手的相对优势和劣势,必须对它们的战略进行分析和评价。大多数大客户都是多元化经营的,因此需要在多个层次上对竞争对手的战略进行评价:

(1) 职能战略分析。竞争对手的每一个业务的主要职能战略都必须确认和评价。

营销战略:

- 相对自己的产品/服务策略,竞争采用了什么样的策略?
- 自己的产品/市场顾客细分市场的规模有多大? 在服务的分市场上,每个竞争对手的市场份额是怎样的?
- 每种产品/服务的细分市场的增长如何? 细分市场上的每个竞争对手的增长是怎样的? 市场细分的集中程度和趋势是怎样的?
- 每个竞争对手的产品/服务线战略是什么? 是全线战略还是独辟蹊径市场战略?
- 每个竞争对手对新型服务采取什么方式?
- 每个竞争对手的相对服务产品质量是怎样的?
- 每个竞争对手在产品/服务线上或顾客细分市场上的定价策略是什么?
- 每个竞争对手的相对广告促销战略是什么?
- 竞争对手是如何服务于每个产品细分市场的?
- 每个竞争对手的明显营销目标是什么?
- 竞争对手对市场变化的反应速度如何?
- 竞争对手的营销策略是如何适应其客户文化的? 在过去,职能部门是否是关键管理人员

的来源?

生产作业战略：

- 每个竞争对手的生产/作业单位的数量、规模和位置是怎样的?
- 它们之间是如何比较的? 每个单位生产的产品范围是怎样的?
- 它们的估计生产能力是多少? 生产能力利用率如何?
- 债务人、债权人和股市上的营运资本各有多少?
- 每个单位有多少人? 工资水平如何? 相对生产力是怎样的?
- 向客户内其他业务单位的销售有多少? 接受了多少来自客户内其他业务单位的供应?
- 采用了什么样的激励制度/报酬制度?
- 什么样的服务需要外包? 外包的业务在增加还是在减少?
- 每个竞争对手的生产是怎样适应其组织的? 生产/作业单位是否是关键管理人员的来源?
- 每个竞争对手应变市场变化的灵活性如何? 每个竞争对手对市场变化作出反应的速度有多快?

研究和开发战略：

- 新的服务在何处开发?
- 预计的研发经费是多少? 这是怎样比较的? 又是如何变化的?
- 研究部门有多少人,开发部门有多少人?
- 每个竞争对手近期新产品引进和专利的记录如何?
- 每个竞争对手对革新作出反应的速度如何? 做出的反应一般有哪些?
- 与行业平均水平相比,竞争对手的增长率怎样?
- 是否有足够的现金可用于维持业务的发展和扩张?
- 现金和营运资本的管理如何?

(2)业务单位战略分析

对每个竞争对手,都需要在业务单位的水平上对其进行分析和评价,以便看清在竞争对手的整体战略中每个业务适合哪一个部分。要回答这一问题,就必须分析业务单位的作用,它的目标、组织结构、控制和激励系统、战略地位、环境限制和机遇、领导的地位,以及业务单位的业绩表现等。

每个业务在竞争对手整体投资组合中的地位也需要分析。可能影响业务单位行为的问题有：整个集团财务目标的评价,增长能力和股东期望增长率,关键优势和劣势,变革的能力和总体组合投资的特点;战略关键决策者尤其是客户领导的价值观和期望;历史上对竞争性行为的反应;对竞争对手的信心和期望。

［案例］ 丝瓜络①

丝瓜络的药用价值很高,由丝瓜络制成的洗浴用品、鞋垫、拖鞋等,都具有较好的保健功能,

---

① 吴静. 创业十诫[M].北京:电子工业出版社,2009.

长期使用能加强人体的血液循环,增强新陈代谢。而且,丝瓜是一种很容易种植的植物,如用大棚,三个月即可成熟,一株可结多个。不过迄今为止,国内并没有大规模使用丝瓜络产品,属于市场空白点。

这个市场空白点被河北的一个小伙子卢源抓住了,他本打算利用丝瓜络产品这个项目进行创业,然而却在这次创业中一败涂地。

卢源的这段经历起源于和朋友的一次聊天。有一次,卢源听到朋友说,有一个河南的农民,用丝瓜晒干后的经络做成鞋垫卖,被一位新加坡的客商看中,很感兴趣,当场向他订购数十万只,可这个农民卖丝瓜络鞋垫不过是个糊口的小生意,根本做不出来那么多的鞋垫,这笔大生意只好作罢。

当时卢源正在一家国有单位上班,工作稳定,吃穿不愁。但是,卢源一直很想白手起家做一番轰轰烈烈的事业,朋友的这番话一下子点燃了他心中的那份狂热。既然有市场需求,又属市场空白点,基本上就等于没有任何的竞争,只需解决产品问题,就能轻易地作成一笔大生意,他绝不能白白放过这次机会。

有了这样的想法,卢源就开始收集这方面的信息。接下来的时间,他天天沉迷于丝瓜的信息之中,看书、上网、电话联系。不久,他就联系到了浙江专门种植丝瓜的大户,他们生产此类产品,可是主营出口。这些信息坚定了卢源的创业信念,于是,他毅然辞去安稳的工作,开始了创业之路。

卢源以丝瓜络收购商的身份来到浙江,见到了他联系的那家丝瓜大户。原来,这是一家专业的家庭工厂,一楼是个大的加工车间,后院是原料分拣处和原料清洗处,前厅是产品展示处。卢源以客商的身份参观了这家家庭工厂,并且很快就把丝瓜络产品制作方法记住了。他还从工人的口中了解到了他们的销售方法,他们说一般每年镇上都有人去参加广交会、联系外贸公司等,产品全部用于出口,根据订单生产,赚取简单的手工费。

参观完后,卢源决定做这家工厂的代理商,先积累经验和资金,学习种植、生产的方法,以后再图发展。有了这样的念头,第二天卢源就和这家厂子的厂长立了口头协议,做其代理商,以订单方式合作,第一批货物预付定金,十日内余款到即发货。一切谈妥之后,卢源交付了定金。

回家之后,卢源没来得及休息,就赶到省会石家庄去谈经销商。他先是在小商品批发市场看了看,竟然发现市场上已经有了此类产品,但是仅有鞋垫一种,而且制作工艺粗糙。他和批发商聊了聊,知道这种鞋垫不是很畅销。卢源拿出自己的样品来,给那些批发商看了看,可是几个批发商并无多大兴趣,只答应可以代销一部分,但是包装一定要高档。

卢源有点失望,但是也没办法,只好又去联系包装的事情,谁知道一打听之下,才知道包装费非常昂贵,几乎和货物成本相同。卢源不死心,天天泡在小商品批发市场和几个制作包装的门店,谈判、了解、比较。一个星期之后,终于定下了几个自己比较满意的包装与批发商。

这个时候,卢源才开始向厂家催货,那边说货已准备好,只等货款寄到。可卢源又怕钱汇过去万一被骗了,就与那边商谈,对方说第一次还是现款的好。于是卢源只好带着款又去了一趟,看着货装到了车上,才放心回来。

收到货之后,卢源租了一间小仓库,先暂时把货存起来。然后,他开始与批发商谈,几个批发商都认为现款风险大，只同意代销，如果两个月后不见旺销势头就把货撤下。

看着小商品批发市场这个渠道没什么希望，卢源又想从超市打开缺口。他开始辗转奔波于各大超市，一家一家地去跟经理谈，给他们介绍产品的独特卖点，描述产品的实际用途、未来的市场空间，甚至于以后政府的扶持等，其中有几个大的超市表现出了兴趣。但是一谈到费用，卢源又愣住了：进场费 3 万元，上架费 5 万元，店庆费若干，节日商场促销费若干，需要配备专职促销员等。进一家超市，少说也得十来万。卢源考虑了一下，只好又放弃了。

万般无奈之下，卢源想到了降价。此时降价只能和批发商谈，偏偏此时最大的两个小商品批发市场整顿装修，大部分批发商此时都不知转到了哪里，联系上两三个，都说这时生意做不成，不敢再要货。最终，他想到了退货，与浙江的厂家联系，被告知只能调换，不能退货。

最后，卢源开始了摆地摊的日子。每天下午，他用自行车驮着一大包丝瓜鞋垫，到天桥去零卖。一直卖了三个月，可是连三分之一都没有卖出去。他再也没有耐心了，把剩下的鞋垫装进一个大包，全部送给了另一个在天桥上摆摊的小贩，结束了他的第一次创业生涯。

分析：

卢源创业失败的原因，主要是市场调查不到位。他只是道听途说，得知丝瓜络产品有市场需求，就盲目开始创业。但是，所谓的"有市场需求，又属市场空白点"，只是一个理论，跟实际的市场状况和需求，是有很大距离的。他并没有对市场进行细致考察，只是看到市场有这方面的需求。将市场的供需关系简单地理解为有需求就有机会——这是很多投资者容易犯的错误。广阔的市场虽然容易进入，但没有考虑到自身条件、没有考虑到项目的持续增值点，创业之前也没有为自己创造任何可供依靠的技术优势，又全然不懂经营之道，失败也就不奇怪了。

而且，卢源对销售渠道的情况也了解不清，等货到后，面对销售问题时，才开始寻求经销商。然而，通过一系列的联系，他发现实际情况并不像想象中的乐观。找不到市场突破口，就需要更多时间来摸索市场，随之而来的便是自信心的下降，找不到产品的销路，最终导致失败。

其次，卢源在浙江收购产品时，欠缺考虑，与供货商的合作不正规：没有签正式协议，没有考虑压货退款问题等。同时，他也没有考虑产品的后期加工和包装费用；对经销商要求的代销要求没有资金准备；对进超市和商场没有资金准备。

所以，当他设想的几种市场开拓方案都遭遇挫折时，就显得毫无办法，只好坐以待毙了。

任何投资都是有风险的，一旦跟错了，就会掉进投资的陷阱。因此，创业前周密的市场调查和理性的分析尤为重要。

很多人创业都非常仓促，根本没有投入足够时间对商业项目的可行性进行调研，这是最重大的错误。十有八九的创业是因其构想没有可行性而失败。如果没有进行充分的市场调研，急于求成却准备不足，最终就会导致失败。

做任何项目之前都要详细考察，不能急躁，宁愿项目晚点启动，也要花一定的精力去实践、去体会，总比项目启动以后套在里面强。

案例分析

一、哇哇创意城——行业与市场分析

1. 目标市场

本公司产品的目标人群定位于创客和消费者,着重面向大学生、年轻的上班族等追求时尚个性的人群。就目前而言,我们主要针对大学生市场,大学生既是创客也是消费者。据有关数据显示,目前全国 16−25 岁的人口有 2.4 亿,而全国大学生有 1800 多万人,浙江将近 83 万人,杭州在校大学生将近 52 万人,公司所在的下沙则有 20 多万大学生,这是个非常庞大的消费市场。

为此,我们针对杭州市场专门进行调查。在我们发放的 100 份问卷中,回收 93 份。其中 100 人中有 70% 的人愿意尝试购买 2 双以上"哇哇"创意袜,调查显示平均每人每年要买 10 双袜子,哇哇就有占领其中 2 双的可能。据此预测,杭州 52 万学生中有 70% 将成为客户,即 35 万人。按每人两双计,则市场容量可达 140 万只,根据市场推进的阶段性,我们计划第一年将有 30% 的市场份额,即销售量约计 40 万只,由此可见市场容量相当庞大。未来三至五年通过产品的推广与宣传,不断地扩大市场份额,逐步走向全国市场。

2. 竞争力分析

在此,我们主要以梦娜袜业和威客代表型企业作为竞争者进行分析

产品	企业	优势	劣势
袜子	梦娜	高品牌知名度 建立了稳定而强大的销售网络,市场占有率高 出口量是我国最大的	只是一般性的袜子,缺乏新意,创新发展跟不上需求 营销渠道不够全面
	哇哇	以创意性见长 系列众多,产品丰富多元化 消费者以年轻人为主,目标市场明确突出	消费人群单一,目前只针对年轻人等 新创的品牌,知名度低 销售渠道不够宽
网站	威客	有一定知名度,广告效应强 分类众多,服务多元化 相对传统网站具有一定拓新性,开辟另一新的市场,相对竞争者少	网站内容过杂,不够细分、明确,难以定位 搜索引擎跟不上 智力成果标价、分类和适用性还存在一定弊端
	哇哇	目标专一、突出,以创意为主 以专业独特的形式出现,占据先机市场 为创意者提供平台,吸纳创意,提供一定创业机会 活动丰富,形式众多,专为年轻人而设	新建网站,知名度低 前期投入大,市场较难拓宽 网站体系不够全面 销售渠道不宽,缺少网民支持

续　表

产品	企业	优势	劣势
哇哇	机会	主推创意服务,以创意出新,独一无二,吸引消费者 该领域还刚崛起未充分开发,市场前景广阔 目前我国文化创意产业蓬勃发展,国家政策大力扶持文化创意产业	
	威胁	创意具有风险性,消费者的接受能力无法控制 消费人群单一,存在相对风险性 知名度欠缺,易受限制	

　　总结:我们将"哇哇"定位于文化创意产业,而文化创意产业又是一种新兴的产业。"哇哇"运用一种全新的经营模式,欲以创意带动产业,在发展中不断创新。相对于我们的竞争对手——梦娜,它是传统袜业的代表,我们的"创意"就是卖点,让我们得以在袜业中开辟一个新的空间,占据新的市场。而作为我们网站的竞争者——威客,它是以一种类似于中介平台的网站,从中获取一定的"中介"利润,主要从事无形类创意项目的服务,与"哇哇"从事有形创意产品销售和服务是有很大区别的,并且我们的网站是一个吸收平台,吸收创意为己用,再输出创意产品,从而使我们与创客都获得一定利润,达到另一种双赢。同时,我们的网站把大学生既当作消费者也当做创业合作伙伴,关系亲密,发挥大学生服务自身的优势,有利于市场开拓。

　　但在与梦娜、威客比较中我们"哇哇"也存在诸多问题,即我们的实力背景是与其无法匹敌的,他们已有一定的品牌知名度和品牌效应。袜业方面,我们的消费目标没有梦娜全面与丰富,在销售渠道方面的力量也不足;而网站方面,我们的产品和服务比较专一集中,没有威客网涉及领域广泛。这些也是我们未来规划发展的目标。

二、哇哇创意城——市场调查问卷

关于"哇哇"创意袜的问卷

　　您好! 我是浙江商业职业技术学院的学生,为了了解有关创意袜的相关信息,我们想对你们进行相关事项的调查访问,大约占用您5分钟的时间,请您帮一下忙。

　　1.您经常到哪些地方购买袜子?

　　a.格子铺　　b.商场超市　　c.专卖店　　d.网站　　e.其他

　　2.您一年内大概会购买多少双袜子?

　　a.5双以下　　b.5—20双　　c.20双以上

　　3您能接受的袜子平均定价(按只计算)?

　　a.5元以下　　b.5—10元　　c.10—30元　　d.30元以上

　　4.您通常在什么时候购买袜子较多?

　　a.夏　　b.春秋　　c.冬　　d.换季的时候　　e.任何时候　　f.其他

5. 您通常购买什么牌子的袜子?

a. 运动品牌(如 Nike)　　b. 梦娜　　c. 浪莎　　d. 3. z. u　　e. 其他

6. 您喜欢什么样的袜子?

a. 黑白简约的　　b. 卡通可爱的　　c. 个性另类的　　d. 图案大胆的　　e. 设计创新的

7. 您了解袜子与服饰的搭配吗?

a. 了解　　b. 不了解

8 您最注重袜子的哪个方面

a. 款式　　b. 图案设计　　c. 色彩　　d. 保健　　e. 实用功能

9. 您有找不到能够彰显自己个性的袜子的烦恼吗?

a. 有　　　　b. 没有

10. 您试过穿两只不同图案色彩的袜子吗?

a. 试过　　　　b. 没试过但是想尝试　　c. 没试过也不想尝试

11. 您会愿意购买设计新颖颇具个性的创意袜吗?

a. 愿意长期购买　　b. 会做尝试　　c. 没有兴趣

12. 您对袜子类的 DIY 产品感兴趣吗?

a. 感兴趣　　　　　　b. 不感兴趣

非常感谢您为我们提供了这些宝贵的意见,我们将会慎重考虑并采纳您的意见,也非常感谢您的耐心合作!

调查结论:通过调查,发现我们的"哇哇"创意袜对大部分人来说还是一种新的事物,大众对其还不了解。我们共发放 100 份问卷,其中有 5% 的人愿意购买并且长期购买,有 80% 的人愿意尝试这样的新型袜子。与我们事先预估的市场容量基本相仿。市场的接受程度高,相信通过我们对产品进一步的宣传和推广,让更多的人知道并了解"哇哇",市场一定会不断地扩大与拓展,具有较高的市场价值,能带来可观的经济效益。

实训练习

老百姓大药房石家庄店市场调查案例

针对石家庄店销量提升较慢、客单价不高、客流量徘徊不前、"振幅"较小等情况,石家庄店自发组织了一次较为全面的门店顾客调查:

时间:2003. 10. 25－2003. 10. 31

地点:老百姓大药房石家庄店

调查方式:现场发收问卷

问卷数量:发出问卷 1015 份,收回有效问卷 1015 份

1. 您是通过何种途径知道老百姓大药房的?

①电视(212   15.93%)   ②报纸(339   25.47%)   ③电台(64   4.8%)

④户外广告(189   14.2%)   ⑤药房的宣传资料(219   16.45%)

⑥别人告知(308   23.14%)

分析:通过报纸媒体得知老百姓大药房前来消费的占25.47%,别人告知比例23.14%,电视传播15.93%。

说明:开业前期和开业期间的报纸广告和新闻报道、电视广告、新闻是公众认识老百姓大药房的重要途径。别人告知占23.14%,说明老百姓大药房在消费者眼里认同程度比较高,口碑传播是仅次于报纸新闻广告的,消费者是很认同老百姓大药房的。

2. 您来老百姓大药房是否很方便? 利用何种交通工具?

①方便(578   38.98%)   ②不太方便(135   8.96%)   ③不方便(54   3.59%)

④公共汽车(68   4.52%)   ⑤出租车(23   1.2%)   ⑥自行车(416   27.62%)

⑦摩托车(21   1.39%)   ⑧私家车(20   1.33%)   ⑨步行(182   12.84%)

分析:来老百姓很方便的占38.98%,使用自行车作交通工具的占27.62%,步行占12.84%,"很方便"说明在商圈范围内的比例是最大的,主要交通工具是自行车和步行。

说明:地理位置不佳,交通不便利(坐公交车的仅占4.52%)3公里商圈外的消费者群体的比例较少(主要是公交车、出租车、摩托车)

3. 您家住石家庄哪个区?

①桥西区(101   9.96%)   ②桥东区(450   44.38%)   ③裕华区(93   9.17%)

④新华区(105   10.36%)   ⑤长安(265   26.13%)

分析:消费群体主要来自桥东区(高达44.38%),长安区(26.13%)

说明:消费者基本上是商圈范围内或来老百姓大药房较便利的长安区,其他区域的比例基本上一致。

4. 您来老百姓大药房消费几次了?

①1次(131   13.95%)   ②2次(116   12.35%)

③3—5次(189   20.13%)   ④6次以上(503   53.58%)

分析:6次以上所占比例53.58%,3—5次占20.13%,说明惠顾的消费者忠诚度较高。

5. 您认为老百姓大药房商品价格比石家庄其他大药房价格:

①普遍低(534   55.05%)   ②部分低(345   35.24%)   ③相差不多(70   7.15%)

④普遍高(6   0.61%)   ⑤部分高(15   1.53%)

分析:价格优势十分明显,认同"普遍低"的消费者占55.05%,部分低占35.24%。这部分消费者认为价格低只是部分说明我们的一部分商品不存在价格优势,必须加强市调。

6. 您感觉老百姓大药房服务:

①好(726   79.69%)   ②一般(177   19.43%)   ③差(8   0.88%)

主要表现在:④接待不热情(49　21.88％)　　⑤介绍不详细(43　19.20％)

⑥对产品位置不熟悉(68　30.36％)　　⑦不礼貌(3　1.34％)

⑧无问候语(21　9.38％)　　⑨无人引导(33　14.73％)　　⑩敷衍了事(7　3.13％)

分析:消费者对老百姓大药房的服务评价较高,但认为服务一般的也达到19.43％,说明服务意识有待加强是不容忽视的问题。

主要表现在:

(1)介绍不详细、接待不热情:要求营业员对专业知识和主动服务意识必须加强。

(2)对位置不熟悉比例为30.36％,说明营业员对货物摆放位置不熟悉,货架排号没有起很大作用,主动服务意识不强。

7. 在老百姓大药房能否买到所需的药品?

①能 (368　37.51％)　　②基本上能(593　60.45％)　　③不能(20　0.1％)

分析:在老百姓大药房基本能买到所需药品占60.45％,说明还有一部分药品采购不到,应根据石家庄市场特点及消费者的用药特点、用药习惯进行调查分析,进一步完善产品结构。

8. 您认为我们还需补充哪些药品才能满足您的需求?

①抗感冒类(244　28.31％)　　②心脑血管类(240　27.84％)

③滋补类(140　16.24％)　　④肝胆类(80　9.28％)

⑤其他_____(158　18.33％)

分析:消费者认为应该补充的药品种类,抗感冒类28.31％,心脑血管类27.84％,这两类所占比例较大,说明:(1)产品结构有待完善;(2)不同层次的消费需求不同价格层次的药品。

9. 您常购买的商品类:

①抗感冒类(607　46.62％)　　②心脑血管类(322　24.73％)　　③滋补类(176　13.52％)

④肝胆类(60　4.61％)　　⑤其他_____(137　10.52％)

分析:来消费的顾客主要购买抗感冒抗病毒类药品,这跟季节转换有一定的关系,也是客单价一直徘徊不前的一个重要原因。

心脑血管类占消费者购药比例为24.73％,比例较高,滋补类、肝胆类、其他类比例较少,必须加强营销手段促进这些品类销售。

10. 您觉得老百姓大药房的商品价格是否适合不同层次的消费者? 种类比重如何?

①是(516　55.9％)　　②部分合适(401　43.45％)　　③不合适(6　0.65％)

比重:④多一些知名厂家品牌药(169　43.78％)

⑤多一些普通厂家品牌但适合普通消费者的药品(217　56.22％)

分析:商品价格"部分适合不同消费者"的比例达43.45％,这与第7题类似,说明不同价格层次的药品结构有待完善,必须做市场调查。

消费者要求多一些普通厂家品牌但适合普通消费者的药品,比例达56.22％,增加知名厂家品牌43.7％。说明老百姓大药房主要是普通大众来消费的药房,所以产品结构二三线品种与一线品种的比例必须调节好,合理采购配置。

11. 您在老百姓大药房是否碰到过质量问题?

①有(84 9.94%)　　　　　②没有(716 90.06%)

分析:碰到质量问题的消费者比例9.94%,质量问题是不容忽视的一个重要问题,必须认真对待。质量是企业的生命,特别是药品。

12. 您除了自己来老百姓大药房消费还经常给别人代购商品吗?

①是(365 40.74%)　　②没有(233 26%)　　③偶尔(298 33.26%)

分析:来老百姓大药房消费的顾客给别人带药的比例有33.26%,说明价格和品种具有一定优势。

13. 您觉得老百姓大药房卖场商品摆设是否科学合理?

①合理(652 75.2%)　　②需要调节(198 22.84%)　　③不合理(17 1.96%)

分析:商品摆设不适合消费者购药习惯的比例达22.84%,商品摆设是否需要调整。按GSP标准为基础尽量符合消费者的购药习惯,同时加强主动服务意识,引导消费。

14. 您认为老百姓大药房的广告宣传应该在哪些方面加强?

①电视新闻(206 14.74%) ②电视广告(286 20.46%) ③报纸新闻(160 11.44%)

④报纸广告(137 9.8%)　　⑤户外广告(127 9.1%)　　⑥药房各种活动(332 23.95%)

⑦各种媒体活动参与(150 10.73%)

分析广告效应:消费者认同的主要还是DM及活动,比例达23.95%,而要求电视广告(硬性)加强占20.46%,消费者从电视广告上获取信息占较大比重,这也说明石家庄电视广告插播有一定的收视率。

15. 您对老百姓大药房的促销活动是否感兴趣? 应该多做什么样的活动? 频率该如何设置?

①感兴趣(503 28.16%)　　　　　②好,应该多做(250 14%)

③无所谓,可有可无(71 3.98%)　　④卖赠促销(195 10.92%)

⑤抽奖活动(102 5.71%)　　　　　⑥歌舞表演,知识抢答(85 4.76%)

⑦厂商产品推介(58 3.25%)　　　　⑧其他_____　　(8 0.45%)

频率:

⑨半月一次(192 10.72%)　⑩每月一次(268 15.01%)　⑪2个月一次(54 3.02%)

分析:消费者对促销活动感兴趣,主要是买赠促销,而抽奖活动与厂商推介只差0.9个百分点,因消费者感觉抽奖活动存在一定的欺骗性,积极性不高。以后,应在厂商场外产品推广活动上加大力度促进销售。

促销活动的频次消费者希望每月都有的占15%,半月一次的10.75%,促销活动对石家庄消费者有较强的吸引力。大的促销活动必须坚持,但要找到最佳结合点。

16. 您是否有过到医院看病到药房买药的经历?

①经常(301 42.39%)　　　②有,但不经常(359 50.56%)　　　③没有(50 7.04%)

分析:到医院看病到药房买药的消费者"有,但不经常"比例高达50.56%,这也是老百姓大药房持处方药购药一直较少的原因之一。导致这个原因的有:(1)药房离医院较远;(2)处方药医院品种少。

17. 您认为老百姓大药房的处方药品种是否齐全? 品种最齐全的药房是:_____

①齐全(135 20.21%)　　　　　②较齐全(370 55.39%)

③不齐全(54 8.08%)　　　　　④不太清楚(109 16.32%)

分析:消费者认为处方药品种结构较齐全只有55.39%,说明处方药产品结构需要调整。

18. 您在消费时碰到过服务很周到的服务员吗? 请您投一票:_____

分析:无消费者投票。说明顾客对营业员的服务无很深感触。我们的"星级营业员"在顾客眼中都无印象,说明我们的服务需要加强。

综合分析:

宣传:注重DM和其他宣传资料的综合利用,多制造一些新闻卖点,引起媒体关注,多做新闻,尽可能以最少的费用制造出最佳广告效应。加强社区活动、厂商推介宣传、口碑宣传,巩固商圈内的消费群,合理挖掘商圈的消费群体。

价格:必须勤市调,价格体系合理化,根据零售市场动态科学化地调整价格体系,让消费者敏感的产品必须具有价格优势。

服务:充分提高员工的服务素质,多培训考核。加强主动服务意识,"法制"必须落实常抓不懈,"人性化"的管理要科学,只是"法制"的辅助,管理无情,严格要求遵守制度从管理人员开始。

质量:不容忽视,近来的质量投诉已敲响警钟,各部门必须配合好才能减少事故的发生率。

活动:科学化的设计,多市调,根据时令季节和消费者不同的消费习惯,创造性合理布置分配促销活动,力争活动产生最佳效应。

产品结构:必须进行"扎实"的市调,数据要真实,尽可能科学合理调节产品结构,符合消费者用药特点、用药习惯。

"处方市场"的攻坚:想尽一切办法扩大"市场份额",集思广益,全员皆兵。

请参考这个市场调查的方式,为自己的创业项目设计一份完整的市场调查问卷,进行实地调查后进行数据统计并形成结果分析报告。

游戏训练

信息接力棒

参与人数:5人一组　时间:15分钟　场地:教室　材料:一则短文

获取信息的能力是需要培养的,下面的游戏是一个很好的选择。游戏的步骤如下:

1.从报纸或杂志上摘取一个2—3段长的文章,注意选择的文章不要很热门,要保证大家都不熟悉。

2.将参与游戏的人分成 5 人一组,并按顺序编号。

3.请每组的 1 号留在房间里,其他人先出去。

4.把摘取的文章念给各组的 1 号听,但是不允许他们做记号或者提问。

5.接下来分别请每组的 2 号进来,让 1 号把听到的内容告诉 2 号,2 号也不许做记录和提问。以此类推,直到 5 号接收到信息为止。

6.最后,请每组的 5 号复述他们听到的文章的内容。

我们都知道信息在传递的过程中会失真,即使一段简单的话,经过几个人的传递也会变样。这不仅因为在听的过程中漏掉了信息,更因为每个人在传递信息时都不自觉地加入了自己的理解,使得信息越来越偏离它本来的意思。做这个游戏的时候,要注意以下几点内容:

1.注意聆听和沟通,以免漏掉有用信息,这样才能将正确、准确地信息传递下去。

2.造成信息失真的原因有很多,主观因素有本人的记忆力、理解力和表达能力,客观因素有当时的环境和传递者对传递内容的熟悉程度。

3.提高听力的有效方法有很多,比如做笔记、默记故事的关键词,最有效的就是记下故事里的逻辑关系,这样无论文章多长、关系多复杂,都不会影响我们获取有用的信息。

上面这个游戏主要是培训我们搜集信息的能力。现代商业竞争越来越激烈,及时、准确地掌握信息,对赢得竞争十分重要。信息就是资历,信息就是竞争力,信息就是利润。一个人如果能及时掌握准确而又全面的信息,就等于掌握了竞争的主动权。

相关链接

日本德斯特自动售货机公司董事长古川久好 12 年前曾是一家公司的小职员,平时为老板做一些文书工作,跑跑腿,整理整理报刊材料。这份工作很辛苦,薪水又不高,他时刻琢磨着想个办法赚大钱。

有一天,古川久好从报纸上看到这样一条介绍美国商店情况的专题报道,其中有一段提到了自动售货机,上面写道:"现在美国各地都大量采用自动售货机来销售货品。这种售货机不需要雇人看守,一天 24 小时可随时供应商品,而且在任何地方都可以营业,给人们带来了许多方便。可以预料,随着时代的进步,这种新的售货方法会越来越普及,必将被广大的商业企业所采用,消费者也会很快地接受这种方式,前途一片光明。"

古川久好开始在这上面动脑筋,他想:"虽然现在自己所处的地区还没有一家公司经营这个项目,但将来必然会迈入一个自动售货的时代。这项生意对于没有什么本钱的人最合适。我何不趁此机会去钻这个冷门,经营此新行业? 至于售货机里的商品,应该搜集一些新奇的东西。"

于是,他就向朋友和亲戚借钱购买自动售货机,共筹到了 30 万元,这笔钱对于一个小职员来说可不是一个小数目。他以一台 1.5 万元的价格买下了 20 台售货机,设置在酒吧、剧院、车站等一些公共场所,把一些日用百货、饮料、酒类、报纸杂志等放入其中,开始了他的新事业。

古川久好的这一举措,果然给他带来了大量的财富。当地人第一次见到公共场所的自动售货机,感到很新鲜,因为只需往里投入硬币,售货机就会自动打开,送出你所需要的东西。一般一台售货机只放入一种商品,顾客可按照需要从不同的售货机里买到不同的商品,非常方便。

古川久好的自动售货机第一个月就为他赚了 100 多万元。他把每个月赚的钱投资于自动售货机上,扩大经营规模。5 个月后,古川久好不仅早已连本带利还清了借款,而且还净赚了近200 万元。

一条信息造就了新一代的富翁。古川久好的成功告诉我们,要保持对信息的敏感,这样才能为我们成为一个现代社会中高素养的商人埋下伏笔,使我们能够抓住更多的机遇。

模块七 ｜ 竞争策略设计

四小虫捶定金点子

　　默沫、盒子、月儿和果子经过反复打听、比较、分析、论证和请教，发现自己没有资金优势，不能找投入大的项目；自己没有生意经验，不能做太不熟悉的；自己没有技术特长，没有能力自主研发生产。但是四小虫知道自己就是一大消费群，知道自己喜欢什么，想要什么最清楚了，那就为自己提供产品或服务吧！

内容提要

知己知彼,才能百战不殆。运用专业的分析工具,将自己的优势、劣势进行比较分析,同时要掌握竞争环境和市场机遇,均衡机会与威胁的关系,制定竞争策略。

第一节　SWOT 分析工具

原来技术本身并不是唯一的决定性因素,商战策略才是真正决胜千里的因素。

——李彦宏

在现在的战略规划报告里,SWOT 分析[①]应该算是一个众所周知的工具。来自麦肯锡咨询公司的 SWOT 分析,包括分析企业的优势(Strength)、劣势(Weakness)、机会(Opportunity)和威胁(Threats)。因此,SWOT 分析实际上是将对企业内外部条件各方面内容进行综合和概括,进而分析组织的优劣势、面临的机会和威胁的一种方法。通过 SWOT 分析,可以帮助企业把资源和行动聚集在自己的强项和有最多机会的地方。

优劣势分析主要是着眼于企业自身的实力及其与竞争对手的比较,而机会和威胁分析将注意力放在外部环境的变化及对企业的可能影响上 。在分析时,应把所有的内部因素(即优劣势)集中在一起,然后用外部的力量来对这些因素进行评估。

1. 机会与威胁分析(OT)

随着经济、社会、科技等诸多方面的迅速发展,特别是世界经济全球化、一体化过程的加快,全球信息网络的建立和消费需求的多样化,企业所处的环境更为开放和动荡。这种变化几乎对所有企业都产生了深刻的影响。正因为如此,环境分析成为一种日益重要的企业职能。

环境发展趋势分为两大类:一类表示环境威胁,另一类表示环境机会。环境威胁指的是环境中一种不利的发展趋势所形成的挑战,如果不采取果断的战略行为,这种不利趋势将导致公司的竞争地位受到削弱。环境机会就是对公司行为富有吸引力的领域,在这一领域中,该公司将拥有竞争优势。

2. 优势与劣势分析(SW)

识别环境中有吸引力的机会是一回事,拥有在机会中成功所必需的竞争能力是另一回事。每个企业都要定期检查自己的优势与劣势,这可通过"企业经营管理检核表"的方式进行。企业或企业外的咨询机构都可利用这一格式检查企业的营销、财务、制造和组织能力。每一要素都

---

① http://wiki.mbalib.comwikiSWOT%E5%88%86%E6%9E%90%E6%B3%95.

要按照特强、稍强、中等、稍弱或特弱划分等级。

当两个企业处在同一市场或者说它们都有能力向同一顾客群体提供产品和服务时,如果其中一个企业有更高的赢利率或赢利潜力,那么,我们就认为这个企业比另外一个企业更具有竞争优势。换句话说,所谓竞争优势是指一个企业超越其竞争对手的能力,这种能力有助于实现企业的主要目标——赢利。但值得注意的是,竞争优势并不一定完全体现在较高的赢利率上,因为有时企业更希望增加市场份额,或者多奖励管理人员或雇员。

竞争优势可以指消费者眼中一个企业或它的产品有别于其竞争对手的任何优越的东西,它可以是产品线的宽度,产品的大小、质量、可靠性、适用性、风格和形象以及服务的及时、态度的热情等。虽然竞争优势实际上指的是一个企业比其竞争对手有较强的综合优势,但是明确企业究竟在哪一个方面具有优势更有意义。因为只有这样,才可以扬长避短,或者以实击虚。

由于企业是一个整体,而且竞争性优势来源十分广泛,所以,在做优劣势分析时必须从整个价值链的每个环节上,将企业与竞争对手做详细的对比。如产品是否新颖,制造工艺是否复杂,销售渠道是否畅通,以及价格是否具有竞争性等。如果一个企业在某一方面或几个方面的优势正是该行业企业应具备的关键成功要素,那么,该企业的综合竞争优势也许就强一些。需要指出的是,衡量一个企业及其产品是否具有竞争优势,只能站在现有潜在用户的角度上,而不是站在企业的角度上。

企业在维持竞争优势过程中,必须深刻认识自身的资源和能力,采取适当的措施。因为一个企业一旦在某一方面具有竞争优势,势必会吸引竞争对手的注意。一般地说,企业经过一段时期的努力,建立起某种竞争优势;然后就处于维持这种竞争优势的态势,竞争对手开始逐渐做出反应;而后,如果竞争对手直接进攻企业的优势所在,或采取其他更为有力的策略,就会使这种优势受到削弱。

[案例] 中国电信的 SWOT 分析案例

在已经过去的一年里,中国电信的新闻热点、焦点不断。电信资费的调整、中国电信南北大分拆以及中国电信将面临入世挑战等让人们瞩目。在新的一年里,中国电信又将上演一场"与狼共舞"的惊险剧目。面对激烈的市场竞争,对中国电信进行 SWOT 分析(SWOT 分别为优势、劣势、机会和威胁的英文单词的首个字母),也许能让大家对中国电信未来的发展有一个清晰的、客观的认识。

一、中国电信的优势(strength)和劣势(weakness)分析

自 20 世纪 80 年代中期起,中国电信经历了近 30 年的高速发展,已经形成了规模效益。尽管此间经历了邮电分营、政企分开、移动寻呼剥离、分拆重组等一系列的改革,但在中国的电信业市场上,中国电信仍具有较强的竞争和发展优势。主要表现在客户资源、网络基础设施、人才储备、服务质量等方面:

1. 中国电信市场引入竞争机制后,中国电信与中国移动、中国联通、中国网通等运营商展开激烈竞争。中国电信南北分拆后,在保留原有大部分固定电话网和数据通信业务的同时,继承

了绝大部分的客户资源、保持良好的客户关系,在市场上占领了绝对的优势。1.79亿的固定电话用户,1500多万的数据通信用户,为中国电信发展业务,增加收入奠定了良好的基础。

2. 中国电信基础网络设施比较完善。改革开放30多年来,中国电信已建成了覆盖全国,以光缆为主、卫星和微波为辅的高速率、大容量、具有一定规模、技术先进的基础传输网、接入网、交换网、数据通信网和智能网等。同时DWDM传输网,宽带接入网相继建设数据通信网络和智能网不断扩容。中国电信的网络优势已经成为当前企业发展的核心能力,同时具备了向相关专业延伸的基础和实力。

3. 中国电信在发展过程中培养和储备了一大批了解本地市场、熟悉通信设备的电信管理和技术的能力较高、结构合理的管理和专业人才。同时中国电信还积累了大量丰富的运营管理经验,拥有长期积累的网络管理经验、良好的运营技能和较为完善的服务系统。

4. 中国电信日趋完善的服务质量。中国电信成立了集团客户服务中心,为跨省市的集团客户解决进网需求;中国电信还建立了一点受理、一站购齐的服务体系,最大限度地方便用户;紧接着中国电信推出了首问负责制,解决了企业在向用户提供服务过程中相互扯皮、相互推诿的问题;另外,中国电信还设立了服务热线(10000)、投诉热线(180)等,建立了与用户之间的沟通服务,提供互动式服务。

虽然中国电信具有一定的发展优势,但我们应该辩证地看待这些优势。辩证法告诉我们,优势和劣势都是相对的,即在一定的条件下,优势很可能就转变成劣势。中国电信虽然拥有丰富的客户资源、完善的网络设施以及大量的储备人才,但缺乏现代企业发展所必需的战略观念、创新观念、人力资源开发管理、人文环境建设以及与此相适应的市场制度环境。业内人士认为,中国电信拥有资源优势,但缺乏资源运作优势。一旦不慎,优势很可能就转变成劣势。目前,中国电信的劣势主要表现在以下几方面:

1. 企业战略管理与发展的矛盾。一方面是企业决策层只重视当前战术和策略,忽视长远战略,湮没在日常经营性事务中,不能统观大局;另一方面企业缺乏应对复杂多变环境的企业运作战略策划人才。这个问题是当前实现企业持续发展、保持长久竞争优势的核心问题。

2. 企业内部创新与发展的矛盾。面向计划经济的职能化业务流程、管理模式、组织模式已经呈现出与快速发展的不适应,并逐步成为制约电信企业参与全球化竞争的主要因素。ERP、管理和组织模式的改革创新以及企业特色人文环境的建设是实施企业发展战略应考虑的焦点问题。

3. 中国电信现有的基础设施不能为用户提供特色服务。中国电信虽然拥有比较完善的网络基础设施,但这大都不是根据市场的实际需要建设的,而是为了满足普遍服务的需要。

4. 拆分让中国电信由主体电信企业降级到一个区域性的电信企业。新中国电信的主要阵地将固守在南方市场,而北方市场将由新组建的中国网通占领。即使受到拆分影响,但中国电信的实力仍然最强,只是苦于无全国网络,无法开展全国性的业务。

二、中国电信的机会(opportunity)和威胁(threat)分析

我国国民经济的快速发展以及加入WTO,将为我国的信息化建设和通信发展提供前所未

有的发展机遇,同时也为中国电信提供了巨大的机会。主要表现为:

1. 国民经济的持续快速发展,形成了潜力巨大的市场需求,为中国电信提供了更大的发展空间。据有关研究报告测算:中国到完成加入 WTO 的各项承诺之后的 2005 年,其 GDP 和社会福利收入将分别提高 1955 亿元和 1595 亿元人民币,占当年 GDP 的 1.5% 和 1.2%。本地经济比较优势的重新配置资源所带来的巨大收益将进一步增强当地经济实力。而且入世将推动外资的引进和内需的拉动。入世后各地将极大改善投资环境,法律透明度提高和国民待遇的实现将吸引大量外来资本,本地企业实力将得到提高和增强。企业电信消费水平随之提高。劳动力市场结构的调整和转移必然带来社会人员的大量流动,同时拉动巨大的通信需求,话务市场将进一步激活。

2. 电信业法律法规不断健全完善,电信业将进入依法管理的新阶段,为中国电信的发展创造了公平、有序的竞争环境。随着电信业法制的健全,政府的经济职能将发生根本的转变,政府会把企业的投资决策权和生产经营权交给企业,让企业经受市场经济的考验。这意味着政府将给中国电信进一步松绑,给予应有的自主权,有利于中国电信按市场经济规律运作。

3. 中国政府大力推进国民经济和社会信息化的战略决策,为中国电信的发展创造了历史性的机会。"三大上网工程"(政府上网、企业上网、家庭上网)造就了我国消费能力强劲的信息产业市场,为我国信息产业市场创造良好环境的同时,使我国成为全球最大的信息产业市场之一。

4. 中国加入 WTO 后电信市场逐步对外开放,将加快企业的国际化进程,有利于企业的经营管理、运作机制、人才培养与国际接轨。同时可促进中国电信借鉴国外公司的管理经验,积极地推进思维、技术、体制创新,提高产品档次,降低成本,完善服务质量,改进营销策略,增强核心竞争力。

第二节　资源与竞争

做好"借"字文章,借脑袋、借人才、借智慧、借资金,就是要充分利用社会资源帮助企业发展,我觉得绝对是聪明的做法。

——南存辉

现在,国内流行一个名词叫"核心竞争力"。一般来说,先有资源才有竞争力。资源分为有形和无形这两种资源。有形资源,就是通常提到的人力、物力、财力;无形资源包括技术、品牌、声誉,甚至包括人际关系。

有形和无形的资源构成了一家企业的所有资源。根据这些资源来发展核心竞争力,展现出来的就是企业的竞争优势。反过来说,竞争优势,就是核心竞争力所反映的方面,也就是企业所具备的资源。

图 7-1 表示出了竞争优势、能力、资源之间的相互关系。

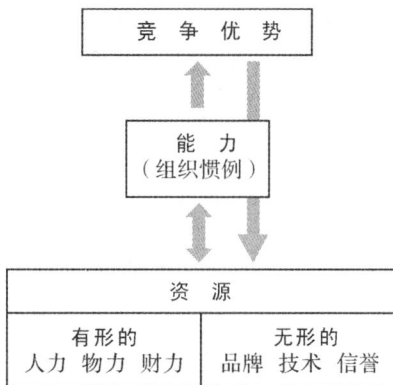

图 7-1　竞争优势——能力——资源关系图

在发展企业的竞争优势时，通常都会用策略来执行。所采用的策略要紧密地适应周围的环境，与企业的资源息息相关，因为资源是企业成功的条件，要与它契合。如图 7-2 所示。

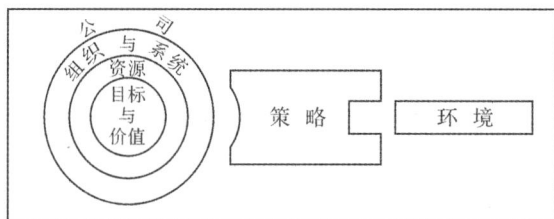

图 7-2　策略、公司与环境之间的结合

企业要发展竞争优势，离不开一个好的策略。那么，成功的策略应包括哪些要素呢？一般来说，必须具备三个要素：①一个长期、单纯并一致的目标，不能朝令夕改，更不能没有目标；②要对竞争环境有深刻的了解，做到知己知彼，百战不殆；③要对资源做一个客观的评估。当然，策略制订出来后，要有效率地执行，否则，就达不到目标。如图 7-3 所示。

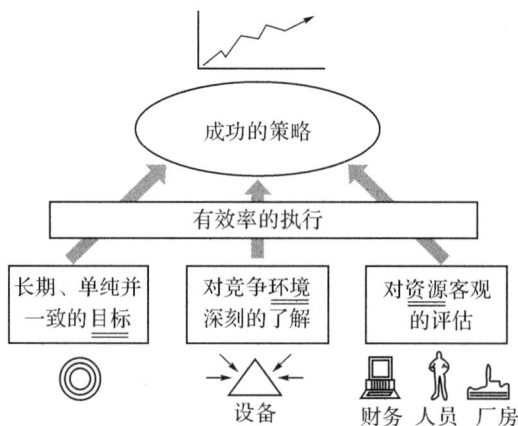

图 7-3　成功策略的组成要素

无形资源包括技术、品牌(也就是商标、声誉)和人脉(也就是人际关系)。

1)技术(知识)

谈技术就不能不谈知识经济,因为现在是知识经济时代。很多大企业,都设置了CEO(首席执行官)和CFO(首席财务官),现在还有CKO(首席知识官)。人们常说知识就是财富,而国内很多企业却没有很好地认识到这一点,很少有哪家公司下设首席知识官来建立公司的知识系统。

中国加入WTO以后,很多外企带着资金、人才和技术争先恐后地来到中国,把中国视为世界上最大的消费市场,而有多少家外企真正有意愿把知识转移给中国呢?很难断言,但可以肯定的是:这些外企到中国来都是为了赚更多的钱,因为中国是世界最大的消费市场。例如可口可乐和百事可乐,是碳酸饮料王国之王,可是可口可乐公司没把它的配方告诉中国的制造商。柯达胶卷也是一样,没有把做胶卷的所有技术统统转移给中国。摩托罗拉、西门子和英特尔等大公司也同样没有把电子科技100%地转移给中国。外企不把知识和技术转移给中国的做法也是可以理解的,因为知识和技术需要自己不断地去开发,是有价的,要努力学习,用心开发才能拥有。因此,知识是一个很重要的资源。

【案例】

"在北京找中关村,无人不知",这是北京中关村的一个广告语;平均每一周就有一位国际上的CEO来中关村。中关村当初很火,几乎全中国人都知道。听起来像是一个高科技的重镇,事实并非如此,国内经济学者张维迎的一句话一针见血:中关村其实就是一个村,就像一个农民今年种了土豆赚了钱,明年全村人都种土豆一样。中关村虽然看起来很火,其实就是一种农村经济。在中关村科技园区成立三周年时张维迎尖锐地指出,与巨大的成绩相比,中关村的企业产品相互模仿,显得过于低级。这证明中关村在我国并不是一个非常成功的案例,因为它本身的科技层次没有提高到世界上所常常瞩目的最先进的高水准。换句话说,中关村的知识经济还没有达到一个最理想的地步。

国内很多公司现在都喜欢做IC、半导体、芯片、晶圆,其实做芯片与晶圆都是非常困难的事情,它的长期投资是200亿元人民币,世界上大的经营企业都是在500亿元人民币以上。这就说明做晶圆、芯片、IC、半导体,其实要有庞大的资金和深厚的技术。而世界上在这方面有成果的国家,其技术开发的时间都在20年以上。由此可以想象,这得需要什么样的资源、人力、物力和财力、技术基础才能满足这样一个愿望?中国现在突然间也要开始做芯片、IC、晶圆、半导体,这难道不令人担忧吗?

英特尔的广告上写着两个英文字"IntelInside",不管做什么电子产品,它的核心部件里总有一块是英特尔的,换句话就是说核心是英特尔。不管是硬件还是软件,不管是产品还是技术,都离不了英特尔,这才是强大的知识经济。英特尔在电子界里始终站在最前面,主要靠的就是它强大的技术。

拿航空母舰来说,航空母舰里什么东西是不能缺少的呢?美国航空母舰的制造都要依靠凯创的产品,其实凯创作的只是一个电子产品,叫IDS入侵侦测系统。航空母舰和战斗机都离不开这个产品,这就是它强大的技术,也是知识经济发挥威力的地方。

可见,拥有知识和技术是一个非常重要的资源。如果企业掌握了这个技术,那么,小到一个英特尔的电子"心脏",大到航空母舰和战斗机,或是一般人常常喝的碳酸饮料,都实时能呈现出技术的层次。

2)品牌(商标、声誉)

所谓品牌就是消费者、顾客,及所有跟企业有利益关系的人对这个牌子的产品的一种认同,这种观念叫做品牌。就如卖电脑,在国外,只要一提到 IBM 或戴尔,买的人大概就接受了一半。在国内,一提到联想,生意大概就成功了一半。卖饮料的,一提到可口可乐和百事可乐,对方就几乎快掏钱了。想吃快餐,见到麦当劳的标志,就认定进去准没错。这种观念就叫品牌。

美国波音公司以前从来看不起品牌,认为波音这么大,没必要做品牌。后来其他的航空公司越来越多,随着这些竞争对手的增多,波音公司的业务大不如前了,尤其是空中客车给他们带来很大的压力,于是波音公司不得不痛改前非,于 1999 年设下品牌经理,开创他们的品牌发展,从而又取得更大的业绩。他们终于承认品牌还是非常重要的。

品牌做成功以后,会辐射到企业的其他衍生产品上去,像 YSL 和圣罗兰,本来是做时装和香水的,它们的品牌出售给一位做手表的人,YSL 三个字一打到手表上,同样起到了轰动效应,这就是品牌效应的威力。

《商业周刊》选出的 100 个品牌中,大部分是欧美的。全亚洲只有 7 个,日本竟独占了 6 个,另外一个是韩国三星,占世界品牌第 34 名。而商品市场如此庞大、顾客数量如此众多的中国却连一个都没有。这从一个侧面充分表明国内的企业在努力地开展经营时,还没有注意到树立品牌效应的重要性。也许有一天,中国的海尔、联想、长虹、希望集团等,或者其他公司的产品变成了国际品牌,那将是一件很值得高兴的事。

表 7-1 《商业周刊》评选的世界十大品牌

品牌名称	可口可乐	微软	IBM	通用电气	英特尔	诺基亚	迪斯尼	麦当劳	万宝路	奔驰
国别	美国	美国	美国	美国	美国	芬兰	美国	美国	美国	德国
名次	1	2	3	4	5	6	7	8	9	10
品牌价值(美元)	690 亿	641 亿	512 亿	413 亿	309 亿	300 亿	293 亿	264 亿	242 亿	210 亿

世界知名的十大品牌中有 8 个是美国的,1 个德国的,1 个芬兰的。位列第一的可口可乐,品牌价值是 690 亿美元。微软品牌价值是 641 亿美元。IBM 品牌价值是 512 亿美元。通用电气(GE)品牌价值是 413 亿美元。

经营品牌的目的就是为了在广大客户和顾客的心中牢固地树立企业的高大形象。在市场中品牌本身是一种条件、优势、资源,换句话说,一听到这个名字就几乎可以做决策了。

3）人脉（人际关系）

人际关系对人们来说并不陌生。进入世界 500 强企业的海尔集团总裁张瑞敏先生,曾经在哈佛大学讲过海尔的一些案例。他总结出一个结论:

在中国做生意:第一要靠关系,第二要靠关系,第三还是要靠关系。这说明了人际关系的重要。中国是一个礼仪之邦,最讲究人际关系,相对来说比世界各国都更重视人际关系。人际关系本身在企业里的经营成为一种人脉。不管是政府,还是在产业、学界,一般有人脉的人的发展会比较顺利,渠道就比较宽广,他的产品比较容易打进市场。这是一个大家都公认的事实。海尔能有今天,也可以大胆地断言,人脉（人际关系）对他们来讲是一个非常丰厚的资源。所以当人们说到中国企业国际化时,海尔成为一个不可回避的关键词,这是对海尔的一种恭维,也是对人际关系重要性的另一种阐释。

第三节　核心竞争力

只有积极主动的人才能在瞬息万变的竞争环境中获得成功,只有善于展示自己的人才能在工作中获得真正的机会。

——李开复

企业竞争力的实现取决于创新的细胞。一个企业的竞争力是看一个企业的员工是增值的资产还是负债。

——海尔集团董事局主席兼首席执行官　张瑞敏

1. 核心竞争力

什么是核心竞争能力? 核心竞争能力就是展现在能力之间的竞争。能力之争是公司战略的新规则。公司、企业、集团之间,统统都是能力之争。竞争力一般反映在五个方面,即速度、一贯性、敏锐性、灵活性、创造性等。如图 7-4 所示。

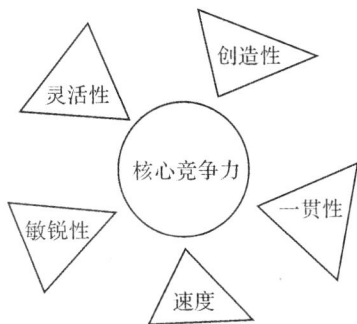

图 7-4　核心竞争力五要素

所谓能力之争其实是一个反馈回录,从顾客的需求开始,到顾客的满足为止。企业在哪些地方满足了顾客的需求,是速度? 一贯性? 敏锐性? 还是灵活性、创造性? 都构成企业的竞争力。

(1)速度

首先是速度。在全世界做快递最成功的公司几乎都是美国人。世界三大快递公司:一个是联邦快递,另一个是联合包裹(UPS),第三个是敦豪速递(DHL),这三个都是美国公司。他们把亚洲视为世界上最大的市场,而中国又是亚洲最大的市场,三大公司都在中国针锋交会,相互竞争得你死我活,凭的是什么? 速度。谁若能够比他们三个快递的速度更快,谁就能站稳市场,做大蛋糕,如果不行,就得靠边站,这就是速度。麦当劳、肯德基、必胜客没到中国以前,中国难道没有餐厅吗? 但是只要看看必胜客出菜的速度,再看看中国餐馆出菜的速度,就知道什么叫做快餐,这就是速度之争。三家美国快递公司展开竞争时,曾经有一家公司做了这么一个广告:"我这辈子都不会迟到",后面写了一句话:"如有延误,原款退还。"它们极力强调快递的速度。

我国铁道部在发展的进程中也发现,如果铁路再不改进他们的速度,迟早就要被飞机所取代,所以铁路也开始提速。他们的广告词是"今生一日还"。借用了李白的古诗,"千里江陵一日还",就是说长达1000里的路程,现在也可以一日到达了。从北京西站到深圳,24小时就可以跑完2300多公里,和以往的运输速度对比一下,真是比过去快多了,这说的也是速度。

品牌战略的实施之一是提速,从铁路到航空,到快递,到麦当劳、肯德基、必胜客都在竞争速度,谁赢得了时间谁就占有了市场。麦当劳在速度中确实下了不少工夫,他们的口号是:60秒没有让客户拿到自己的餐点,可以免费奉送可乐一罐。有人曾专门跑到麦当劳点了一个东西,想免费吃一罐可乐,但45秒时东西就出来了。

第二天此人又去点了一个汉堡,50秒东西又出来了。于是他对柜台小姐说:"真可惜,买两次都没有喝到可乐。"那位小姐居然讲了另外一句:"先生不要气馁,多来几次就会喝到了。"其实麦当劳敢挂60秒的牌子,他们不知曾经练习了多少次,保证能够在这个速度之下,让客人拿到食物,否则它是不敢自己打自己耳光的。

(2)一贯性

所谓一贯性就是从老板到伙计,都以客户为中心。有的企业,名义上是以客户为中心,但实际上恰好相反,越是在上面的领导,大概越重视客户;越在底下的越不重视,站门口的门卫,大概就更不重视了。这就没有一贯性。

ABB南方的总经理有一次跟小李聊天说,他到中国七八年了,刚来时送一个零件一天就能让客户拿到了的,七八年下来现在竟要7天才能拿到,好像每多待一年就要多一天。他很幽默地说,看样子还真得早点离开中国才成,免得在中国再呆10年以后就得改成10天了。这表示一家公司在壮大时,不知道怎样继续保持一贯性。一贯性弱下去了,对客户的紧张感就没有了。ABB的产品其实一直都很不错,但是它现在却濒临破产,这是一家企业的悲哀。一家公司大了,从老板到伙计都应该重视客户,顾客是上帝,这一点千万不能忘记。

小李有一次在上海必胜客吃饭,客人很多,排队很长。当时小李正要掉头走,楼上冲下来一个人"哎,慢慢慢,快到了,不要急不要急",看样子大概是主管,他站在小李的后面,像母鸡带小鸡一样地笼络着人心。他这么一说,小李有点儿不好意思走了。但是小李心里还是想走,紧接着楼上又冲下来一个小姐,手上拿着一个小篮子,里面摆了很多的冰淇淋,一人发一个。小李一拿到冰淇淋,就开始后悔:吃了人家的冰淇淋就更不能走了。不过还真的很快,吃完冰淇淋,就轮到小李了,这实际是客人的一种焦急心态,其实并没等很长时间。由于他们的拦截、补偿,顾客就心甘情愿地排队等候了。

在一贯性方面,最值得称道的是麦当劳。麦当劳一般与肯德基比邻相居。如果遇到肯德基生意特别好,客人非常多时,麦当劳的小姐就会在窗口上露出脸,不断地招呼客人,直到客人掉头回来。从他们的老板到伙计,都非常注意招揽客户。而国内的企业都把客户称为上帝,最流行的一句话是"客户是上帝",嘴巴虽然也常常这样说,但没有几个能真正落实到行动的,这就没有一贯性。

(3)敏锐性

市场中一旦稍有变化,就要敏锐地感受到,这就是敏锐性。

星巴克没有到上海之前,上海人也喝咖啡。但随着星巴克的出现,星巴克已成为上海人追忆往昔那种十里洋场的风光、消遣和娱乐的理想场所了。它在上海经营非常成功,一下子开了十几家连锁店。虽然星巴克不是上海惟一卖咖啡的店,但星巴克做得最好。它采用很多种方法来吸引消费者。2002年中秋节时的星巴克月饼,围绕着中国月饼的是它的星巴克咖啡,尽管星巴克不是制造月饼的,但它可以跟月饼挂钩。这种多元化的策略里,尤其反射在星巴克的文化上。上海浦东黄浦江边有一家星巴克,这家咖啡店的环境景色很美。在落日时坐在咖啡吧里,一边品着咖啡,一边欣赏着落日时的繁华热闹和华灯初上的迷人景色。天边彩霞满天,杯中咖啡香浓,试想这是一种什么境界呢?再看星巴克的营销观点:"我们亲自为消费者选择咖啡豆"。从最稀少的蓝山、魔卡、巴西一直到维也纳等各种名贵咖啡,他们都在努力地帮顾客挑选咖啡豆,这就是它的一种文化。最重要的是星巴克提出的第三空间理论:"人有两个空间,第一个是办公室,第二个是家,如果你厌倦了你的办公室,烦透了你的家,快请到星巴克第三空间,去享受你的生活"。这就是星巴克文化。想想,一个人如果不是待在办公室,也不是呆在家里,而时常待在星巴克,它要赚多少钱!这就表示它的第三空间策略打得很好,这就是所谓的第三空间文化。

为什么星巴克能想得到这么多?因为它有敏锐性,很敏锐地发现什么是中国的新消费文化,什么是中国的新新人类。他们提倡享受第三空间,这就是敏锐性的一个方面。

(4)灵活性

任何东西都要具备弹性,有些东西不是一成不变的。在国内商家常搞家电价格赛,风起云涌,大家都在争相挥泪降价。试想如果一家公司的产品销售已困难到不得不降价时,显而易见它确实再也没有其他更好的办法了。

尽管产品销售已困难到不得不降价的地步,但对业务员而言,出去跟客户谈生意,也绝对不能一开始就谈价钱。在客人还没有了解产品价值以前,不要马上跟他谈价格。他只有了解了产品的价值,才会接受你的价格,否则他在跟你谈价格时就会对你的产品感到无所谓,把它当做不重要的产品,当成不值钱的地摊货一样地杀价。

摩托罗拉手机在世界排名第二位,仅次于芬兰的诺基亚。摩托罗拉从不杀价,因为它知道一杀价就要变成老三老四或老五老六了,甚至最后要被淘汰出局,所以摩托罗拉自己举办了另外一个活动"七天试用,不满意退还"。不是什么东西都能杀价的。结果摩托罗拉手机销售火爆。想想看,如果有人腰上挂了一部手机,最新款的摩托罗拉,然后让他的朋友亲戚、男朋友、女朋友、爱人统统都看了很多次,7 天不见了,问到哪儿去了,还给摩托罗拉了,没钱,你敢这样说吗?所以摩托罗拉说,我就怕你不挂,你这么一挂,你就跑不掉了。其实摩托罗拉自己已经试过了,7 天以后来退的不是没有,这个百分比很小,他大胆做下去了,结果销售火爆,每个人的腰上都挂了一部摩托罗拉手机,成功了!所以什么东西都是弹性的,不是靠杀价。

10 多年前,可口可乐曾试过一个口味,但没成功。近年又卷土重来,重新设计出一个新口味,这是它的秘密武器。这种新饮料香草口味被称之为旗舰饮料,是可口可乐的招牌产品。不过,这个策略能否成功现在还言之过早,它推出香草口味的可乐,显然是冲着百事可乐来的。这是它的弹性计划。

美国波音公司是航空业里的老大,实力很强,但自从出现欧洲空中客车这个强大的对手以后,这个老大哥的压力就开始了。想来想去它终于想出一招,叫做移动生产线。移动生产线就是流水线,大家都知道,电冰箱、电视机、彩电、空调等,大概都可以移动,但飞机也拿来移动,真是很难想象。在生产管理学里,每次一讲到飞机和轮船,都称为固定位置,都是固定在一个点上,人家来将就它。这次波音公司真是疯了,把飞机也敢拿来移动,开了移动生产线,说是挑战空中客车的秘密武器,说这样可以降低它的生产成本。波音公司究竟能不能因此举而降低成本,现在也无法预知,但至少我们知道他们经过一个测试,认为这件事情值得做,他们做下去了。不知道波音公司这条移动生产线是否真的能替它降低成本,但好歹这是一个弹性,这是没有办法的办法。

(5)创造性

中国古代有很多伟大的发明,其中最有代表性的是火药、指南针、造纸、印刷术等震惊世界的四大发明。但是现在的教育方式却大大抹杀了中国人的创造性,原因是发明出来以后没有继续进行改革,继续创新。

世界上有三种公司:第一种是追随者,跟着潮流走;第二种是生存者,预见之后做改变;第三种是自己创造改变,也就是领导者。

从改革开放到现在,真正生存下来的企业有几家?很难说。人们常常说的大企业,都没有超过 20 年。都是刚刚成立的股份有限公司,真正能生存下去的,要看以后。谁是世界 500 强?中国企业哪个先进去?哪个第二个进去?哪个第三个冲进去?哪一个被踢出来呢?能进世界 500 强当然是头等的好事,但更重要的是能坐在里面十年二十年而不被踢出来,才叫过硬的真本

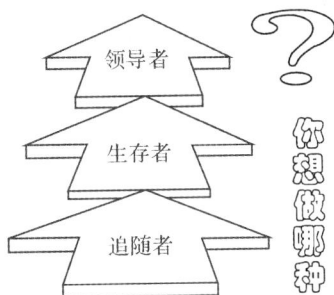

图 7-5　世界上的三种公司形态

事。自己能领导创新,能制造突破,那才叫做领导者。

北京和上海都是国际化的大都市,都是高楼林立,但只要稍微注意一下,就会发现北京的建筑都是高高大大的,一块一块的,好像巨大的石灰岩一样,方方正正的。而上海的建筑却造型很多,风格各异。例如阿联酋酒店,像帆船一样,高 321 米,矗立在海滨,旁边就是海,衬托出设计的美。还有中国做了很多盒子,鞋盒却做得不太好。超佳鞋盒做的样子,不但有色彩,而且有条码,还有环扣,不用时还可以折叠成一个平衡的形状。这都是创意。

美国希尔顿总部开了一个世界会议,邀请全世界的希尔顿总经理都到美国纽约总部开会。他们提供了一种矿泉水,它的瓶子看起来非常漂亮,那是用聚丙烯制成的,它的材质看起来很像玻璃,上面没有瓶盖,高档的瓶子是不贴纸的,尤其是瓶口那个地方更是从来都不帖纸,伸长的瓶颈像香槟酒的瓶子样式一样,结果开会的很多人都舍不得喝,说带回去给妻子喝,因为还从没有见过这种矿泉水。这就是创意美。

有这么一句话:思维感性行动。21 世纪的今天,对人才的要求,不但要有专业知识,还要有艺术感觉。专业知识跟艺术情感相结合,才是最佳的思维和行为方式。建议所有的领导者还有主管,都要有一点儿软性思维,开发艺术的创意,这样的产品才会更美。

正如钻石,在化学里叫纯碳,它的物理特性是用激光照如果能 90 度完全反射,那颗钻石就是真的。钻石从背面看是八颗心,从正面看是八根剑,所以叫做背面八心,正面八剑,透着灯光看就能看到。可是卖钻石却不是这样卖的。卖钻石的人会用软性的思维来感动买者。例如他会在模特身上挂一颗钻石,这么一来就会光芒四射,吸引很多买者,这就是广告的效果,也就是软性思维。

以上讲了核心竞争力的五点要素,最后以一个案例来展现核心竞争力的实现技巧。

【案例】

沃尔玛号称世界第一大企业,一年赢收两千亿美元以上,他们有一个名词叫连续装卸。什么叫做连续装卸呢? 就是一种原料进来还没落地就赶着上生产线、就变成半成品、就变成成品、就开始包装、就开始发送、开始物流、开始上货架、就开始送到消费者的手上,这就叫做连续装卸。沃尔玛本身不是一家制造厂,但是想想一个东西,从原料开始到客人拿到手上,这中间要经过多少过程,能不能不落地,这叫做提速,也叫所谓创造业务流程的价值。所谓的核心竞争力就是指这个。也就是说，人们的观念是相乘而不是相加。一家企业，每一个部门都要特别地改善，3＋3＋3＝9；如果大家合作一起密切地改善，叫做 3×3×3＝27；这就是相乘和相加的概念。

2. 五种竞争动力模式

一般来讲有五种竞争动力模式。如图 7-6 所示。

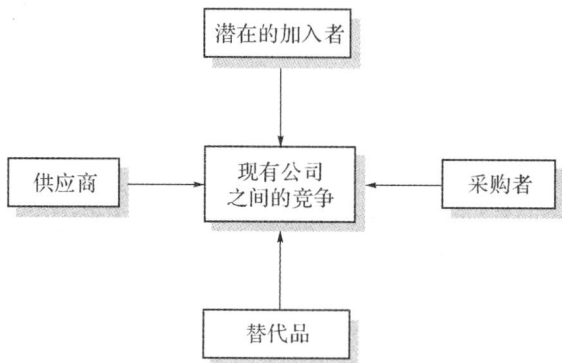

图 7-6　五种竞争动力模式

(1)直接竞争者

直接竞争者就是现存的一些竞争者直接参与所产生的竞争。像中国银行、工商银行、农业银行、建设银行，这几家银行都在互相竞争，它们是直接竞争者。

(2)潜在的加入者

潜在的加入者是将来可能还要进来的人或公司。如中国银行之间的竞争，叫做现有公司之间的竞争。随着中国加入 WTO，将来还有更多的外国银行要加入进来，展开竞争，叫做潜在的加入者。又如中国移动、中国联通、中国网通、中国电信，它们之间的竞争是现有公司之间的竞争，将来还有很多其他像日本的 NTT、美国的 ATT，想进来跟它们一起吃电信运营这块大饼，这些都是潜在的加入者。

(3)供应商

除了面对现存竞争者以外，还要看看原料供应商。例如石化公司，最上游的是炼油厂，中间是石化的原料，底下是石化的产品，形成一条上中下游的供应链，每一环都会造成竞争。上面的原料供应不上，石化原料做不出来，底下的石化产品就没有石化原料可用，这中间形成一种供应之间的竞争，称为供应商竞争。为什么生产者到最后，总要开发它的上游，生怕上游捏在别人的手上，没有办法形成一条龙，这其实是供应商对自己的竞争。企业运作时就该想想，自己有多少原料，半成品或者零组件是否掌握在别人的手上。

国内众多的电子公司都心知肚明，很多电子零件都掌握在欧美和日本人的手上，这些东西如果总是捏在人家的手上就必然随时都会对自己造成威胁。前几年台湾地震，结果世界的芯片也随之统统涨价，因为世界芯片的 70％ 在台湾加工，台湾发生了地震，芯片的供应上不去，造成世界各国的芯片涨价,这就是供应商的问题。

(4)替代品

一个产品出现以后,慢慢就开始有替代品,新的东西就出来了。像手机就是一个典型的例子。每家公司都在不断地创新,像诺基亚、摩托罗拉、爱立信、西门子、韩国三星,不断地推陈出新,每年都有新款出来,因为替代品太快了。在电子界里,可以说每一两年就要替换,这种替代极为迅速。《电子学》的课本几乎每年都要重改,每年都有新的资料,如果三年不看新资料,《电子学》就几乎教不下去,由此可以想象电子界的推陈出新的速度是多么迅速。

(5)采购者

买东西的人,即采购者。消费者的口味、偏好随时都会转换,所以采购者又给自己带来一种压力,至少在价钱上讨价还价。今年流行开桑塔纳,明年流行开本田,后年流行开沃尔沃,也许再过几年全中国都喜欢玩奔驰、宝马。这很难讲,卖汽车的哪个敢说消费者永远喜欢自己的汽车?

案例分析

一、哇哇创意城——经营模式规划

杭州哇哇创意服务发展有限公司,将以网站("哇哇创意城")与实体店相结合的方式来推广经营,以开发创意产品并投入销售为主,以通过平台提供给顾客创意获利为辅,意在促成创意产品与传统制造业的完美结合。同时,我公司将定期举办创意类文化交流活动,组织创意大赛,挖掘创意人才,推广创意产品,打造"创意集市"的新概念,从而推动文化创意产业的发展。在推动整个行业的蓬勃发展中寻求自身的发展,为自身开拓更广阔的前景,"把创意变生意,把智慧变实惠"。让"哇哇"走出杭州,走出浙江,走向全中国,走向全世界!

基于创业的阶段性发展,网站规划中将产品主要分为:服饰类、家居类、休闲类、美容类、文体类等几大类。在创业初期,公司自主研发的创意产品主要为服饰类,其中包括创意袜与饰品。随着公司经营发展与规模化,将逐步在多个领域开发新产品,推向新市场。

独特之处:

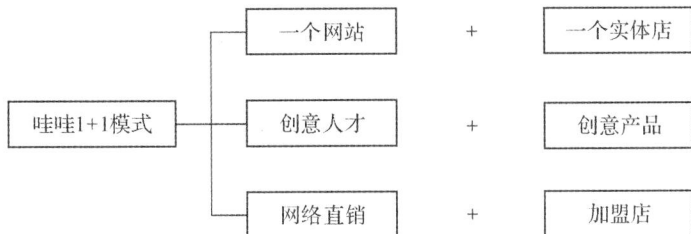

公司运作分为两个部分:网络经营和实体经营。

(1)网络经营

开创"哇哇创意城"这个平台,广泛搜集创意与展示作品。

选购适合研发自主产品的创意并投入生产销售。

开拓与企业、厂商、顾客多方面的渠道,让其在哇哇创意城这个平台上选购或者定制自己需要的创意产品,并投入生产。

为保证网上销售的便利与效果,我们将前期通过淘宝网建立网上购物服务,后期赢得稳定后将加大自有网站开发投资,逐步形成专业的电子商务网站,真正形成完整的"创意城"。

(2)实体经营

选择下沙高教园区为依托,在创意园开一家实体展示经营店。

实体店的主要作用:

选取哇哇创意城中的优秀创意将其转化为实物产品展出。

销售我公司主打产品(近期:创意袜,饰品;远期:各种日用品类的创意产品)。

创业加盟店:

将我公司产品以较低的价格出售给有意向自主创业的人士,使其成为加盟商,帮助其创业,尤其是大学生创业,同时实现公司的盈利,达到双赢的结果。

(3)盈利模式:产品销售收入、服务费收入、销售收入

二、哇哇创意城——营销策略设计

基于上述市场分析与预测,以及对竞争对手情况的分析,我们将采取以下策略。

1.价格

袜子价格分为三类:低档袜子:5—10 元/双;

中档袜子:10—30 元/双;

高档袜子:大于 30 元/双。

饰品类:均价 15 元/件

(注:第一年重点首推袜类,饰品作为辅助,因此饰品只做一个价位的产品,后期将逐渐进一步开发。)

2.销售渠道

在销售渠道方面,我们分为两大类:

(1)网络直销

● 以自己的网站"哇哇创意城"网站为平台,建立电子商务系统,展示、销售产品、创意作品,便于消费者网上查询、购买,也可便于加盟商直接网上下单。

● 开设创客服务区、顾客服务区,适用于消费者、创客、加盟商、有意者与我们之间的交流、沟通。

(2)加盟店

● "哇哇"加盟店面向大学生。我们将开展一定的比赛进行创业人才选拔,选出合适相应人才,加以培训成为我们的加盟者,从而帮助大学生创业与就业为国家社会分忧解难。

● 而对非大学生加盟者我们有相应的资金和人力的要求,并提供经营指导。

3. 产品的推广措施

(1)针对于网站,也是对整个"哇哇"创意平台的推广

● 举办和参加拍卖会、创意产品展销会、创意之星评选大赛。

● 联合各大高校,开展"创意在高校""创新创业大赛"等公益性活动,从中选取我们的加盟商,并给予创业指导。

● 在百度、谷歌等网站投放搜索引擎广告。

● 与其他创意工作室合作,建立链接,达到双赢。

● 在大学生比较集中的"校内网"上投放广告,或联合开展一些"创意"竞赛。

● 联合一些高校创意或创业社团,扶持社团的建设。这样既可以为网站做宣传,又可以吸纳人才。

● 充分利用媒体,邀请他们进行采访报道,发布软性广告,作为大学生创业项目进行推荐与宣传。

(2)针对于实体,袜类产品

● 在一些人群聚集的地方分发广告单、宣传册。

● 举办一些走秀活动(利用自身优势请学生参与,一则可以降低活动成本,二则可以更有效地宣传)。

● 搞一些促销活动,免费 DIY 样品赠送,分发推广装的创意袜进行产品推广。

● 利用一些特殊节日搞一些活动促销。

● 利用在校生优势,在自己附近高校、同学、朋友、老师间推广。

● 扶持加盟商开展新产品展示与促销路演活动。

● 鼓励和帮助加盟店在网络上如淘宝网开设网店,促销销售。

实训练习

1. 关于核心竞争力,请完成下面的连线题。(什么是有形资源? 什么是无形资源? 用箭头连起来)

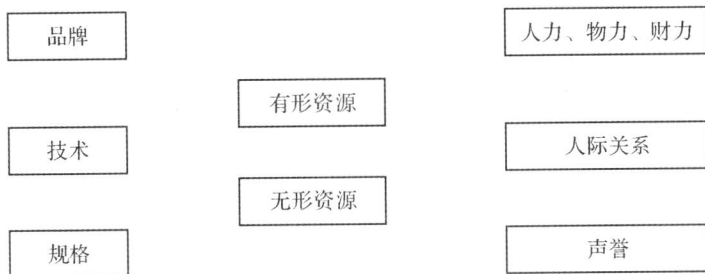

品牌		人力、物力、财力
	有形资源	
技术		人际关系
	无形资源	
规格		声誉

2. 沃尔玛的竞争战略

沃尔玛的战略标志是:天天低价,商品的选择范围宽广,较大比例的名牌商品,使顾客感到友善而温馨的商店环境,较低的营业成本,对新的地理含义上的市场进行训练有素的扩张,创新性的市场营销,以及优良的售后服务保证。在每一家沃尔玛商店的外面都用大字母传递着这样的信息:"永远的低价,永远!"沃尔玛还向他的顾客灌输这样一种观念:"竞争者在当地做出任何广告,我们都将对之产生反应!"从而它使其自身创立了低价的形象。沃尔玛的主要商品系列包括:家庭用品、电器用品、体育用品、用于草坪和花园的器具,健身与健美器材和设备、家庭时尚用品、油漆、涂料、床上用品和浴室用品,五金商品,家用修理设备、玩具和游戏软件,以及杂货类商品。

节约成本的意识贯穿于沃尔玛经营的方方面面——从商店的建设,到供应商给沃尔玛提供低价的仓储商品,再经由高速的分销系统给每个商店配送商品,从而使沃尔玛保持着成本领先优势。而沃尔玛节约的成本又以更低的零售价格的形式转移给了商店的顾客。

(1)竞争环境

折扣零售业是一个竞争激烈的行业。沃尔玛两个最近的竞争者是凯马特和西尔斯,三家公司都有着相似的战略,并有相似的成长过程,但是在整个 20 世纪 80 年代,沃尔玛的增长速度远比凯马特和西尔斯要快。在 1989 年,西尔斯由于增长太慢而落后了,沃尔玛升到了行业老大的地位。沃尔玛由此开始推行天天低价的战略,并将各种名牌商品冠以其自身的商标推向市场。此后,几乎所有的折扣商都采用了某种形式的天天低价的战略。

折扣零售商竞争的中心主要围绕定价、商店位置、商店布局的交换、商品组合、商店规模、购物环境以及商店形象。在前 10 家最大的折扣零售商中,沃尔玛是唯一一家将其大部分商店设立于乡村市场的。

在实施战略方面,沃尔玛将其重点置于与供应商和员工结成稳固的工作关系,对商品陈列和市场营销的任何一个最小细节都给予关注,充分利用每一个节约成本的机会,并且造就一种追求高业绩的精神。对于大公司的成长和成功来讲,经常有这样一种阻碍因素:过多的管理层次,缺乏内部交流,以及不愿或不能做出改变。而这些因素在沃尔玛的商店中是找不到的。

(2)天天低价的战略主题

虽然沃尔玛并没有发明天天低价战略,但在"执行"这个要领上,它比任何一家别的折扣商店都要做得更好。在市场中,沃尔玛有这样的声誉:它每天均是最低价格的日用品零售商。在沃尔玛开设有商店的区域,对顾客调查表明,55%的家庭认为沃尔玛的价格比其竞争者更低或更优;而在沃尔玛没有开设商店的区域,也有 33%的家庭持有同样的观点。沃尔玛采用多种方式向顾客宣传它的低价战略,如在商店的前面,在广告中,在商店内的各种标志上,以及在包装袋的广告语中,随处可见"我们的售价更低"!

(3)广告

沃尔玛比它的竞争者更少依赖于广告公司,在第一个月只发布 1 次或 2 次,通过使其环保包装的产品更为夺目,沃尔玛也得到了免费的媒体报道。公司还经常允许各种慈善机构使用其停车场进行各种募集资金的活动。

(4)分销

这些年来,沃尔玛的管理层已经把公司的中心分系统变成了一个有竞争力的武器。大卫·格拉斯说:"我们的分销设备是我们成功的关键之一。如果我们比竞争对手做得更好一点的话,那就是我们的分销设备。"由于它在乡村的商店布局,沃尔玛在分销效率方面在早期就已经走在了竞争对手的前面。因为其他的折扣零售商依赖于生产厂家或分销商将货物直接运送到它们在大城市区域内的商店。沃尔玛发现,它在20世纪70年代的快速增长充分利用了供应商的能力——使用其独立的运货公司给沃尔玛不断增加的乡村商店进行频繁而及时的货物运送。在1980年,沃尔玛开始建立地区分销中心,并且通过自己的运输车队从这些中心给各家商店分送货物。当新的、边远的商店从现有的分销中心不能得到可靠而经济的服务时,沃尔玛就设立新的分销中心。在1994年,公司拥有22家分销中心,覆盖了2150万平方英尺的面积。这些分销中心总共雇用了1600名员工,他们每年要以准确率达99%的装运顺序,处理850000卡车的商品。沃尔玛的分销中心采用了大量的自动化系统。最初的运输装置系统采用单体运送的方式,这样就有一个顺序选择问题。纸板盒通过运输装置运送到处理中心,在那里,操作员将纸板盒放入分类系统。激光扫描机识别商品的条形码,并且指示分类机对纸盒进行分类,其处理速度为每分钟超过120个纸板盒。然后,纸板盒被分送到不同的运输出口。1988年的研究数据表明,沃尔玛对西尔斯和凯马特的分销成本优势是很明显的。沃尔玛具有向它几乎所有的商店当天分销的能力,而凯马特要每4—5天分销一次,塔吉特每3—4天分销一次。

(5)最新技术的使用

沃尔玛积极地应用最新技术成果,以提高生产率和降低成本。

在1974年,公司开始在其分销系统中心和各家商店运用计算机基于一定的标准而进行库存控制。在1981年,沃尔玛开始在销售点试用扫描机,并且承诺到1983年,在其整个连锁店系统都用上条形码扫描系统。这一变动导致其顾客服务速度提高了25%到30%。在1984年,沃尔玛开发了一套计算机辅助市场营销系统。这套系统可以在每一家商店按照自身的市场环境和销售类型制定出相应的产品组合。在1985年到1987年之间,沃尔玛安装了国内最大的私人卫星通讯网络。该网络的应用使得总部、分销中心和各个商店之间可以实现双向的声音和数据传输,从伯恩顿威利的公司办公室到各分销中心和各家商店之间可以实现单项的图形传输。这套系统比先前使用的电话网络系统还要安全,可视系统通常被公司的管理人员用于与公司的全体职员即时的直接通话。

在1989年,沃尔玛与大约1700个供应商建立起了直接的卫星联系,而后者供应着沃尔玛所售商品的近80%,这种联系使得沃尔玛可以使用电子订货,并迅速地进行数据交换。沃尔玛也利用了卫星系统的能力,即通过开发一套信用卡的授权程序,平均5秒钟就可以完成一宗授权的买卖,从而相对于原来的手工处理系统来说,顾客使用信用卡结账的速度可以提高25%。公司有标准的数据处理系统和信息系统。沃尔玛不仅开发了计算机系统以对公司经营的每一个方面为公司的管理层提供详细的数据,而且在世界上同类规模的公司中,沃尔玛被认为是成本最低、数据处理效率最高的公司之一。沃尔玛在其遍布各个地域的众多商店中,对于最新零售技术的快速采纳,又使它拥有了向对于大多数其他折扣商的技术优势。

(6)建筑政策

沃尔玛的管理层努力地工作着,在他们的新商店、商店改造及商店的附属装置的资本支出上尽量节约。对于商店的陈列、附属装置的设计,以及有效展示所需要的窗户这样一些问题,公司诚恳地向供应商们征求意见和建议。沃尔玛的商店设计为:有着开放式窗口的管理人员办公室——装修起来比较经济,有着大面积展示空间的特点——重新整理和翻新均比较容易。沃尔玛所雇用的建筑公司可以利用计算机模仿技术,一周之内就可以设计出几家建筑风格完全一样的新商店。此外,商店的设计还要达到建筑周期短、建筑费用低,而且维修和改造的成本也应较低。所有的商店在7年之内至少进行一次翻新和重新装修。由于新的道路、高等级公路和新商业中心的设立,如果某一家商店已经跟不上时代了,那么旧的商店就要被放弃,并在合适的位置开设一家新的商店。比如在1994年,沃尔玛以一年100家的速度扩张或迁建它的商店。

为了在设施上保持低成本的主题,沃尔玛的分销中心和公司的办公场所花费的建筑费用均较少,且装修简单。高层经理们的办公室十分质朴且毫不做作。在沃尔玛所有商店中的照明供热和空调控制系统均通过计算机与伯恩顿威得的总部相连,这样就可以使得节约成本的能量控制措施可以集中加以控制,并且它还使得商店的管理者可以腾出时间来,从容地控制公共开支。沃尔玛的商品的大量生产和室内的批量展示,不仅省钱省时,而且在不到30天的时间内就可以推出一次新的展示概念。

思考题

1. 分析沃尔玛"天天低价"战略主题的有效性。

2. 分析沃尔玛的竞争战略的风险。

游戏训练

模拟航空公司

参与人数:4人一组   时间:30分钟

场地:教室   材料:幻灯片

这是一个模拟的商业游戏,大家会从中得到很多的启发。游戏的步骤如下:

1.将参与游戏的人分成5—6个组,每个组分别代表一家航空公司。

2.市场经营的规则是:所有航空公司的利润率都维持在9%,如果有三家以下的公司采取降价策略,降价的公司由于薄利多销,利润率可达12%,而没有采取降价策略的公司利润率则为6%;如果有三家或三家以上的公司同时降价,则所有公司的利润都只有6%。

3.每个小组派代表到小房间里,由主持者交代上述游戏规则,并告诉小组代表,他们需要初步协商。初步协商之后,小组代表回到小组,并将情况向小组汇报。

4.小组讨论5分钟之后,需要做出最终的决策:降,还是不降? 并将决定写在纸条上,同时交给主持者,然后由主持者公布结果。

这个游戏用简单的形式再现了商业领域的竞争关系和定价策略,从而为参与游戏的人提供了实战演练的机会。这个游戏体现的是典型的博弈论思想,教给我们在"背靠背"的情况下,应该怎样应对和猜测对手的想法。这个游戏很能锻炼大家的创新能力。

做这个游戏将要遇到的障碍和解决方法如下:

1.本游戏看似简单,结果往往出人意料但又在意料之中,因为大部分公司都会选择降价,结果降价会导致两败俱伤。这个游戏可以用博弈论中的典型案例——囚徒困境来分析。尽管每家航空公司都不降价均可保持9%的利润率,但是受到降价后利润率的吸引,它们还是会选择降价。在这种选择下,每家公司都降价导致的是行业利润率的集体下降,变成6%。这种结果是无法避免的,因为每家公司都在追逐高效益。

2.这个游戏告诉我们两个道理:不要假定竞争对手比你傻;不要打价格战,因为价格战没有赢家。经营行为还是应该按照行业规则和市场需求来操作。

从这个航空公司的经营策略游戏中,我们要明白市场规律在商业中的作用是不可替代的,只有按照市场规律办事才能赢得胜利,否则就会吃大亏。

模块八 │ 赢利能力预测

四小虫打起小算盘

月牙最财迷了,一听说算钱就来劲了! 我们会赚钱吗? 不知道呢。让我想想,要知道赚还是亏,就看你收进来的钱有多少,花掉的钱又是多少,两个一减,只要是正的就行了。是的,收进来的钱好算呀,把价格和数量相乘就行了。那成本是多少呢? 就是那些进货的钱吗? 四小虫开始七嘴八舌没完没了。

内容提要

　　商场如战场,获胜的标准首先基于生存能力,现金流如血液般重要,利润是持续发展的动力,如心脏。学习如何预知创业项目的生存底线和赢利能力是至关重要的。

第一节　销售收入预测

　　虽然公司仍希望保持全球最大汽车制造商的地位,但这不是公司首要目标,我们实际关注的是赢利能力的强劲增长、改善资产负债状况以及提高收入。

——通用汽车总裁兼首席执行官　瓦格纳

1. 销售收入

　　销售收入是企业在生产经营过程中,对外销售商品或提供劳务等取得的各项收入。

　　企业在生产经营过程中,为了增加销售收入,必须组织好生产经营活动,加强各个经营环节的管理,做好预测、决策、计划和控制活动。根据市场预测,制定生产经营计划,组织好生产和销售,保证销售收入的实现。

2. 销售收入的构成

　　销售收入是企业在生产经营活动中,因销售产品或提供劳务而取得的各项收入,它由主营业务收入和其他业务收入构成。

　　(1)主营业务收入。主营业务收入是指企业持续的、主要的经营活动所取得的收入。

　　(2)其他销售收入。其他销售收入是指企业在主要经营活动以外从事其他业务收入而取得的收入,它在企业收入中所占的比重较小。

3. 销售收入的影响因素

　　在生产经营活动中,许多因素影响着销售收入实现。通常在销售收入管理中,主要考虑以下几项影响因素:

　　(1)价格与销售量。这是影响销售收入的最主要因素。销售收入实际上就是销售产品或服务的数量与价格的乘积,因此这两个因素直接影响着销售收入的实现。

　　(2)销售退回。销售退回是指在产品已经销售,销售收入已经实现以后,由于购货方对收到货物的品种或质量不满意,或者因为其他原因而向企业退货,企业向购货方退回货款。

　　(3)销售折扣。销售折扣是企业根据客户的订货数量和付款时间而给予的折扣或给予客户的价格优惠。

(4)销售折让。销售折让是企业向客户交付商品后,因商品的品种、规格或质量等不符合合同的规定,经企业与客户协商,客户同意接受商品,而企业在价格上给予一定比例的减让。

4. 销售收入的预测

(1)销售预测的程序

影响销售的因素是复杂多变的,一般分为外部因素和内部因素。企业为了准确地预测销售情况,应该充分调查各种因素,正确地组织预测工作。一般来说,销售预测应按以下程序进行:

- 正确预测对象,制定预测规划。
- 搜集、整理有关数据、资料,并进行分析比较。
- 根据预测对象,选择适当的预测方法,提出数学模型,对销售情况作出定性分析和定量预算。
- 分析预测误差。
- 评价预测效果。

(2)销售预测的方法

预测是编制生产计划的基础,预测准确与否直接影响到企业生产经营决策的制定。

- 判断分析法。判断分析法是一种常用的定性分析方法,主要是通过一些具有丰富经验的行业经营管理人员、有销售经验的工作人员或者有关专家对市场未来变化进行分析,以判断企业在一定时期内某种产品的销售趋势。
- 调查分析法。这种预测方法是通过对某种商品在市场上的供需情况和消费者的消费取向的调查,来预测本企业产品的销售趋势。
- 趋势分析法。趋势分析法是企业根据销售的历史资料,用一定的计算方法预测出未来的销售变化趋势。
- 因果分析法。在经济活动中,各种因素往往相互联系、相互影响,彼此之间构成一定的对应关系。

第二节 资金与成本

管理的第一目标是使较高的工资与较低的劳动成本结合起来。

——美国古典管理学家 泰罗

1. 资金预测

(1)启动资金的类型

启动资金用来支付场地(土地和建筑)、办公家具和设备、机器、原材料和商品库存、营业执照和许可证、开业前广告和促销、工资以及水电费和电话费等费用。

(2)投资(固定资产)预测

企业用地和建筑:造房、买房、租房

设备是指你的企业需要的所有机器、工具、工作设施、车辆、办公家具等。了解清楚需要什么设备及设备类型。要慎重考虑你确实需要哪些设备,并把它们写入企业计划。

2. 流动资金预测

有的企业需要足够的流动资金来支付 6 或 3 个月的全部费用。流动资金要计划富裕些。

制定一个现金流量计划。它会帮助你更准确地预测你所需要的流动资金。

- 原材料和成品储存:该将库存降到最低限度。零售商和批发商必须预测他们在开始营业之前,需要多少商品存货。如果你的企业允许赊账,资金回收的时间就更长,你需要动用流动资金再次充实库存。

- 促销费用

- 工资

- 租金

- 保险:企业一开始运转,就必须投保并支付所有的保险费,这也需要流动资金。

- 其他费用:例如电费、文具用品费、交通费等。

3. 成本预测

创办企业前必须对公司所需资金有个估算,否则连创办一个公司所需资本都弄不清楚,就谈不上创立公司。这就需要编制一个成本计划表。

按生产成本与企业业务量(生产量与销售量)的关系可以分为两类:一类是在一定时期和一定业务量范围内固定不变的成本,如租金、保险费、折旧费和企业开办费等,这些成本叫固定成本;另一类是随着生产量或销售量变化而变化的成本,如材料费、燃料动力费、销售费用等,这些成本叫变动成本。

预测成本时,可以把固定成本和变动成本分开计算,然后加总求得总成本。

(1)对固定成本的预测

- 企业开办费:主要包括企业的注册登记费、税务登记费、资产评估费、市场调查费、咨询或技术资料费等。

- 保险费:根据财产的多少投保。

- 租赁费:根据租赁面积、地址等来确定。

- 折旧费:是一种特殊成本。折旧是由于固定资产不断减值而产生的一种成本,它们的减值要通过归入成本才能得到补偿。其计算方法有很多,如直线法、工作量法、加速折旧法(双倍余额递减法和年数总和法)。

(2)对变动成本的预测

在一定条件下,其总额会随着业务量的变动成正比例变动,通常是根据预测的每月生产或销售量进行预算的。

- 材料费＝单位产品用料定额×单价×月产量
- 燃料动力费:可根据实际情况而定,乘以本企业预测的月生产量求得。
- 工资及福利费:采用计件制属于变动成本,用单位产品工资及福利费标准×预测的月生产量求得;采用固定工资制则属于固定成本。

第三节　税金计算

不赚钱的商人是不道德的,不赚钱你就只能确保自己的生活,不能给员工好的工资福利待遇,不能给国家上缴利税,不能给客户带来实惠。

——SOHO 中国有限公司董事长　潘石屹

中小企业涉及的主要税种有:

1. 增值税[①]

(1)纳税人

增值税的纳税人包括在中国境内销售、进口货物,提供加工、修理、修配劳务(以下简称应税劳务)的各类企业、单位、个体经营者和其他个人。

(2)计税方法

一般纳税人计税方法 :

一般纳税人在计算应纳增值税税额的时候,先分别计算其当期销项税额和进项税额,然后以销项税额抵扣进项税额后的余额为实际应纳税额。应纳税额计算公式:

应纳税额＝当期销项税额－当期进项税额

当期销项税额＝当期销售额×适用税率

小规模纳税人计税方法:

小规模纳税人销售货物或者应税劳务取得的销售额,按照规定的适用征收率(商业为 4%,其他行业为 6%)计算应纳增值税税额。应纳税额计算公式:

应纳税额＝销售额×适用征收率

进口货物退税:

纳税人进口货物,按照组成计税价格和规定的适用税率计算应纳增值税税额。

---

① 陈敏.创业指导[M].杭州:浙江大学出版社,2004.

出口货物退税：

纳税人出口适用零税率的货物,可以按照规定向税务机关申报办理该项出口货物的增值税退税。目前,出口退税率分 5%、6%、9%、11%、13%、17% 六档。

2. 消费税

(1)纳税人

消费税的纳税人包括在中国境内生产和进口应税消费品的各类企业、单位、个体经营者和其他个人。纳税人出口的应税消费品免征消费税,但是国家限制出口的产品除外。

(2)计税方法

消费税采用从价定率计税和从量定额计税两种方法计算应纳税额,一般以应税消费品的生产者为纳税人,在销售的时候纳税。应纳税额计算公式：

应纳税额＝应税消费品销售额×适用税率

应纳税额＝应税消费品销售数量×适用税额标准

3. 营业税

(1)纳税人

营业税的纳税人包括在中国境内提供应税劳务、转让无形资产和销售不动产的各类企业、单位、个体经营者和其他个人。

(2)计税方法

营业税的应纳税额按照营业额和规定的适用税率计算。应纳税额计算公式：

应纳税额＝营业额×适用税率

4. 企业所得税

(1)纳税人

企业所得税的纳税人包括中国境内的国有企业、集体企业、私营企业、联营企业、股份制企业和其他组织。

(2)税率和应纳税额计算方法

企业所得税的应纳税额一般应当按照应纳税所得额和 33% 的税率计算。

应纳税额计算公式:应纳税额＝应纳税所得额× 33%

第四节　利润预测

商业的本质是逐利的,一旦有适当的利润,资本就胆大起来。如果有 10% 利润,它就保证到处被用;有 20% 的利润,它就活跃起来;有 50% 的利润,它就铤而走险;为了 100% 的利润,它就敢践踏一切人间法律;有300％的利润,它就敢犯任何罪行,甚至冒绞首的危险。

——恩格斯

有钱大家赚,利润大家分享,这样才有人愿意合作。假如拿10％的股份是公正的,拿11％也可以,但是如果只拿9％的股份,就会财源滚滚来。 ——李嘉诚

我们遵循的最高准则:第一条是"唯一不变的是变化";第二条是"永远不把赚钱作为第一目标";第三条是"永远赚取公平合理的利润"。 ——马云

1. 利润计算[①]

创业项目的利润是指项目在一定时期取得的经营成果,主要包括销售商品收入或提供劳务收入减去销售商品成本和销售商品税金及附加或者提供劳务发生的成本费用附加税费的净额。项目的利润按照构成的内容可分为营业利润、总利润和净利润。

(1)营业利润

营业利润＝销售商品收入－销售商品成本－销售商品税金及附加

－销售费用－管理费用－财务费用

上述公式中,销售商品收入是指销售项目生产或购进的产品或商品形成的收入,应依据权责发生制原则进行具体核算。

销售商品成本是指销售商品发生的成本。当确认销售商品形成的收入时,应当一并确定与销售相关的商品的成本。

销售商品税金及附加是指由于销售应纳消费税的商品应缴纳的消费税或提供劳务应纳的营业税以及依据增值税、消费税和营业税的总额,与一定的比例计算应缴的城市维护建设税与教育费附加等。

(2)总利润

总利润＝营业利润＋营业外收入－营业外支出

上述公式中,营业外收入是指创业项目发生的与日常活动无直接关系的各项利得。营业外收入并不是由经营资金耗费所产生的,不需要付出代价,实际上是一种纯收入,不可能也不需要与有关费用进行配比。其主要包括:非流动资产处置利得、非货币性资产交换利得、债务重组利得、政府补助、盘盈利得、捐赠利得等。

营业外支出是指创业项目发生的与日常活动无直接关系的各项损失。营业外支出主要包括:非流动资产处置损失、非货币性资产交换损失、债务重组损失、公益性捐赠支出、非常损失、盘亏损失等。

(3)净利润

净利润＝利润总额－所得税费用

---

① 创业咨询师:国家职业资格三级/中国就业培训技术指导中心,北京:中国劳动社会保障出版社,2008.

上述公式中,所得税费用是指企业确认的应当从当期利润总额中扣除的所得税费用。

2. 创业项目的盈亏临界分析

盈亏临界分析是本量利分析的一项基本内容,又称为损益平衡分析或保本分析。它主要研究如何确定盈亏临界点与有关因素的变动对盈亏临界点的影响等问题。它也可以为企业决策提供有用信息,如通过盈亏临界分析确定在何种业务量下会盈利以及在何种业务量下将会出现亏损等。

在介绍盈亏临界分析之前,需要明确以下几点:盈亏临界分析是建立在对成本进行性态分析的基础之上;盈亏临界分析作为其中一项基本内容的本量利分析是建立在一些基本假设之上的,这些假设包括:相关范围假设、模型线性假设、产销平衡假设和品种结构不变假设。

(1)成本性态分析

成本性态,是指成本总额与产量之间的依存关系。成本按其性态来分,可以分为固定成本、变动成本和混合成本三大类。固定成本是指在特定的产量范围内不受产量变动的影响,在一定期间内保持相对稳定的成本,如固定资产折旧、财产保险费等。变动成本是指在特定的产量范围内总额随着产量的变动而成正比例变动的成本,如直接材料、直接人工、变动制造费用等。混合成本是指除固定成本和变动成本之外,随产量的变动而不成正比例关系变动的成本。

混合成本的类型很多,情况比较复杂。对混合成本进行性态分析据此确定其与产量之间的关系的方法主要有:历史成本分析法、工业工程法、契约检查法和账户分析法等。

(2)盈亏临界点的确定

盈亏临界点,是指收入与成本相等的经营状态,也就是既不盈利也不亏损的状态。

①盈亏临界点销售量

当创业项目只生产销售一种产品时,盈亏临界点的计算并不困难。

由利润的计算公式:

利润＝单价×销量－单位变动成本×销量－固定成本

当利润等于 0 时,此时的销量也就是盈亏临界点销售量。即:

0＝单价×盈亏临界点销售量－单位变动成本×盈亏临界点销售量－固定成本

盈亏临界点销售量＝固定成本/(单价－单位变动成本)

【案例】

创业者张某准备投资生产一种产品,产品单价为 10 元,单位变动成本为 6 元,固定成本为 4 000 元/月,计算该项目的盈亏临界点。

盈亏临界点销售量＝固定成本/(单价－单位变动成本)

＝4 000/(10－6)

＝1 000(件)

也可以通过下面的盈亏临界图来表示:(图 8-1)

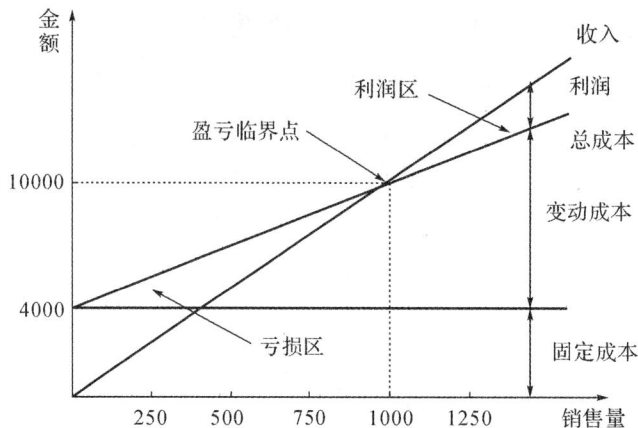

图 8-1　盈亏临界图

②盈亏临界点销售额

由盈亏临界点销售量的计算公式：

盈亏临界点销售量＝固定成本/（单价－单位变动成本）

两边同时乘以单价,得到：

盈亏临界点销售额＝固定成本×单价/（单价－单位变动成本）

$$=\frac{固定成本}{（单价－单位变动成本）/单价}$$

由

边际贡献率＝（单价－单位变动成本）/单价

得到：

盈亏临界点销售额＝固定成本/边际贡献率

根据上面案例,可以计算得出：

边际贡献率＝（单价－单位变动成本）/单价

$$=(10-6)/10$$

$$=40\%$$

盈亏临界点销售额＝固定成本/边际贡献率

$$=4\,000/40\%$$

$$=10000（元）$$

③盈亏临界点作业率

盈亏临界点作业率,是指盈亏临界点销售量占创业项目正常销售量的比重。所谓正常销售量,是指正常市场和正常开工情况下,创业项目的销售数量。也可以用销售金额来表示。

$$盈亏临界点作业率＝\frac{盈亏临界点销售量}{正常销售量}×100\%$$

盈亏临界点作业率表明企业保本的业务量占正常业务量的比重。由于多数企业的生产经营能力是按正常销售量来规划的,生产经营能力与正常销售量基本一致,所以,该比率也表明保本状态下生产经营能力的利用程度。

根据前面案例,假设张某的创业项目的正常销售量为 1 250 件,已求得盈亏临界点销售量为 1 000 件,那么:

$$盈亏临界点作业率 = \frac{盈亏临界点销售量}{正常销售量} \times 100\%$$

$$= \frac{1000}{1250} \times 100\%$$

$$= 80\%$$

也可以用销售金额来计算盈亏临界点作业率:

$$盈亏临界点作业率 = \frac{盈亏临界点销售额}{正常销售额} \times 100\%$$

$$= \frac{1000 \times 10}{1250 \times 10} \times 100\%$$

$$= 80\%$$

计算结果表明,张某的创业项目的作业率必须达到正常作业的 80% 以上才能够盈利,否则将会亏损。

[案例]

2009 年 8 月,赵某准备投资生产产品 A,首先收集了计算分析项目的经济效益所需要的收入成本信息。根据当时的市场情况,生产一件 A 产品需要耗费直接材料 50 元,直接生产工人工资 30 元,生产产品领用低值易耗品等变动制造费用 15 元,生产车间设备折旧费、财产保险费、车间管理人员工资等固定制造费用 200 000 元/月,销售费用中销售人员按销售件数的提成等变动销售费用为 5 元/件,销售人员基本工资等固定销售费用为 150 000 元/月,管理费用中全部为固定费用,其金额为 50 000 元/月。按照当时的市场价格,每件 A 产品销售价格为 150 元。每月的正常产销量为 10 000 件。

1.计算项目利润

在收集项目的相关收入费用信息的基础上,对项目的利润进行了测算。根据公式:

利润 = 单价 × 销量 − 单位变动成本 × 销量 − 固定成本

$= 150 \times 10000 - (50 + 30 + 15 + 5) \times 10000 - (200000 + 150000 + 50000)$

$= 100\ 000$(元)

从计算结果可知,在正常产销量情况下,该项目每月利润为 100 000 元。

2.测算项目的盈亏临界点

根据公式:

盈亏临界点销售量 = 固定成本/(单价 − 单位变动成本)

$= (200000 + 150000 + 50000)/(150 - 50 - 30 - 15 - 5)$

$= 400\ 000/(150 - 100)$

$$=8000（件）$$

盈亏临界点作业率＝盈亏临界点销售量/正常销售量×100%

$$=8000/10\,000×100\%$$

$$=80\%$$

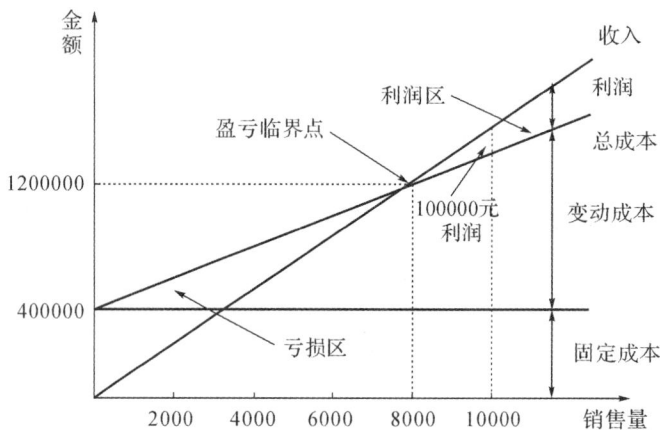

图 8-2　盈亏临界图

从以上计算结果可知，该项目盈亏临界点为 8 000 件。也就是说，只有产销量达到 8 000 件，才能实现盈亏平衡，即不盈不亏的状态。盈亏临界点销售量只能起到补偿变动成本和固定成本的作用，正常销售量超过盈亏临界点销售量的部分才能形成项目的利润，此时，超过部分形成的收入，即安全边际部分减去超过部分的变动成本即为利润的金额。

该项目盈亏临界点作业率为 80%，也就是说，只有达到正常销售量的 80%，才能实现不盈不亏。一旦达不到，将会发生亏损。从这个意义上来说，该项目发生亏损的可能性会较大。（图 8-2）

案例分析

哇哇创意城——财务预测

1.资金说明

● 本公司为有限责任公司，注册资本 90 万元，资本结构如表 8-1：

表 8-1　公司初期资本结构和规模

股本来源	自筹资金	风险投资
金额（万元）	54 万	36 万
比例	60%	40%

● 第一年的资金主要用于网站建设、固定资产投资、场地费用以及初期产品成本投入等方面。具体参见表 8-2：

表 8-2　资金用途情况一览表

单位:万元

名称		金额(万元)	备注
建立网站		3	第一年主要提供信息平台,不含电子商务系统
办公费		6	场地租金及水电物业等;半年
固定资产	二手车	5	一台
	空调	1.5	3 台左右
	电脑	6	15 台左右
	其他	3	
广告		3	半年(网络推广、校园推广为主)
参展费用		3	
产品成本		40	一季度
人员工资		17.25	一季度(按 13 人计)
其他		2	
合计		89.75	

2. 销售量及销售额预测

- 根据调查数据预测,第一年我公司的销售量约为 40 万只,以后两年约以 20% 的速度逐步增加;饰品在总体销量中的份额将逐步上升,预计销量以 30% 左右的速度上升。具体见表 8-3:

表 8-3　预计产品销量

单位:万只

	直营				加盟	
	低档袜	中档袜	高档袜	饰品	低档袜	中档袜
第一年	15	6	1	3	10	5
第二年	18	7.2	1.2	3.9	12	6
第三年	21.6	8.64	1.5	5.1	15	7.2

- 产品销售价格初步定在以下水平,参见表 8-4:

表 8-4　商品价目表

项目		售价(元)
低档袜	直营	8
	加盟	4
中档袜	直营	20
	加盟	10
高档袜		60
饰品		15

● 根据预计的销量和初定的售价,预测未来三年的销售额水平如表 8-5:

表 8-5 预计销售额

单位:万元

	直营				加盟		合计
	低档袜	中档袜	高档袜	饰品	低档袜	中档袜	
第一年	120	120	60	45	40	50	435
第二年	144	144	72	58.5	48	60	526.5
第三年	172.8	172.8	90	76.5	60	72	644.1

3. 成本预算

(1)销售成本预算

● 公司产品将委托指定工厂进行制作,初步拟定产品成本价如表 8-6:

表 8-6 产品进价表

项目	单价(元/只)
低档袜	2.5
中档袜	6
高档袜	18
饰品	7

● 根据产量,预计今后三年的销售成本预算如表 8-7:

表 8-7 产品销售成本

单位:万元

	低档袜	中档袜	高档袜	饰品	合计
第一年	62.5	66	18	21	167.5
第二年	75	79.2	21.6	27.3	203.1
第三年	91.5	95.04	27	35.7	249.24

(2)费用预算

● 由于公司暂时不打算举债,基本不产生财务费用,管理费用与营销费用开支具体如表 8-8A 及表 8-8B:

表 8-8A 全部人员工资一览表

单位:元

编号	岗位	工资	人数	说明
1	创意部	16000	2	
2	市场策划部	11000	3	
3	网络技术部	5000	1	
4	财务部	7000	2	每月
5	总经理	5000	1	
6	司机	2500	1	
7	销售部	11000	3	
合计		690000	13(全年)	

表 8-8B 管理费用一览表

单位:万元

项目	折旧	人工工资	办公费	其他	合计
第一年	2.945	55.8	12	3	73.745
第二年	2.945	61	12.5	5	81.445
第三年	2.945	66	13	8	89.945

管理费用说明:

a. 折旧及摊销费用:固定资产按 5% 的净残值,5 年的期限进行摊销,包括:

空调=15000×(1−5%)/5=2850 元

电脑=60000×(1−5%)/5=11400 元

二手车=50000×(1−5%)/5=9500 元

其他办公用品等折旧=30000×(1−5%)/5=5700 元

b. 人工工资:

创意部 2 人,每人每个月 8000 元

市场策划部 3 人,其中 1 人 5000 元/月,其余 2 人 3000 元/月

网络技术部 1 人,每月 5000 元

财务部 2 人,一人 5000 元/月,另一人 2000 元/月

总经理 5000 元/月

司机 2500 元/月

总计人员费用 558000 元。随着销售额的逐步上升,人工工资开支将逐步增加。

c. 办公费:主要指场地租金、物业、水电以及其他办公开支。随着销售额的逐步上升,办公费开支将逐步增加。

d. 其他:主要是网站建设维护费等。

表 8-9 营销费用一览表

单位:万元

项目	广告费用	展览会费用	销售部门人员工资	其他	合计
第一年	6	3	13.2	6	28.2
第二年	6	3	15	7	31
第三年	6	3	16.5	8	33.5

营销费用说明:广告费用主要用于在百度、新浪、谷歌、淘宝及其他新闻媒体上打广告;另外公司计划每年通过与政府、高校合作或自己开办的形式举办展示会,预计费用 3 万元;产品销售部 3 人,其中 1 人 5000 元/月,其余 2 人 3000 元/月,共列支工资 13.2 万元;其他主要指销售部

门产生的一些业务招待费、差旅费、通信费、运输费等。随着销售额的扩大,人员工资及其他费用逐步上升。(表 8-9)

(3)预计损益表

根据上表 8-3 至 8-9,第一年至第三年的损益情况参见表 8-10:

表 8-10 损益表

单位:万元

项目	第一年	第二年	第三年
一、销售收入	435	526.5	644.1
减:销售成本	167.5	203.1	249.24
管理费用	73.745	81.445	89.945
营销费用	28.2	31	33.5
二、利润总额	165.555	210.955	271.415
减:所得税	41.3888	52.7388	67.8538
三、净利润	124.1662	158.2162	203.5612

(4)重要数据分析

● 各类产品预计盈利情况分析,参见表 8-11:

表 8-11 第一年各类产品预计销售情况

	低档袜	中档袜	高档袜	饰品
销量(万只)	25	11	1	3
毛利(万元)	97.5	104	42	24
毛利率	61%	61%	70%	53%

表 8-11 列举了第一年各类产品预计的销售和盈利情况。我们可以看到,低档袜的销量最大,占了总体袜子销量的 67.8%,可能会花费相对较多的人工及运输、通信等营销费用,但是它对利润的贡献不及中档袜。中档袜销量只占总体销量的约 30%,却是利润的最主要来源,也是我们营销中需要重点关注的对象。高档袜由于价格较高,销量还没有打开,但是毛利率最高的一类产品,在未来的发展中,关键是如何打开其销路。饰品则是我们创意类产品将来从袜子走向产品多样化经营的第一步,当创意袜销量稳步上升之后,它将是我们公司打广告的重点产品,预计今后的销量会以更快的速度上升。

● 公司总体盈利能力分析

从表 8-12 看,公司第一年的销售利润率达到 28.5%,以后逐年递增,盈利能力较高。

表 8-12　前三年盈利能力一览表

单位:万元

	第一年	第二年	第三年
净利润(万元)	124.1662	158.2162	203.5612
销售利润率	28.5%	30%	31.6%

● 不确定性分析

对第一年的情况进行保本分析。首先,从公司投入的成本费用看,除销售成本是与销量成正比之外,其余的开支,如网店建设与维护费用、固定资产折旧、场地的租金及物业税费、广告及参展费用、人员工资等基本都是固定支出,总计约 100 万元。我们预计第一年产品销售毛利为 267.5 万元,算得保本销售额是预计销售额的 37.4%,即每种产品能够完成预计销量的 37.4% 就能保本。同时,我们也看到,各种产品的平均毛利相差较大,如卖一只高档袜的毛利是一只低档袜的 7.6 倍。如果实际销售中,高利润产品的销量能够有效扩大,则能加倍弥补相对利润较低产品销量的不足。

(5)预期

在创意袜销售额稳步上升的情况下,公司将创意产品延伸到其他产品领域,第四年起将加大成本,预计销售额 1200 万元,利润 550 万元。

(6)实际可行性

因本计划书考虑到融资可能,希望在资金到位情况下按此规划创业。但如果在实际中没有顺利融资,则公司将考虑在自筹资金条件下,适当缩小公司起步经营规模,先从创意袜设计销售做起,依托淘宝网进行网上销售,同时租用成本较低的场地开实体店用于直营和展示,利用目前国家对大学生创业的优惠政策,第一年房租可以减免。在此情况下,人员数量将控制到最低,销售量也许达不到预计效果,但在成本控制情况下,销量减少,尽可能保持原有的利润率,通过实际行动和成效证明项目的可行性,然后再次向社会融资,希望最终取得成功。

游戏训练

幸运格

参与人数:集体　　时间:不限　　场地:室内

材料:白色写字板、记号笔、奖品、表格

自行车	奖学金	笔记本电脑	电影票	手机

约翰	手机	杰克	笔记本电脑	罗塔	
艾米丽		米尔		比尔	电影票
保尔	自行车	丽莎	奖学金	伍德	
格林		利拉		欧文	书籍

在日常工作和学习中，每个人都会为了一定的目标而努力，当达到目标后，就会有机会获得某种奖励。要想在这个游戏中获胜，游戏参与者不仅要有运气，还要有一定的技能。游戏的步骤如下：

1.在交接班之前，在活动挂纸或者白色写字板上画一个大表格。格子的数量应该和游戏参与者的数量相同。如果参与游戏的人比较少，可以用两个格子来对应一个人的名字。不要在格子里写任何人的名字——游戏中大家会把自己的名字写在上面。然后在一页纸上画一个相同的表格，这个比较小的表格留给你自己（请参照第一个表格示例）。

2.挑选一些奖品，然后把每个奖品的名字写在你自己的那张表格里（而不是那个大表格里）。例如，假设有16个人参与游戏（因此就有16个格子），你可以挑选4个奖品，然后在16个格子里随机挑选4个格子，在这4个格子里写上4个奖品的名称。

3.指定一个大家差不多都能在交接时完成的目标。当有人完成这个目标时，让他（她）把自己的名字写在还没有写名字的格子里，同时，你也得把名字写在你的那张表格的相应位置（请参照第二张表格示例）。直到每个人都把自己的名字写在表格里，游戏结束。等到交接班时（或者每个人都完成了各自的目标），对照你的那张表格，把写有奖品的那个格子里的人名向大家公布，然后给这个人发奖。

这个游戏可以在虚拟的环境中进行，建议在大家工作、学习的间隙进行，这样更有利于大家树立目标意识。

游戏中完成任务的人都会得到一份奖品，这是一种鼓励，有助于每一个人树立目标意识。在投资致富的过程中，我们也要学会制定自己的财富目标。

一般来说，确立任何目标都需要遵循以下几个原则：

第一，具体量度性原则。如果财富的目标是"我要做个很富有的人"、"我要发达"、"我要拥有全世界"、"我要做李嘉诚"……那么你很难富起来，因为你的目标抽象、空泛，而这种目标是极易改变的。最重要的是，要具体可数，比如，你要从什么职业做起，要争取达到多少收益，等等。此外，这个目标是否有一半机会成功，如果没有一半机会成功的话，请暂时把目标降低，务求它有一半成功的机会，当目标达到后再调高。

第二，具体时间性原则。要完成目标，你要定下期限，在何时把它完成。你要制定完成过程中的每一个步骤，而完成每一个步骤都要定下期限。

第三，具体方向性原则。也就是说，你要做什么事，必须十分明确执著，不可东一榔头西一棒槌，朝三暮四。如果你有一个只有一半机会可能完成的目标，等于有一半机会失败，当中必然遇到无数的障碍、困难和痛苦，使你远离或脱离目标路线，所以必须确实了解你的目标，必须预料你在完成任务的过程中会遇到什么困难，然后逐一详尽地记录下来，加以分析，评估风险，把它们依重要性排列出来，与有经验的人研究商讨，将它解决。

起 航 篇

    机会真的出现了,我们能抓住吗?没有行动,只有幻想,机会只会稍纵即逝。这个篇章,我们要学习脚踏实地,一步一个脚印,把美好的蓝图变为现实。社会是有序的,"没有规矩,不成方圆。"在法律范围内充分利用政策办事,这才是明智之举。作为未来的文化企业家,我们要面对现实,展望未来,成功路上必有风险相伴,未雨绸缪,方成大事。所有美好的愿望,完美的设想,都要记下来,告诉自己也告诉别人,它将伴随我们左右,在创业路上它是我们的指南针,导航仪,亲密战友!起航吧,年轻人!

模块九 │ 法律税务环境

四小虫准备挂牌开业

我们都算过了,好像可以赚钱的呢,是不是可以开始创业了? 不对,我们得找个地方开业,还得有个执照,要不然成无证小贩要被抓的哦! 还有,我们是不是还要交税的呀,我们算成本时没算这笔钱,要紧吗? 要是我们亏本了,是不是也得交税呀? 要交多少呢? 四小虫开始焦头烂额了。

内容提要

现代商业战争必然有其游戏规则,做知法守法的创业者是最根本的。学习国家相关法律法规,充分运用政策,为创业铺就安全、高效的道路。

第一节　常用法规

法律是显露的道德,道德是隐藏的法律。

——林肯

一个世界级的企业,需要符合主流的价值观,遵守法律。

——台湾积体电路制造股份有限公司(台积电)创始人　张忠谋

对于即将毕业的大学生来说,毕业以后一部分人会继续深造一部分人会走上工作岗位,然而不可忽视的是还有一部分人走上了自主创业的道路。在创业的道路上必然会碰到法律问题。

在开始创业前,需要了解我国的基本法律环境。我国尚处于社会主义市场经济的初级阶段,在许多领域仍有很多计划经济的痕迹,政府对经济的管制还比较多,许多经营项目须经审批,行政检查比较多,税外费用也时有发生。随着政府经济管理水平和企业自律能力的提高,上述问题将逐步得到解决。

设立企业从事经营活动,必须到工商行政管理部门办理登记手续,领取营业执照。如果从事特定行业的经营活动,还须事先取得相关主管部门的批准文件。根据《民法通则》、《公司法》、《合伙企业法》、《个人独资企业法》等法律的规定,企业的组织形式可以是股份有限公司、有限责任公司、合伙企业、个人独资企业,其中以有限责任公司最为常见。设立企业还需要了解《企业登记管理条例》、《公司登记管理条例》等工商管理法规、规章。设立特定待业的企业,还有必要了解有关开发区、高科技园区、软件园区(基地)等方面的法规、规章及有关地方规定,这样有助于选择创业地点,以享受税收等优惠政策。

我国实行法定注册资本制,如果不是以货币资金出资,而是以实物、知识产权等无形资产或股权、债权等出资,还需要了解有关出资、资产评估等法规规定。

企业设立后,需要税务登记,需要会计人员处理财务,这其中涉及税法和财务制度,需要了解企业需要缴纳哪些税,还需要了解哪些支出可以进成本,开办费、固定资产怎么摊销等等。需要聘用员工,这其中涉及劳动法和社会保险问题,要了解劳动合同、试用期、服务期、商业秘密、竞业禁止、工伤、养老金、住房公积金、医疗保险、失业保险等诸多规定。另外,还需要处理知识产权问题,既不能侵犯别人的知识产权,又要建立自己的知识产权保护体系,了解著作权、商标、域名、商号、专利、技术秘密等各自的保护方法。在业务中还要了解《合同法》、《担保法》、《票据法》等基本民商事法律以及行业管理的法律法规。[①]

---

① 大学生创业网,2009－08－27。

第二节 企业形态

在建设创新型国家的进程中,中国民营企业要敢于突破,摈弃短视,争当全面创新的生力军。

——传化化学集团董事长 徐冠巨

1. 企业法律形态

中国民营企业的主要法律形态有:

股份有限公司、有限责任公司、外资企业、中外合资企业、中外合作企业、乡镇企业、股份合作制企业、合伙企业、个人独资企业、个体工商户、农村承包经营户等。

不同的企业法律形态有不同的要求,从而对企业产生诸多影响。这些影响包括:开办和注册企业的成本;开办企业手续的难易程度;业主的风险责任;寻找合伙人的可能性;企业的决策程序;企业的利润分配。

2. 各类企业法律形态的特点

不同的企业法律形态有各自的特点(详见下表)。了解它们,有助于你为自己的企业选择适当的法律形态。(表9-1)

表 9-1 常见企业法律形态比较

	业主数量和注册资本	成立条件	经营特征	利润分配和债务责任
个体工商户	• 业主是一个人或家庭 • 无资本数量限制	• 成立条件简单,业主只要有相应的经营资金和经营场所就可以了 • 个体工商户可以起字号	• 资产属于私人所有,自己既是所有者,又是劳动者和管理者	• 利润归个人或家庭所有 • 由个人经营的,以其个人资产对企业的债务承担无限责任 • 由家庭经营的,以家庭财产承担无限责任
个人独资企业	• 业主是一个人 • 无资本数量限制	• 投资人是一个自然人 • 有合法的企业名称 • 有投资人申报的出资 • 有固定的生产经营场所和必要的生产经营条件 • 有必要的从业人员	• 财产为投资人个人所有,业主既是投资者,又是经营管理者	• 利润归个人所有 • 投资人以其个人资产对企业债务承担无限责任

续　表

	业主数量和注册资本	成立条件	经营特征	利润分配和债务责任
合伙企业	• 业主两个人以上 • 无资本数量限制	• 有两个以上的合伙人,并且都依法承担无限责任 • 有书面合伙协议 • 有合伙人的实际出资 • 有合伙企业的名称 • 有经营场所和从事合伙经营的必要条件	• 依照合伙协议,共同出资,合伙经营,共享收益,共担风险	• 合伙人按照合伙人协议分配利润,共同对企业债务承担无限连带责任
有限责任公司	• 由两个以上50个以下的股东组成 • 注册资本因不同经营内容有法定下限	• 股东符合法定人数 • 股东出资达到法定资本最低限额 • 股东共同制定公司章程 • 有公司的名称,建立符合有限责任公司要求的组织机构 • 有固定的生产经营场所和必要的生产经营条件	• 公司设立股东会、董事会和监事会,并由董事会聘请职业经理管理公司经营业务	• 股东按出资比例分配利润,并以出资额为限承担有限责任
股份合作制企业	• 股东包括全体企业成员 • 无资本数量限制(有地方规定的例外)	• 无具体规定	• 企业成员入股,一般实行全员入股 • 建立资本金制度 • 职工既是参股人,又是劳动者	• 股东按出资比例分配利润,并以出资额为限承担责任
中外合作经营企业	• 投资人至少包括一个中方投资者和一个外方投资者 • 无特殊的注册资本限制。是有限责任公司形式的,注册资本按有限责任公司的规定执行	• 申请设立合作企业,应当将中外合作者签订的协议、合同、章程等文件报请国务院对外经济贸易主管部门和地方政府审查批准 • 无具体人数和注册资本限制	• 企业设董事会或者联合管理机构,依照合作企业合同或者章程规定,决定合作企业的重大问题。中外合作者的一方担任董事长或主任,由另一方担任副董事长或副主任	• 中外合作经营企业按照合作合同分配利润,并以其全部资产承担债务责任
中外合资经营企业	• 投资人至少包括一个中方投资者和一个外方投资者 • 属于有限责任公司形式,注册资本按有限责任公司的规定执行	• 申请设立合资企业,应当将中外合资者签订的协议、合同、章程等文件报请国务院对外经济贸易主管部门或者国务院授权的部门和地方政府审核批准,并符合有限责任公司的设立条件 • 外国合营者的投资比例一般不低于25%	• 合营企业设董事会,人数由投资各方协商。中外合作者的一方担任董事长,由另一方担任副董事长。正副总经理由合营各方分别担任	• 股东按出资比例分配利润,并以出资额为限承担有限责任

第三节 资金来源

> 风险投资投资的不是风险,而是投资风险最小的项目。真的要找风险投资的时候,必须跟风险投资共担风险,你拿到可能性会更大。
>
> ——马云

创业的门槛不仅在于更高的个人能力,还在于它需要投入资金以启动项目。何处获得创业的启动资金呢? 在麦可思完成的最新调查结果中(如下图 9-1),我们看到"父母/亲友投资或借贷"是超过一半创业者的启动资金来源,政府的任何资助只有 1%,微不足道,甚至民间的风险投资都是政府资助的 3 倍。

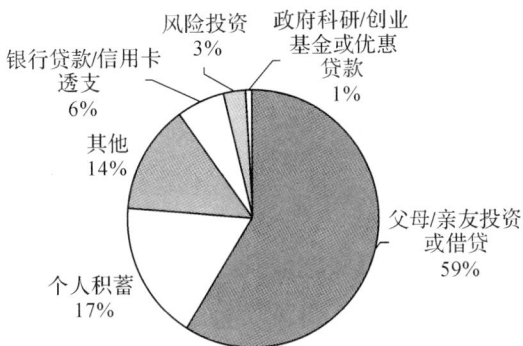

图 9-1 全国 2008 届大学毕业生自主创业的资金来源

数据来源:麦可思—中国 2008 届大学毕业生求职与工作能力调查

面对启动资金造成的门槛,这里提供给一些灵活的应对措施,供参考:

(1)善用小额贷款政策

为了支持大学生自主创业,国家制定了宽松的小额贷款优惠政策,具体措施在各地方会有所不同,你可以关注和查询相关信息,或向相关部门进行咨询。

(2)善用金融工具:抵押质押

如果你不具有小额贷款的条件,也没有关系。此时,你可以采取抵押或质押的方式获得银行贷款,比如利用自己或亲友的房产、存单、有价债券或者保单来办理抵押或质押贷款。

(3)善用社会资源:合伙创业

目前,个人合伙创业比较简单的形式是两个志同道合的朋友或者家庭成员共同投资成立合伙企业,属于无限责任公司;高级一点的形式是两个或两个以上人投资成立有限责任公司。后者相对于前者,风险相对较小,是普遍的合伙投资创业形式。

(4)善用非银行金融机构

目前社会上存在的一些非银行金融机构,也是市民创业融资的一个渠道。比如信托投资公司和典当行,这些金融机构都以融资方便、快捷而著称。

尽管这些手段可能仍不足以解决创业启动资金的来源,但是我们也应该乐观地看到,随着中国市场的发展,大学生自主创业越来越受到政府的重视、鼓励和支持,解决资金问题的途径也越来越多。

第四节 政策环境

如果把企业比作一辆公共汽车,那么,创业者只是这辆车上的司机而已,本车的核心目的是把来来往往的乘客运到他们想去的地方,只有乘客安全抵达目标,司机才有资格收取车费。如果司机误以为自己是中心,乘客是陪衬,那么,整个定位就大错特错了。所以,"金本位"成不了企业家,"权本位"也成不了企业家,"人本位"才有可能成为企业家。

——蒙牛乳业集团创始人 牛根生

近年来,为支持大学生创业,国家和各级政府出台了许多优惠政策,涉及融资、开业、税收、创业培训、创业指导等诸多方面。

大学毕业生在毕业后两年内自主创业,到创业实体所在地的工商部门办理营业执照,注册资金(本)在50万元以下的,允许分期到位,首期到位资金不低于注册资本的10%(出资额不低于3万元),1年内实缴注册资本追加到50%以上,余款可在3年内分期到位。

大学毕业生新办咨询业、信息业、技术服务业的企业或经营单位,经税务部门批准,免征企业所得税两年;新办从事交通运输、邮电通讯的企业或经营单位,经税务部门批准,第一年免征企业所得税,第二年减半征收企业所得税;新办从事公用事业、商业、物资业、对外贸易业、旅游业、物流业、仓储业、居民服务业、饮食业、教育文化事业、卫生事业的企业或经营单位,经税务部门批准,免征企业所得税一年。

各国有商业银行、股份制银行、城市商业银行和有条件的城市信用社要为自主创业的毕业生提供小额贷款,并简化程序,提供开户和结算便利,贷款额度在2万元左右。贷款期限最长为两年,到期确定需延长的,可申请延期一次。贷款利息按照中国人民银行公布的贷款利率确定,担保最高限额为担保基金的5倍,期限与贷款期限相同。

政府人事行政部门所属的人才中介服务机构,免费为自主创业毕业生保管人事档案(包括代办社保、职称、档案工资等有关手续)2年;提供免费查询人才、劳动力供求信息,免费发布招聘广告等服务;适当减免参加人才集市或人才劳务交流活动收费;优惠为创办企业的员工提供一次培训、测评服务。

以上优惠政策是国家针对所有自主创业的大学生所制定的,各地政府为了扶持当地大学生创业,也出台了相关的政策法规,而且更加细化,更贴近实际。了解这些优惠政策,会感受到国家和政府的支持力度,更加坚定创业的决心。

另外,到淘宝、EBAY等电子商务网站上开网店,正成为不少大学生近年来选择就业的新方向。在浙江省教育厅网站上,《浙江省教育厅办公室关于对普通高等学校毕业生从事电子商务(网店)进行自主创业认定的通知》公布,大学生上网开店只要达到一定条件,就可与经营实体店的大学生一样,认定为自主创业,有望享受到大学毕业生自主创业的相关优惠政策。

根据其规定,只要符合信用积分1000分(相当于淘宝"三钻"信用)、好评率98％以上,月收入达到当地最低工资标准,从事电子商务(网店)经营3个月以上,由毕业生本人注册4条标准,就可认定为"自主创业"。

经认定为自主创业的毕业生,不仅能享受普通高校毕业生就业同等待遇,高校对开实体店等自主创业的毕业生的优惠政策,开网店的毕业生同样能享受。浙江各地以及各高校,对于自主创业都有奖励措施,把开网店认定为自主创业后,开网店的毕业生就可以享受到这部分资金扶持。

据统计,自2008年9月以来,淘宝网上新开店铺每个月近20万家,其中大学生掌柜约占60％。在就业难背景下,网上开店相比实体店的门槛更低,对于刚毕业没有多少创业资金的大学生而言,是一个较好的创业平台。

案例分析

网吧:被整顿"整垮"

尽管大家对网吧褒贬不一,但不可否认的是,它对推动广大民众对互联网的认识起到了举足轻重的作用。从最初的几台计算机,到现在几十台,上百台,甚至几百上千台计算机的各种规模,各种服务类型的网吧都已出现。行业之间的竞争也随之愈演愈烈。

据统计,网吧行业每年为相关产业带来的间接经济收入达1282亿元。而且网吧还带动了电信、电脑设备、软件系统、餐饮、游戏、电子竞技等一系列产业的发展。中国最大的网络游戏厂商盛大网络在美国纳斯达克的上市,这个功劳有一半以上也要归功于网吧所带来的网游玩家。

俗话说:网吧这行当,不入行就无法知道其中的深浅,看似生意兴隆,实际上有很多是虚假的繁荣,网吧转让比比皆是。

最近,在广州市某区经营一家网吧的刘平心情忐忑不安——他正面临一个两难选择:自己开了1年的网吧到底要不要继续经营下去? 如果继续经营,利润会越来越薄,还要面临政府部门的各项整顿,实在无力支撑;如果把它卖了,现在谁又肯出个好价钱?

刘平1999年从广州一所大学毕业后,凭着一股初生牛犊不怕虎的闯劲,东借西凑筹集了部分资金,开了一家电脑专营店。有一次,他听说一家公司处理积压电脑,售价很低。刘平便用借来的20多万元资金,以低于市场价30％的价格一次购进了30台电脑。

刘平原以为这次会发一笔大财,可是电脑卖了不到三分之一,顾客便纷纷找上门来,反映电脑质量有严重的问题,要求退货。经技术鉴定,这批电脑的软驱和光驱有质量问题,刘平立即找到那家电脑公司，谁知那家公司早已人去楼空。刘平知道上当了，可是也没有办法，他只好一一向顾客赔礼道歉并作退货处理，结果20多万元的次品货物积压下来。

万般无奈之下，刘平抱着尽量少赔的想法找到一家大学，准备将这些电脑半价处理。刚进校门，他看到多媒体教室外有好多学生在排队，一问原来是在等着上网。这时刘平突然灵机一动，既然有这么多的大学生要上网，而上网的电脑一般不用软驱和光驱，何不就用这些电脑开家网吧呢。

有了这个想法，刘平不打算卖电脑了。他在学校附近租了两间房子，进行简单装修，配齐了桌椅，申请了网络通信线路，他的"新浪潮网吧"便开张了。干净舒适的环境，一排排崭新的电脑，吸引了大量的学生顾客。从早晨8点到晚上12点，他的网吧几乎天天爆满，一台电脑一个小时就给他带来3元的纯利润。这样下来，30台电脑一天能收入1500多元，结果没用半年便收回了包括电脑在内的所有投资。

正在刘平志得意满的时候，出现了意外情况。随着网吧行业管理的日益混乱，全国开始大规模整顿网吧。在一次政府开展的网吧扫黄活动中，刘平的网吧被列入了黑名单。原来，政府要求所有网吧都安装一个由政府提供的网络净化器，由于这套软件价格不菲，当时刘平由于手上的流动资金有限，就没有安装，结果成了网吧扫黄行动重点搜查对象。一次网管的疏忽，导致两个未成年的中学生偷偷在他的网吧里浏览非法网页。结果第二天，扫黄小组就来查，一是有人在网吧浏览非法网页；其次，刘平的网吧还非法接待未成年人。因此，刘平被罚了一大笔款。

更为不幸的是，刘平的网吧从开业以来，并未申领各种开办网吧的证照。因为行业内的人都知道，办网吧牌照非常麻烦，而且指标也很难拿到，总的来说，办好一张牌照，可以说是不死也要脱层皮。所以刘平认为网吧牌照"根本没希望拿得到"，当初也就没有办理，他的网吧就成了政府打击的黑网吧。

偏偏祸不单行，在又一次大检查中，刘平的网吧又被查出来装修不合格，有严重的消防隐患，勒令他停业整顿。经过几次打击之下，刘平元气大伤，来上网的学生也少了很多。再加上他的网吧附近又新开了两家网吧，比他的规模更大，装修更豪华，他的网吧在左右夹击之下，丝毫没有了竞争优势，最后不得不关门大吉。

案例分析：

众所周知，网吧是个鱼龙混杂的地方。经营网吧，首先就要考虑到守法经营的问题。尤其是开在学校附近的网吧，由于多数顾客是年轻人，就更容易出问题，也因此成了各部门大力清查管治的对象。消防、安全、未成年人等方面的各种专项整治行动纷纷出台，清查力度加强，网吧稍不留意就会被抓个正着，轻则罚款警告，重则停牌关闭。刘平的网吧虽然吸引了广大的学生客户，可是由于疏于管理，致使出现了浏览非法网页等问题，最终也由此走向倒闭。

网吧经营一定要注意两个问题：一是接待未成年人。未成年人进入网吧上网一直是社会对网吧最大的争议。对于网吧来说，客人已来到门口，就很难拒绝。但是，从网吧整体利益的长远角度来看，因一时之利而违法接待未成年人，一来有可能导致网吧面对执法部门的警告查处，而且要知道,一旦网吧被查出过一次违法接待,可能第一次只是罚款了事,但实际上执法部门已将你的网吧列入重点检查对象,到时,经营者就会疲于应付不同的检查队伍,严重时还能导致网吧无法经营下去。

二是网吧选址时,不能违反法律法规。在选址时,也要查看营业场所是否符合消防部门的《消防安全验收检查标准》:两个消防通道、3 层以上需安装喷淋、装修满足消防要求等规定。消防部门还规定不得在居民住宅楼内改建网吧,因此,网吧选址时一定要严格按照消防部门的要求,这样也可以为日后的装修省掉不少的资金和精力。

由此看出,创业项目选择和经营时必须要充分了解国家政策环境,并且必须遵守国家法规,否则靠投机取巧赚钱,早晚是要还的。

实训练习

印刷厂:不要自动平分股权

在开始创业时,有很多人往往会选择一些自己比较信赖的朋友、亲戚,甚至身边的亲人,以共同承担风险、共同分享利益为目的,由双方各自出资合伙做生意。由于彼此熟悉了解,因此在创业初期常凭感情做事,对于企业中出现的经营方向、用人问题、财务问题等也大都以忍让、和解的方式处理,而忽视了必备的契约签订和严格的约束制度。

随着企业的成长,这种工作关系引发的矛盾和问题会逐渐显露,不仅不利于企业的快速发展,有时甚至导致企业步入破产境地。

宋大海和唐枫是大学时一个寝室上下铺的兄弟,毕业后 10 多年来一直保持着密切往来。前些年,宋大海单位改制,眼见着昔日一些同事先后离厂,焦急和不安开始整日困扰着他。宋大海思前想后,觉得与其被动等待,还不如自己出去创业。就这样,他和单位签了"协保",离开了单位,并且力邀在一家印刷厂工作的唐枫一起创业,早有创业计划的唐枫欣然答应。

于是,宋大海和唐枫各自出资 20 万元,打算开办一家印刷厂。由于唐枫在印刷厂工作多年,对印刷厂的工作流程非常熟悉,再加上宋大海在事业单位的人际关系,在两个多年老友的密切配合下,印刷厂开得很顺利,随着机器轰隆隆的转动,不到半年就开始赢利。

创业之初,两人同甘共苦,但随着印刷厂的不断发展,赢利越来越多,两人之间的矛盾也开始显现。事情的开始是这样的:有一次唐枫到外地出差,看中了一种新型印刷机,这种印刷机比他们厂里用的旧印刷机效率要高出几乎一倍。于是,唐枫没多想就订购了两台,总共花了将近 20 万元。

宋大海知道之后,心里很不是滋味,这么大的事情,唐枫怎么就私自做主了呢? 怎么也该跟

他这个合伙人商量一下吧。可是,宋大海虽然心里不痛快,却顾及两人多年的友谊,并没有表现出来,只是压在了心里。谁知道这两台新型印刷机用了不久就出了毛病,找到生产厂家,人家又不肯退换,弄得唐枫左右为难。找宋大海商量,宋大海表现得很冷漠,说自己也没有任何办法。这样一来,唐枫也恼火了,本来工厂是两个人的,如今出了事情,宋大海怎么能不管不问呢? 这也太过分了吧。

两个人多年的友谊第一次出现了裂痕,但是,又都顾及面子,谁也不肯多做解释。僵持了一段时间,唐枫就借口妻子身体不好,请假回家了,这一走就是一个月,对厂里的事情不闻不问。宋大海一个人被丢在厂里,许多以前唐枫负责的工作都弄得无人管理,他一个人精力有限,难以支撑,致使印刷厂的管理开始混乱,工人也都开始怠工,有的已经打算辞职离开。

到了这个时候,宋大海再也忍无可忍,他通知在家的唐枫,印刷厂已经开始负债,经营不下去了。唐枫这才回到厂里,两个人坐下来商量关闭印刷厂的具体事宜。结果,在"散伙"时,两人又因为利益分配问题,产生激烈冲突。

几年之后,每当独自一人时,宋大海回忆起同学往事,愤怒怨恨之中不免又有些后悔和惋惜。"也许一开始我就考虑得太简单,太理想主义了。认识这么多年的朋友说散就散,合伙创业真是太难了。"

问题分析:

宋大海和唐枫在创办印刷厂的过程中,问题的产生和最后出现令人惋惜的结果,原因是多方面的。

首先,在决定合作的时候,对两人之间的关系定位不清楚。朋友合伙创业,其间掺杂感情因素,最易出现矛盾纠纷,在做生意的过程中,往往因为在决策权上和利益分配上产生矛盾,甚至闹到无法挽回的地步。在印刷厂成立时,两个人过分相信友情,在股份的设立上就考虑不周。在确定合伙时往往会有确定合伙人出资和数额的问题。此时,合伙人往往会陷入自动平分股权比例的误区,这就为以后重大问题的决策埋下隐患:一旦出现重大分歧和利益冲突,究竟谁说了算,就很难决策和平衡。当问题出现的时候,开始时两人顾及友谊,都压抑自己,迁就对方,以致矛盾总是无法很好解决,形成了"回避矛盾—压抑迁就—爆发冲突—互不相让—感情受损—矛盾加重"的循环模式。时间一长,两人的亲密友情消耗殆尽,只得黯然分手。

其次,对双方价值观、经营理念、管理风格和个性特点是否匹配等问题的分析和沟通不够。亲友合伙创业时,往往一厢情愿地认为,既然是亲戚、好友、同学,就一定能相处得好。但随着在一起的时间越来越多,各自的缺点也逐渐暴露出来。由于经营中不断出现的问题,双方的冲突就不可避免。又缺乏沟通,总感觉关系那么好说出来难为情。但是,当问题激化到一定程度,无法维持正常经营,导致资金短缺,举步维艰的地步,随着时间的推移,双方矛盾进一步恶化,直到整个企业瘫痪破产,才算罢休。结果每个人都受到了伤害,还反目成仇。

最后,好朋友之间合伙经营,最忌讳的就是职责不清,事先不定章程。一开始都觉得,大家是好朋友,感情自然不同于陌生的合作人,至于合作章程可有可无。然而事先不定章程是合作大忌,感情归感情,生意归生意。再好的亲戚朋友合作做生意,都必须建立一套健全的规章制度。如果做事情不计较,慢慢就会让感情变得很脆弱,以至于断裂。朋友之间可以求同存异,但生意伙伴绝不能。

请从企业法律形态的角度谈谈案例中"散伙"的根本原因,如果你是创业者会如何处理?

游戏训练

拦路虎

参与人数:集体参与 时间:10 分钟 场地:不限 材料:纸和笔

在追寻财富的路上,我们会遇到很多阻碍,这些阻碍来源于哪里呢? 这个游戏将会帮助我们解决这些困惑。游戏的步骤如下:

1.向游戏参与者传达这样一种理念:人们总是受制于种种束缚,正是这些束缚给我们设置了障碍,我们应该深入讨论一下这种现象。

2.利用一分钟时间让游戏参与者想一下最近打算开始或停止的事情。然后利用一分钟时间回想,是什么因素阻碍目标的达成,并列出一个清单:

(1)臆想中的约束。

(2)可以变通的约束。

(3)略有通融余地的约束。

(4)实际存在的、无法通融的约束。

3.向游戏参与者指出,根据对一家公司员工的调查,他们认定的阻碍力量中,有90%应属于可以变通的和臆想中的阻碍。

4.鼓励游戏参与者与其他人沟通,分享他们的想法,一起分析一下束缚他们的因素,并鼓励他们去改变,看看结果会怎样。

很多事情因为有拦路虎存在而被搁置下来,其实真正的原因不是它们难以解决,而是做事情的人没有坚持到最后,没有发现那只老虎实际上是纸做的。如果你希望有所改变,不妨制订一个行动计划去克服障碍,你的工作和生活将会因此发生许多改变。

任何事情都不是绝对的,一旦我们下定决心去做,再大的困难都不能阻碍我们。所谓尽人事,听天命,虽然不一定会成功,但只要做了,就一定会有收获。

做完游戏思考下面的问题:

1.你打算停止的事情是出于什么原因?

2.你认为哪些约束是臆想出来的?

这个游戏告诉我们,不要总是想象困难的存在,要积极行动,尤其在投资的时候。

相关链接

杰克很穷,也很懒,虽然他也想改变自己现在的窘迫状况,但是懒得去行动,每天吃饱了就睡,睡醒了就去找人闲聊或者下棋。他的妻子对此很头疼,时常骂他,但也无济于事。

一天,杰克的妻子在路边捡到了一个鸡蛋,十分高兴地跑回家来,准备中午做炒鸡蛋吃。杰克看到了,对妻子说:"我们先不要把这个鸡蛋吃掉,这可是可以帮助我们发家致富的宝贝呢。"

妻子对他的话嗤之以鼻:"你每天好吃懒做,只会做白日梦,我从不指望你让这个家富裕起来。"

杰克拿着鸡蛋,将他的计划和盘托出:"你看,现在这是一个鸡蛋,而我们家正巧有一只会孵蛋的母鸡,那我们就可以让母鸡将这个蛋孵出小鸡来。如果孵出来的是公鸡,我们就把它卖了再买小鸡回来养;如果是母鸡就更好了,可以为我们孵出更多的鸡蛋,这样时日一长,我们就可以靠卖鸡蛋或者卖母鸡赚到钱。赚到钱后可以去买一头牛,用牛耕地比人快多了,这样我们就有更多的时间去开垦更多的土地,过个一年半载的,我们就能置下房屋田地了,我们的日子就会富裕起来的。"

杰克的话让妻子觉得还有几分道理,便对他说:"那就把鸡蛋拿去让母鸡孵吧。"杰克听妻子这样说,不禁又打起退堂鼓:"我只是随口那么一说,野菜太难吃了,况且我们也吃了好几天,今天好不容易有了一个鸡蛋,我们还是把它吃了吧。我刚才说的要都变成现实并不容易呢。""就知道做发财梦,自己也不去努力,你这种人还想吃鸡蛋,我才不给你做呢。"妻子生气地推开杰克走出了院门,杰克一下没站稳,手里的鸡蛋也掉在地上打碎了。

杰克后悔不堪。

如果我们都和杰克一样,光抱有发财致富的梦想,却不去行动只会是竹篮打水一场空。

模块十 | 经营管理规划

四小虫开始四处筹措

四小虫的虫堡要开张了，还有好多事没做呢。我们怎么分工呀？谁来管账？谁去谈生意？谁去进货？人手够不够啊？我们第一次进货得多少钱？进多少货合适？先选哪些产品？怎么卖呀？问题多多哦。四小虫手忙脚乱、千头万绪，剪不断，理还乱。

内容提要

　　商战即人战,没有好的管理,就没有好的团队。学习基本的管理知识,将创业团队进行合理的配置,让合伙人各尽其才,发挥合力作用,方是企业生存之本。

第一节　创业团队管理

　　世界上没有完美的个人只有完美的团队。

——陈安之

　　不踢球不知道,团队力量太重要。足球场上一个球星本事再大但球队缺乏团队作战能力,这样的球队还是走不远。

——毕福剑

　　创业时期千万不要找明星团队,千万不要找已经成功过的人。创业要找最适合的人,不要找最好的人。什么是团队呢? 团队就是不要让另外一个人失败,不要让团队任何一个人失败。

——马云

　　创业团队对于企业的创立成功、提高企业的生存率及企业的发展潜力具有非常重要的影响。俗话说"三个臭皮匠顶过一个诸葛亮","臭皮匠"们胜过足智多谋的"诸葛亮"就是因为 3 个或多个"皮匠"们相互协作的结果。一个高效团结的团队是如今这个日渐复杂的商业社会所必需的。对创业者来说,还处在创业起步阶段时,成功地组织起一个有效的创业团队将对创业成功起着至关重要的决定作用。在竞争日益激烈的创业环境下,单打独斗显然是不明智的,团队作战才是创业者最好的选择。

1. 创业团队组建[①]

　　所谓创业团队,是指在创业过程中,一些才能互补并负有共同责任,有共同的价值观,愿为统一创业目标而奉献的少数人员的集合。创业团队是整个创业过程中最重要的一个环节。一个好的创业团队对于创立新的企业起着举足轻重的作用。新创企业的发展潜力、成功与否与创业团队有十分密切的联系。一般来说,创业团队构成的要素包括目标、定位、职权、计划和人员。各要素之间相互影响、相互作用,缺一不可。

　　所谓创业合作伙伴,是指在创业过程中,与创业者一同参与创业的合作的伙伴。创业合作

---

　　① 杨安,兰欣,刘玉. 创业管理—成功创建新企业[M].北京:清华大学出版社,2009.

伙伴也是创业者,二者共同组织、参与、促进创业的发展。人的社会属性告诉我们,在纷繁复杂的现实社会,一个人的力量往往不能完全应付各方面的需要,多人组成的团体能各取所长、各司其职,发挥集体的力量,从而能有效地避免因个人力量单薄所导致的创业失败。作为创业实体来讲,绝大部分法人公司都需要多名发起人创立,这是法律对建立创业合作伙伴关系的要求。创业团队当中,并不是所有人都是举足轻重的,构成团队核心的是由几个创业合作伙伴组成的团队骨干,这是研究创业团队的首要部分。

对于创业者来说,寻找创业合作伙伴、组建创业团队是非常重要的。创业者在选择创业合作伙伴时,必须从多方面考虑自己的真正需要,充分考虑创业的环境和自己的切身利益。一个理想的创业合作伙伴不仅是一个能为企业提供资金、技术、安全感和其他方面帮助的人,更重要的是,它还应该是一个能让创业者信任、尊敬并同甘共苦的人,是一个能与创业者的才能、性格等方面形成互补的人。

值得一提的是,知心朋友并不等于创业合作伙伴。由于对社会事物的接触具有局限性,对创业合作者的选择往往会感情用事,比较容易单纯地把身边亲密的朋友等同于最理想的创业合作伙伴。当友情面对金钱的困惑、公司经营的压力的时候,不是都能经受得住考验的。默契的合作者有可能在长期的合作中成为知心朋友,但知心朋友并不一定都能成为最好的创业合作伙伴,所以在选择合作人的时候,千万不能感情用事。

本田宗一郎的名字与他的企业一样享誉全球,然而其搭档藤泽武夫却鲜为人知。1949年进入本田公司的藤泽是本田宗一郎的亲密的合作伙伴。本田宗一郎的继任者曾经说过,如果没有藤泽的加盟,本田公司也许支撑不了十年。本田公司的实际经营者是藤泽,而本田则是总工程师。正是因为藤泽的出色管理,才使得本田宗一郎能够全身心地投入到技术研究和开发工作中。有许多人甚至说,如果本田没有遇到藤泽,可能到最后也只是滨松市一家中小企业的老板。本田创业之初并非一帆风顺。他首先面临的一个问题就是缺乏资金和销售网点。藤泽决定给日本全国各地的自行车店写信,宣传该产品。据说当时为了写这些信藤泽经常是通宵达旦地工作。终于,"功夫不负有心人",在很短的时期内,本田赢得了5500家自行车店的加盟,形成了遍布日本列岛的销售网点。藤泽与本田的配合可以称得上是企业史上的珠联璧合。比如,本田个性很强,而且在技术问题上从不妥协,经常训斥技术人员,有时甚至动手,类似这样的"善后"工作都由藤泽来处理。

当然,在其他知名企业中,我们也能够看到相似的组合,如索尼公司的创始人井深大与盛田昭夫。因为,一个人的精力和能力毕竟有限,因此在创业时期能否整合人才方面的资源就显得尤为重要。

总之,创业者在选择与自己共事的合作伙伴和组建创业团队的时候,要倾向于选择那些背景、教育和经历都与他们自己更加相似的合作创业者。由于团队中广泛的知识、技术和经验有利于新企业,因此,在互补性而不是相似性的基础上选择合作创业者通常是一种更有利的策略。一种经验说法是,团队成员在价值观上的相似有利于志同道合,而在能力构成方面最好是优势互补。

2. 创业团队的类型

创业团队从组成结构上来看,可以分为两大类。

(1)"核心式"创业团队

这种创业团队具有权威的核心主导,组建团队的人往往就是这个团队的领导核心,其他人力资源围绕着这个领导核心运转。例如,太阳微系统公司创业当初就是由维诺德·科尔斯勒确立了多用途开放工作站的概念,接着他找了另外两位软件和硬件方面的专家一起创业。

(2)"圆桌式"创业团队

这种创业团队也称之为群体性的创业团队,其建立主要来自因为经验、专长和共同目标而结成的一个群体,经由群体成员彼此在一起发现商业机会,并且能充分运用团队内部分工、发挥各自专业优势,组建呈圆桌形状的、参与者都有较大发言权的团队协作关系。例如,雅虎的杨致远和同学大卫·费罗就是基于一些互动激发出创业点子,然后合伙创业的。

3. 创业团队的作用

在创业过程中,组建创业团队有以下意义。

(1)有利于提高创业绩效。团队的作用就在于把工作上相互联系、相互依存的人们组成一个群体,以便能够以更加有效的合作方式达成团队的目标。创业团队清楚地了解所要达到的目标,并坚信这一目标包含重大意义和价值,这一目标的重要性激励着团队成员把个人目标升华到企业目标中去。在高绩效的团队中,成员清楚组织希望他们做什么工作,以及他们怎样共同工作以完成任务。

(2)有利于塑造一种团队合作的氛围,提高参与者士气。优秀的创业团队往往注重成员之间的相互配合,以提高参与者的士气,另外也通过彼此之间的合作来发展团队成员之间的友谊,塑造一种团队合作的氛围。团队成员希望也要求相互之间的帮助与支持,以团队方式开展工作,促进了成员之间的合作并提高了员工的士气。团队规范在鼓励其成员追求卓越的同时,还创造了一种增强工作满意度的氛围。

(3)有利于促进多元化和创意,进行战略性思考。由不同背景和经历的个人组成的群体,看问题的广度比单一性质的群体大。同样,由风格各异的个体组成的团队所做的决策,往往要比单个个体所做的决策更有创意。通过团队的组建和管理,可以减少浪费,减轻官僚主义作风,提高工作效率。

(4)有利于找到或培养必要的技术与人才。创建企业是否掌握创业需要的"核心技术"或"根部技术",是否拥有技术的所有权,决定着创业的成本,以及新创企业能否在市场中取得成功。尤其对依托高科技的创业而言更是如此。创业不仅需要持续的技术支持,还需要各种出色的创业团队,创业投资者真正看中的往往就是创业所依赖的技术的潜能以及出色的创业团队。

(5)有利于吸引风险投资,扩大企业规模。创业团队对创业成功的重要作用已得到风险投资家的广泛认同。一个喜欢独立奋斗的创业者固然可以创业,但是一个团队的营造者却能够创建出一个能够创造重要价值并有收益选择权的公司。没有团队的新创公司也许不一定会失败,但要创建一个没有团队仍具有高成长潜力的风险企业却极其困难。美国学者一项对 20 世纪 60 年代创立的 104 个高技术企业的研究指出,年销售额达 500 万美元或更多的高成长公司中的 83.3% 是由团队创立的,而那些夭折的公司大多只是由少数几个创业者组成,这类公司占 53.8%。在对美国波士顿地区沿 128 号公路构成新企业群的顶级 100 个企业的研究中发现,其中 30% 的企业有多个发起人;在 86 个企业中,实际上 83% 的有 3~4 个发起人,17% 的企业有 4 个或更多的发起人,9% 的企业有 5 个或更多的发起人。正因为如此,风险投资者在帮助组建创业团队方面已经变得更加积极。

4. 创业团队的管理

任何一个创业者都不可能在一开始就建立起有效的团队。团队的形成如同个人的成长一般,也要经历不同的发展阶段。很多时候,团队是在企业创立一定时间以后随着企业的发展逐步形成的,而且在这一过程中还进行不断的调整。

创业团队的人员流失率高是一个普遍的现象,因为创业目标的实现具有极大的不确定性,于是很容易出现团队目标与个人发展目标的偏差,另有个人目标的团队成员是最容易流失的。创业团队分裂最容易发生在企业从创业初期向稳定发展阶段过渡的时期。创业初期的特征是组织的创立者将所有的精力都投入到生产和市场的技术活动中,以求得在市场中的生存,企业的组织是非规范化和非官僚制的,工作时间较长,大家为了生存而奋斗,不太计较个人的得失。而当企业度过生存期,组织开始提出明确的目标和方向,部门也随着权力层级、工作分工而建立。企业在由创业初期向稳定发展期过渡的这段时间中,随着企业从不规范转变到正常经营管理状态,创业团队中的一些矛盾很容易暴露出来,而这些矛盾正是创业团队分裂的主要原因。

要创业团队在创业过程中保持稳定,需要从以下两个方面予以加强。

(1)制定有效的激励机制,充分调动成员的积极性,把团队成员的作用最大限度地发挥出来。团队领导者应尽可能了解团队的需求,并且及时采取有助于团队迈向成熟与高绩效的行动。在组建和管理团队的过程中,创业者应紧紧围绕目标明确的原则。只有目标明确,工作才会有效。同时要使团队成员所担任的职务同他具有的权力和所担负的责任相匹配,既要考虑团队所需要的高素质,又要考虑成员的能力互补。而且团队成员之间的相互关系,团队的奖惩制度、考核标准、激励措施以及各种团队章程一定要以规范化的形式书面确定下来,以免带来不必要的混乱。

(2)保证创业团队成员间通畅的沟通渠道,进行持续不断的沟通。团队开始工作时要沟通,遇到问题时要沟通,解决问题时也要沟通,有矛盾时更要沟通,沟通的时候要多考虑团队的目标愿景和未来的远大理想,多想有利于团队发展的事情,做到以诚相待。并经常进行以获取超过个人水平的见解为目的的会谈,鼓励成员将他们认为最困难、最复杂、最具冲突性的问题放到团队中来讨论,自由地表述各自的观点并加以验证,使彼此真诚相待,让每个人以真实的想法在交流中碰出火花。

第二节　组织结构设计

一个组织要有不断创新的能力,一个组织的文化提供了这个公司能不能具有持续创新的能力。

——张朝阳

今天的组织需要的是由一群平凡的人,做出不平凡的事。有效管理者的自我发展,是组织发展的关键所在。

——"现代管理学之父"彼得·德鲁克

组织是人们以合作的方式去实现共同目标的工具,任何管理都离不开组织。创业者只有把自身的工作做好,才能有效地实现管理的目标。组织工作能否做好,关键在于是否具有一个高效合理的组织结构。管理中的组织职能首先是对管理人员的管理劳动的管理。组织结构的设计就是要在管理劳动分工的基础上,设计出组织所需的管理职务和各个管理职务之间的关系。

组织结构是指组织内部各构成部分及各部分之间确立的相互关系形式。从实现组织目标的过程来看,组织结构是组织将它的工作划分为具体的任务,并且在这些任务当中实现合作的方式。组织结构不仅静态地描述了组织的框架体系,而且动态地描述了这个框架体系是如何在分工与合作的过程中把个体和群体结合起来去完成工作任务的。

个体劳动者和手工作坊不存在组织结构问题。而现代企业组织中,由于时间和精力的限制,主管人员不可能直接地、面对面地安排和指导每个成员的工作,而需要委托或多或少的受托人与他一起分担管理工作。委托多少人?委托什么样的人?受托人从事何种工作?他们在工作中的关系以及与委托者的关系如何?解决这些问题就需要设计组织机构和结构。

管理幅度也称为管理跨度,它是指一个管理者能有效地直接管理下属的人数。组织的最高主管因受到时间和精力的限制,需委托一定数量的人分担其管理工作。委托的结果是减少了他必须直接从事的业务工作量,但与此同时,也增加了协调委授人之间关系的工作量。因此,任何主管能够直接有效地指挥和监督的下属数量总是有限的。在组织中,逐级委托,直至受托人能直接安排和协调组织成员的具体业务活动,由此形成组织中最高主管到具体工作人员之间的不同组织层次。显然,组织层次要受到组织规模和管理幅度的影响。一般来说,组织规模越大,组织成员越多,则组织层次就越多。在组织规模一定的条件下,管理幅度越大,组织层次越少;反之,管理幅度越小,组织层次越多。

直线职能制组织结构是目前中小企业采用的常见形式,它以直线制结构为基础,并将职能制结构的优点融入其中,既设置了直线主管领导,又在各级主管人员之下设置了相应的职能部门,分别从事职责范围内的专业管理。其结构如图 10－1 所示。在这种组织结构中,两类人员的职权必须是十分清楚的,即一类是直线主管领导人员,他们拥有对下级的指挥和命令的权力,承担着实现所管理的部门的业务目标的任务;另一类是职能部门的职能管理人员,他们只能起参谋和助理的作用,对下级机构可以进行业务指导、提出建议,但无权向下属机构及其管理人员发布命令。

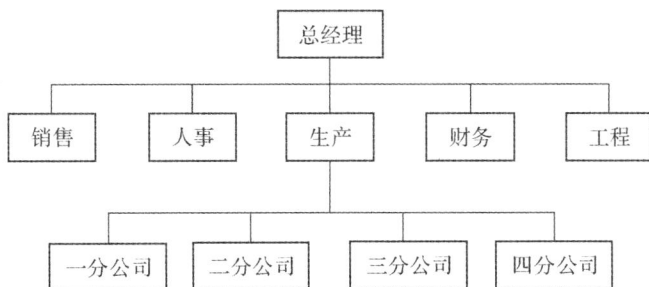

图 10-1　直线职能制组织结构

直线职能制组织结构的优点是:整个组织既保证了命令的统一,又发挥了职能专家的作用,有利于优化行政管理者的决策。因此,它在企业组织中被广泛采用。其主要缺点是:一是各职能部门在面临共同问题时,容易从本部门利益出发,从而导致意见和建议的不一致,甚至可能发生冲突,这些加大了上级管理者对各职能部门之间的协调负担;二是职能部门的作用受到了较大的限制,下级业务部门会忽视职能部门的指导性意见和建议。为了克服这个缺点,可以有限制地扩大职能部门的权力,如授予职能部门强制性磋商权,要求直线指挥人员在重大决策问题上必须与职能部门讨论和商量。

[案例]　某广告公司组织结构设计

公司的组织结构图

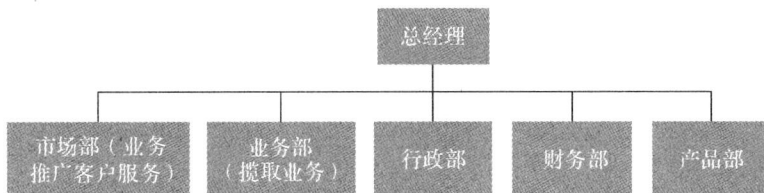

图 10-2　广告公司组织结构

目前该公司的管理幅度是一对五,就是一个总经理,管理五个职能部门。现在就要分析这样的管理幅度是否合理。要设计恰当的管理幅度,首先应该对组织各部门各层级的横向管理范围做出判断,找出影响组织效率的主要因素并做改进;通过前后的绩效对比不断微调,如此来确定上级领导人能够直接有效管理的下属数量并达到最佳。这里评判各部门层级横向管理范围涉及的因素就有公司的业务量、公司的利润率、公司的核心业务、公司规模(人数)。

公司发展到一定阶段,有了一定积累后,出现了客户、财务、成本方面的问题。可能需要作出一些调整。

方案一：如果公司规模小,公司完全可以将业务部分拆分别并入市场部和产品部,财务部和行政部也可以合并。主要是节约人力资源成本。组织结构图如下：

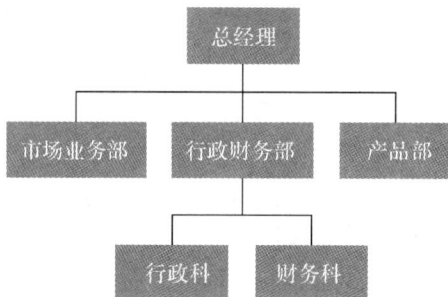

图 10-3　广告公司组织结构调整方案一

市场业务部：负责公司推广,客户服务,业务承揽。这样公司营销人员开发的客户,也由营销人员进行客户服务,客户面对的始终是熟悉的面孔。同时业务揽取后,产品部立即跟进,加紧与客户的联系,两大部门同时对客户服务,寓服务于日常的工作当中。两大部门建立相联结的客户数据库。避免因人事变动而对业务产生的影响。

行政财务部：负责公司的广告材料采购,员工后勤管理、员工食宿考勤等,负责公司财务和员工奖金发放。

产品部：吸收了原来客户部的人员,可以使产品部能更好地领会客户的意图,制作出客户满意的产品。仍然负责公司原有的业务：数码打印、后期装订、亚克力雕刻、广告安装、写真喷绘、展览展示、户外广告、灯箱牌匾。

方案二：如果公司的业务量比较大,可以将方案一中财务部独立出来。一方面,以独立部门处理大量的财务往来会更有效;另一方面,可以避免在一个大部门下由于资金往来巨大引起的贪污行为。公司的业务多,其他的后勤、所需广告材料也多。这样这种组织结构就适应了业务的增加。

如图：

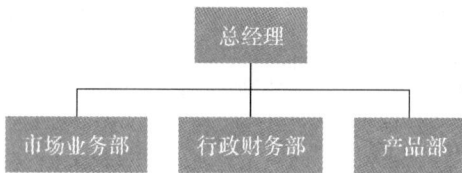

图 10-4　广告公司组织结构调整方案二

方案三：广告设计和广告制作是广告公司业务的两大基石,不可偏废其一。所以在以上的组织结构设计中,可以加上广告策划设计部门。即如图：

广告策划设计部的设立,主要是使公司具有强大的广告策划能力,这将是公司的一个品牌。

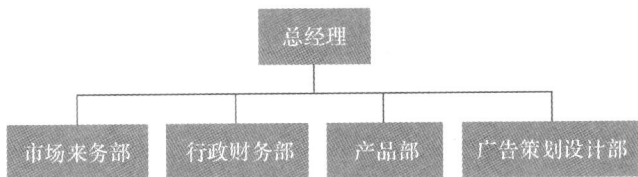

图 10-5　广告公司组织结构调整方案三

如果公司的广告策划设计能力很强,则可以将其作为公司的核心竞争力进行培养,产品部的部分非核心业务或赢利较小业务可以外包。

第三节　企业文化建设

品质不仅仅是团队,它还是文化,是制度,是一整套东西。

——马云

如果一个历史悠久的公司能够永葆青春,它要有一个好的内部创业文化,各个部门都要有创新精神,要敢于否定自己的过去。搜狗的推出就是搜狐创新精神的一次体现。

——搜狐公司董事局主席兼首席执行官　张朝阳

企业文化是在一定的社会历史条件下,企业生产经营和管理活动中所创造的具有本企业特色的精神财富和物质形态的总和,它包括文化观念、价值观念、企业精神、道德规范、行为准则、历史传统、企业制度、文化环境、企业产品等,其中价值观是企业文化的核心。

企业文化是一种从事经济活动组织内部的文化,它所包含的价值观念、行为准则等意识形态和物质形态是在企业发展中逐渐形成并得到企业所有成员认可。进一步讲,企业文化分为广义和狭义两种,广义的企业文化是指企业物质文化、行为文化、制度文化以及精神文化的总和;狭义的企业文化是指以企业价值观为核心的企业意识形态。

从企业发展的动力来看,资本、人力资源、技术、管理和制度,都是企业发展的动力。但是,近些年来的研究发现:企业增加资本投入、引进人才和技术、借鉴先进的管理方法和管理制度,给企业所带来的发展并不长久;而唯有企业文化,才是企业持续发展的核心动力和最终动力之源。作为大学生初创企业,要有长远考虑,要在创业初期建立适合社会需要的企业文化,特别是企业经营理念、企业价值观、企业哲学以及企业管理制度等要清晰、明确,这样才有利于员工之间的沟通、工作的协调和目标的实现。

企业文化是企业发展的灵魂,是企业发展的核心竞争力,企业文化决定着企业的兴衰成败。在 1993 年到 1995 年间,IBM 咨询公司对《财富》500 强企业中的 37 家所作的调查研究显示:一个企业的文化,直接影响着它的命运。也就是说,重视企业文化,并在企业内部形成良好融洽的企业文化氛围的企业,其活力和发展潜力都很好。而那些短期趋利的企业,则容易出现这样那样生产、管理和理念上的种种问题,而使企业陷入困境。企业文化是每个成功企业所必有的理念,它在市场大潮中发挥着无可替代的作用,并对企业的发展产生深远的影响。

案例分析

哇哇创意城——经营管理规划

1. 组织结构

由董事会,总经理,销售部、财务部、企划部、人力资源部、创意开发部、网络技术部组成。

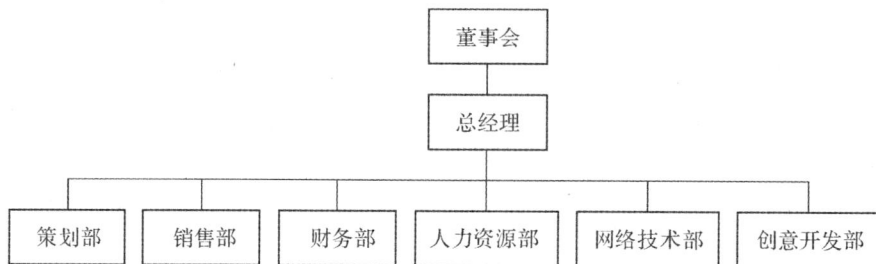

```
                        ┌──────────┐
                        │  董事会   │
                        └────┬─────┘
                        ┌────┴─────┐
                        │  总经理   │
                        └────┬─────┘
   ┌──────┬──────┬─────┼──────┬──────┬──────┐
 ┌───┐  ┌───┐  ┌───┐  ┌──────┐ ┌──────┐ ┌──────┐
 │策划部│ │销售部│ │财务部│ │人力资源部│ │网络技术部│ │创意开发部│
 └───┘  └───┘  └───┘  └──────┘ └──────┘ └──────┘
```

图 10-6 哇哇创意城组织结构设计

2. 主要业务部门的职责

销售部:

- 根据市场的需求制订销售方案并实施
- 不断地拓宽销售渠道,加强销售渠道的管理
- 协调客户,统筹售前、售后的服务
- 不断提高自身的营销素质,提高销售量

策划部:

- 确定企划目标
- 根据市场的变化和产品特点制定并且实施企划方案,进行产品推广
- 制定哇哇创意城的形象设计及发展规划
- 为各部门提供促销宣传和广告服务,制定并组织各类相关活动
- 组织和实施公司不同时期的促销活动
- 进行市场调研工作,及时了解本地区的消费结构和商品状况,制定相关的销售促销策略和方案

网络技术部:

- 负责网站的建设与日常维护工作
- 负责网站的数据统计工作
- 负责网站相关辅助软件的开发

- 负责维护网站的安全工作
- 负责与其他网站建立联盟

  创意开发部:
- 负责创意产品的设计开发工作
- 每季度提出新创意产品的开发方案
- 负责审核创客上传的创意产品
- 负责建立并维持与创意工作室的合作关系
- 负责创建统一风格的"哇哇"品牌

实训练习

中国"海尔文化"激活"休克鱼"

1995 年 7 月 4 日,海尔兼并了青岛红星电器厂。红星厂主要生产洗衣机,累计亏损达 2.39 亿元,无法还贷。海尔只是派了三个人去。去之前,张瑞敏对他们说:"红星厂搞成这个样子,是人的问题,是管理问题。一千万,一个亿,海尔拿得出,但现在绝对不能给钱。要通过海尔文化、通过海尔的管理模式来激活这个企业。"

这三个人到了红星厂,做的第一件事是按海尔文化来建立干部队伍。因为干部是企业的头,首先要把"鱼"脑子激活,才有可能把整条"鱼"从睡梦中唤醒。他们通过职代会来评议现有的 105 名干部,决定定编 19 名。海尔人在红星厂烧的第一把火,就是营造一个公开竞争的氛围,让原来所有的干部和全厂职工一起参加干部岗位竞争。结果,原来的 100 多名干部,通过竞争上岗的只有 30 多人;从来没有当过干部的人,有十多个通过竞争成了干部。这件事,一下就把大家的积极性激发出来了。公开、公平、公正竞争的氛围,是一股强大的推动力,人们不知不觉地就被推动得从迈方步到跑步前进了。

干部问题解决以后,还面临一个难关——资金问题。在当时的红星厂里,退回来的大量洗衣机堆积在仓库里。所有的销售人员都在家里待着,工人没有活干,发工资的钱也没有。红星厂的一些人找到海尔总部要钱。张瑞敏对他们说:"钱肯定不给。你们的货都套到商场上去了,要想办法把货款要回来发工资。现在虽然是淡季,但从海尔的理念来看,只有淡季的思想,没有淡季的产品。如果你思想处在淡季,就会把消极等待的行为看成是正常的;如果你认为没有淡季,就会创造出一年四季都一样卖得很好的产品来。树立了这样的观念,什么事情干不成呢?"于是,他们以山东潍坊市作为试点,派人去催要货款。潍坊的商家说:"不行。你们厂有很多产品质量太差,都积压在仓库里,要钱的话,这些问题得先解决。"派去的人在总部的支持下,就以海尔的名义作出担保:"第一,以后给你们的产品肯定不会再有质量问题。第二,原来有问题的产品全部收回,如果你们不放心的话,现在就可以把这些产品收回来当场销毁。"商场的人感动了,说:"行了,有了这些担保就信任你们了,你们也不必在这里销毁,拿回去处理吧。"这样就把货款拿回来了。潍坊的试点成功以后,立即推广,红星厂里的销售人员全派出去催收货款,缓解了资金困难。

海尔兼并红星,就是这样派了三个人去,没有增加一分钱的投资,没有换一台设备,主要是去营造公开、公平、公正竞争的文化氛围,灌输并实践海尔的生产经营理念,输出海尔的企业文化。结果是,兼并的当月即1995年7月,亏损了700万元;8月、9月仍然亏损,但亏损额大大减少;10月份达到盈亏平衡;11月份赢利15万元,年底完全摆脱困境。被救活了的红星厂的职工们,牢固树立了"只有淡季思想没有淡季产品"的经营理念,他们开始把目光投向市场,决心开发出多种多样的产品,使本厂没有淡季。"小小神童"洗衣机就是填补淡季的产品。它是针对夏季的上海市场而设计的,因为上海人很喜欢清洁,每天都要洗衣服,而一般的洗衣机都太大,夏天的衣服比较少,很需要"小小神童"这种体积比较小、耗水和耗电都比较少的洗衣机。"小小神童"一生产出来就往上海送。果然不出红星厂设计人员所料,一上市就大受欢迎。在北京等一些大城市,也出现供不应求的局面。结果在过去认为是淡季的日子里,红星厂的生产已经忙不过来了。

海尔按照专吃"休克鱼"的思路,到1998年6月底,连续兼并了15家企业。这些企业被兼并时的亏损总额是5.5亿,兼并以后都已经扭亏为盈,而且盘活了近15亿的资产。这不仅使得作为兼并者的海尔得到了发展壮大,同时也使得被它兼并的企业获得了真正的新生。海尔兼并了那么多的企业,没有一个是一进去就添置设备的,都是用原有的设备,在原有的厂房里,生产原有的产品,但都比较快地改变了面貌,靠的是什么呢?靠的就是输出海尔的企业文化。

问题:

1. 结合案例谈一谈你对海尔企业文化的理解,分组讨论海尔怎样一步一步地用企业文化"激活"了"休克鱼",企业文化的内涵在海尔文化中有哪些具体体现。

2. 通过本案例,试说明企业文化的功能有哪些,结合自己的创业项目谈谈企业文化构建思路。

游戏训练

闪光点

参与人数:集体参与　时间:10分钟　场地:不限　材料:无

在游戏中发现自身的闪光点有助于培养我们的创新思维。游戏的步骤如下:

1. 游戏的主持者对大家说:"你能做什么? 你的能力在哪里? 事实上每个人所具备的能力可能有上百种之多,所以认真地探索你的技能,你会惊讶自己竟然如此多才多艺。"

2. 就下列题目,请游戏的参与者在空白纸上填写:

(1)在纸上列出你曾经成功完成的工作、学习(如办一项社团活动、微积分考90分以上、玩游戏打破原有纪录),并于其后想想完成这项工作需要哪些技能,并将之列出。

(2)回顾你曾受过的教育、所修的课程,在这些过程中,你学会了哪些技能,将它们列下来。

(3)再想想你平时常从事的活动,列下这些活动需要的技能,继续扩充你的技能表。

(4)回想你在工作(不单指职业,指你曾做过的事)中曾经历的一次高峰体验(意指很快乐、很感动的一刻),与他人分享这次体验,并分析在这次体验中显现出了你的哪些能力,把它们列下来。

3.将游戏的参与者分为 4 人一组,分享彼此所列的能力表,同时互相讨论与这些能力有关的职业有哪些。

4.最后主持者告诉大家每个人都有自己的发光点,切勿妄自菲薄,轻视自己的能力。

在这个游戏中大家会看到自己身上有很多的优点,这些优点都能转化为我们想事情、做事情的能力,并让我们在此基础上进一步发挥创新能力。只有认识到自己还能做一些平时想都没想过的事情,才能帮助我们更好地发挥自己的能力,做出让人意想不到的事情。游戏结束的时候,建议讨论如下问题:

1.游戏一开始你是否觉得自己的某些技能是不值一提的,玩了一段时间以后呢?

2.这个游戏对于我们寻找合适的工作有什么帮助?

创新思维是一种很重要的商业思维,我们要注重发掘自身的优点,将创新进行到底。哈佛人认为好奇心也有助于创新,有助于发现商机并获得财富。

相关链接

贝时璋是我国著名的细胞生物学及生物物理学的奠基者、教育家、科学活动家、中国科学院生物物理研究所名誉所长、中国科学院资深院士。他之所以能取得如此令人瞩目的成就,就是因为他一直都在为自己感兴趣的事业而奋斗,就是因为他永远都对未知的领域感到好奇。

贝时璋出生在农村,人很老实,很少出门,但是他对周围的事物充满了好奇心。他 3 岁时,被爸爸带到祠堂里去祭拜祖宗。祠堂门口石狮子嘴里的圆球引起了他强烈的好奇心:这圆球既能滚动,又不掉出来,这是怎么回事呢?他开始用好奇的眼光看待周围的一切,经常琢磨着这些奇异的事情。

后来,他爸爸带着他到了上海。贝时璋对看到的一些事情非常好奇:上海的黄包车是人在前面拉,而家乡的独木车却是人在后面推;上海商店橱窗里有自己会转动的"洋模特",家乡的那些玩具既简陋又不会自己转动;上海的灯按一下"扳头"就会亮,而家乡的灯不仅要加煤油,还要用火点着才能亮……

短短的上海之行,使得贝时璋大开眼界,同时,也引发了贝时璋心中无限的遐想,勾起了他琢磨这些奇异现象的冲动。

贝时璋上学后,变得更加好奇,他非常勤奋地学习各种新鲜有趣的知识,把看到和想到的统统记下来,然后利用学到的知识解释自己以前感兴趣、但又没有搞清楚的问题。

凭着好奇心和求知欲,他不仅学到了不少天文、物理、化学、数学、动植物学方面的知识,还对蛋白质的生命意义有了初步的认识，开启了他研究生物的大门，为以后取得辉煌的成就奠定了良好的基础。

好奇是创新的基础和动力。只要有强烈的好奇心，持之以恒地钻研下去，任何一个普通人都有创造发明的机会。在商业竞争中，具有好奇心的人才会对很多人不感兴趣的领域感兴趣，在之后认真钻研的过程中，会发现潜藏着的商机，为获得丰厚的财富奠定基础。

模块十一 ｜ 风险评估防范

四小虫有些担惊受怕

　　四小虫把头绪理了一遍，开始踌躇满志。突然，默沫一声惊叫！我们会不会失败呀？这样做有风险吗？创业有风险，投入需谨慎！好像有人这么说哟。不行，我们在开张之前，还得多想想坏处，万一失败了，我们能承受吗？最坏的结果会是什么样的？会有哪些风险？能不能避免这些风险呢？

内容提要

　　创业有风险,入市需谨慎。在行动之前多作考量,未雨绸缪,方成大事。学习分析创业各环节可能存在或遭遇的风险,提前制定防范措施,以免失蹄。

第一节　法律形态风险

　　告诉未来的世界……当一切陷入寒冬,万物俱灭,只有希望和勇气可以长存……这座城市和这个国家,在共同的危机下团结起来,共同面对前方的艰难。

——美国第44任总统　贝拉克·奥巴马

　　在市场经济条件下,任何企业的任何经济行为无疑都存在着各种各样的风险,因此聪明而又稳健的企业家无不十分重视企业的风险管理。对于一个即将走入社会的大学生来讲,其进行的创业活动所面临的风险,则更容易发生。原因主要是在行业经验、管理技能等方面大学生自身存在的短板比较多。因此,创业的大学生必须具有风险意识。大学生进行创业,首先应当根据投资额、合作伙伴、所进入的行业等情况成立一个创业组织形式并进行工商登记。这就需要进行创业组织形式的选择。

　　一般而言,大学生进行创业所能选择的创业组织形式包括个体工商户、个人合伙、个人独资企业、合伙企业、有限责任公司等形式。但不同的创业组织形式自身所存在的法律风险是不一样的。

　　首先,创业者对不同创业组织形式的债务承担的法律责任不同。

　　个体工商户、个人合伙、个人独资企业的投资者,对该组织形式的债务承担无限责任或者无限连带责任;合伙企业的投资者在我国《合伙企业法》修改之前,对合伙企业的债务承担无限连带责任,而2006年8月27日修订通过的新《合伙企业法》,普通合伙企业的合伙人、有限合伙企业的普通合伙人对合伙企业债务承担无限连带责任,而有限合伙企业的有限合伙人则以其认缴的出资额为限对合伙企业债务承担有限责任;我国《公司法》规定,有限责任公司的股东也是以其认缴的出资额为限对公司债务承担有限责任。

　　由于我国尚没有个人破产法律制度,一旦创业者对创业组织形式的债务承担无限或者无限连带责任,且该组织的债务又是比较庞大的话,则创业者不但将倾家荡产,并且将因还债的巨大压力无法重新创业。

　　因此,创业者在选择创业组织形式时,如果选择的是个体工商户、个人独资企业等组织形式,应尽量控制该组织的资产负债率。由于创业者自己说了算,因此是完全能够控制住的;如果选择的是个人合伙、普通合伙企业等组织形式,由于人合的因素,部分创业者可能无法控制该组织的债务规模,则创业者应当通过合伙协议、规章制度、参加保险等法律措施对组织的债务规模进行约束,对相关的风险进行控制和规避;而如果选择的是有限合伙企业、有限责任公司,则有限合伙企业的有限合伙人、公司股东由于对组织债务承担的是有限责任,这些创业者则不必考虑这方面的风险了。

其次,创业组织形式的选择应考虑到组织运行后的管理成本风险。

从个体工商户、个人合伙、个人独资企业、合伙企业、有限责任公司这样的顺序上讲,组织运行的管理成本是不断增加的。个体工商户、个人合伙、个人独资企业、合伙企业往往没有注册资本的要求,而有限责任公司则有注册资本的要求。即使在有限责任公司的两种组织形式之间,管理成本也是不同的。2005年公司法修改后,允许设立一人有限责任公司,许多人也注册了一人有限责任公司。但一人有限责任公司的注册资本的最低要求是10万元,必须一次交齐,而一般有限责任公司的最低注册资本为3万元,对于注册资本高于3万元的可以分期缴纳。如果一人有限责任公司在运行过程中将公司与股东、家庭没有严格区分,则有可能被揭开公司的面纱,股东就要对公司债务承担无限责任,则成立一人有限责任公司就失去意义了。因此,选择创业组织形式应考虑到创业者在组织运行后对管理成本的承受能力。

再次,在一些创业组织形式中存在着人合的风险。

个人合伙、合伙企业、有限责任公司这些组织形式,明显存在着人合的性质。合伙人之间、股东之间会发生各种各样的冲突,如经营思想的、利益的甚至性格的。这些冲突往往会演变为组织的僵局,使组织因为创业者之间的矛盾而陷于危机。因此,在选择这些创业组织形式的同时,选择志同道合、善于沟通、以创业组织的利益为重的合作者是非常重要的。

第二节 企业风险管理

生活中其实没有绝境。绝境在于你自己的心没有打开。你把自己的心封闭起来,使它陷于一片黑暗,你的生活怎么可能有光明! 封闭的心,如同没有窗户的房间,你会处在永恒的黑暗中。但实际上四周只是一层纸,一捅就破,外面则是一片光辉灿烂的天空。

——新东方教育科技集团创始人 俞敏洪

风险管理是指如何在一个肯定有风险的环境里把风险减至最低的管理过程。当中包括了对风险的量度、评估和应变策略。理想的风险管理,是一连串排好优先次序的过程,使当中的可以引致最大损失及最可能发生的事情优先处理,而相对风险较低的事情则押后处理。

但现实情况里,这优化的过程往往很难决定,因为风险和发生的可能性通常并不一致,所以要权衡两者的比重,以便作出最合适的决定。

风险管理亦要面对有效资源运用的难题。这牵涉到机会成本(opportunity cost)的因素。把资源用于风险管理,可能使能运用于有回报活动的资源减少;而理想的风险管理,正希望能够花最少的资源去尽可能化解最大的危机。

首先,风险管理必须识别风险。风险识别是确定何种风险可能会对企业产生影响,最重要的是量化不确定性的程度和每个风险可能造成损失的程度。

其次,风险管理要着眼于风险控制,公司通常采用积极的措施来控制风险。通过降低其损失发生的概率,缩小其损失程度来达到控制风险的目的。控制风险的最有效方法就是制定切实可行的应急方案,编制多个备选的方案,最大限度地对企业所面临的风险做好充分的准备。当风险发生后,按照预先的方案实施,可将损失控制在最低限度。

再次,风险管理要学会规避风险。在既定目标不变的情况下,改变方案的实施路径,从根本上消除特定的风险因素。例如设立现代激励机制、培训方案、做好人才备份工作等等,可以降低知识员工流失的风险。

对于现代企业来说,风险管理就是通过风险的识别、预测和衡量、选择有效的手段,以尽可能降低成本,有计划地处理风险,以获得企业安全生产的经济保障。这就要求企业在生产经营过程中,应对可能发生的风险进行识别,预测各种风险发生后对资源及生产经营造成的消极影响,使生产能够持续进行。可见,风险的识别、风险的预测和风险的处理是企业风险管理的主要步骤。

1. 风险的预测

风险预测实际上就是估算、衡量风险,由风险管理人运用科学的方法,对其掌握的统计资料、风险信息及风险的性质进行系统分析和研究,进而确定各项风险的频度和强度,为选择适当的风险处理方法提供依据。风险的预测一般包括以下两个方面:

预测风险的概率:通过资料积累和观察,发现造成损失的规律性。一个简单的例子:一个时期一万栋房屋中有十栋发生火灾,则风险发生的概率是1/1000。由此对概率高的风险进行重点防范。

预测风险的强度:假设风险发生,导致企业的直接损失和间接损失。对于容易造成直接损失并且损失规模和程度大的风险应重点防范。

2. 风险的处理

风险的处理常见的方法有:

(1)避免风险:消极躲避风险。比如避免火灾可将房屋出售,避免航空事故可改用陆路运输等。但一般不采用,比如航空运输改用陆路运输,虽然避免了航空事故,但是却面临着陆路运输工具事故的风险。比如为避免生产事故而停止生产,则企业的收益目标无法实现。

(2)预防风险:采取措施消除或者减少风险发生的因素。例如为了防止水灾导致仓库进水,采取增加防洪门、加高防洪堤等,可大大减少因水灾导致的损失。

(3)自保风险:企业自己承担风险。途径有:

小额损失纳入生产经营成本,损失发生时用企业的收益补偿。

针对发生的频率和强度都大的风险建立意外损失基金,损失发生时用它补偿。带来的问题是挤占了企业的资金,降低了资金使用的效率。

对于规模较大的企业,建立专业的自保公司。

(4)转移风险:在危险发生前,通过采取出售、转让、保险等方法,将风险转移出去。

[案例1]　管理漏洞导致贪腐[①]

待岗富余人员齐某,被某工程集团选任某项目部经理。齐某上任后,利用项目组建之初,项目部财务和出纳由一人担任等管理漏洞,大肆为自己捞钱。而公司未与齐某签订经济承包协议,未明确各方责权利,因此无法让其交纳风险抵押金,为此,齐某敛财更加有恃无恐。齐某伙同担任会计及出纳于一身的赵某,多次以支付个体施工队工程款、向分包商开具虚假"转账通知单"等各种名义与方式大肆进行贪污。直至案发,齐某已贪污数十万元。

[案例2]　盲目决策付出巨大代价

某建筑集团公司副总经理周某,获取了可分包一座大桥工程及路基、桥涵等附属工程的信息。周某未经领导班子研究,擅自决定签署分包合同。后因内部诸多原因造成工程进度缓慢,致使主包方收回部分工程由其自己的队伍实施。工程结束后,由于分割工程未签协议,主包方口头"减少收取管理费"等承诺均未兑现,最终造成了周某所在建筑集团亏损1000余万元(亏损比例达到工程造价的50%以上)的巨大损失。

[案例3]　监督缺失造成惨重损失

郑某在担任公司副总工程师及某项目指挥部指挥长时,只忙于工程事务,对财务管理这项核心工作不管不问,给该项目部的财务人员钟某留下可乘之机。钟某在去公安局及开户银行办理变更预留印鉴章手续时,私留印鉴章4天,并偷盖预留印鉴章于支票、电汇单、汇票申请书等空白凭证上,并随后在项目进行过程中多次贪污、挪用公款累计360万元,用来与他人合伙投资项目,以谋私利。后钟某案发,郑某亦因严重违反财务管理规定,疏于管理和监督,给企业造成百万元损失而受到撤职处分。

第三节　财务风险管理

风险是来自于你不知道你在做什么。海水退潮后才觉得自己是光着身子。

——伯克希尔·哈斯维公司 CEO 沃伦·巴菲特

1. 财务风险的含义

企业财务风险是企业财务活动中由于各种不确定因素的影响,使企业财务收益与预期收益发生偏离,因而造成损失的机会和可能。企业财务活动的组织和管理过程中的某一方面和某个

---

① http://news.sina.com.cn/s/2009-10-26/110918909904.shtml.

环节的问题,都可能促使这种风险转变为损失,导致企业盈利能力和偿债能力降低。财务风险是一把双刃剑,既可能给企业带来预期的收益,又可能给企业带来意外的损失。风险的大小和收益的多少是成正比关系的,高风险往往伴随着高收益。

2. 财务风险的种类

企业财务风险,一般地按企业的筹资活动、投资经营活动、资金回收和收益分配这四个财务活动,相应地分为筹资风险、投资风险、资金回收风险和收益分配风险。

(1)筹资风险

是指因借入资金而增加丧失偿债能力的可能。在市场经济条件下,筹资活动是一个企业生产经营活动的起点,管理措施失当会使筹集资金的使用效益具有很大的不确定性,由此产生筹资风险。

(2)投资风险

企业通过筹资活动取得资金后,进行投资的类型有三种:1)投资生产项目;2)投资证券市场;3)投资商贸活动。然而,投资项目并不都能产生预期收益,从而引起企业盈利能力和偿债能力降低的不确定性,如出现投资项目不能按期投产,无法取得收益;或虽投产但不能盈利,反而出现亏损,导致企业整体盈利能力和偿债能力下降;或虽没有出现亏损,但盈利水平很低,利润率低于银行同期存款利率;或利润率虽高于银行存款利息率,但低于企业目前的资金利润率水平。在进行投资风险决策时,其重要原则是既要敢于进行风险投资,以获取超额利润,又要克服盲目乐观和冒险主义,尽可能避免或降低投资风险。在决策中要追求的是一种收益性、风险性、稳健性的最佳组合,或在收益和风险中间,让稳健性原则起着一种平衡器的作用。

(3)资金回收风险

即在产品销售出去后,由于其货币资金收回的时间和金额的不确定性而产生的风险。

(4)收益分配风险

收益分配是企业一次财务循环的最后一个环节。收益分配风险即由于收益分配可能给企业今后生产经营活动产生不利影响而带来的风险。收益分配包括留存收益和分配股息两方面,留存收益是扩大规模来源,分配股息是股东财产扩大的要求,二者既相互联系又相互矛盾。企业如果扩展速度快,销售与生产规模的高速发展,需要添置大量资产,税后利润大部分留用。但如果利润率很高,而股息分配低于相当水平,就可能影响企业股票价值,由此形成了企业收益分配上的风险。

3. 财务风险防范对策

企业应根据自身的风险情况,采用正确的风险管理方法,制定严格的控制计划,降低风险。

(1)树立正确的财务风险意识

在市场经济中存在激烈的竞争,搞好风险分析,是取得经济效益与社会效益的关键。在市场竞争中,收益与风险同时存在,风险与收益的大小是成正比的。在进行财务管理时,必须对每项具体的财务活动全面分析其收益和安全性,按照风险和收益适当均衡的要求来决定采取何种行动,保证财务活动的正常进行。企业不能为了持续的追求高利润,不计后果,大肆投资举债,增加财务负担,利润多少不是衡量企业强与弱的唯一标准。

(2)建立合理的资本结构,创造良好的筹资环境

财务风险本质是由于负债比例过高导致的,因此企业不但应该设计合理的资金结构,保持适当的负债、降低资金成本,而且要控制负债的规模,保证谨慎的负债比率,避免到期无力偿债或资不抵债,从而有效防范财务风险。只有这样,才能使企业为自己创造良好的融资环境,吸引各方投资。

(3)制定合理的风险政策,保持良好的财务状况

由于企业某项投资活动,如:扩大再生产、固定资产更新改造等项目周期长、成本高,使企业实现的经营成果虽然比较好,但是资金却紧张,从而影响企业的财务状况。这种情况的恶化最终会导致财务危机。因此,企业经营管理者应该实时监控企业财务状况,及时制定合理的风险防范政策,及时收回各种款项,同时制定合理的资金使用计划,保证企业正常运转对资金的需要。

(4)建立财务风险预警机制,构筑防范财务风险的屏障

首先,要建立完善的风险防范体系。一是要抓好企业内控制度建设,确保财务风险预警和监控制度健全有效,筑起防范和化解财务风险的第一道防线。二是要明确企业财务风险监管职责,落实好分级负责制。三是要建立和规范企业财务风险报表分析制度,搞好月份流动性分析、季度资产质量和负债率分析及年度会计、审计报告制度,完善风险预警系统。四是要充分发挥会计师事务所、律师事务所以及资产评估事务所等社会中介机构在财务风险监管中的积极作用。

其次,企业需建立实时、全面、动态的财务预警系统,对企业在经营管理活动中的潜在风险进行实时监控。

案例分析

哇哇创意城——风险控制与防范

1.财务风险管理

● 尽量不赊账:确保有稳定的现金流。

● 根据市场需求限量订货:防止存货或者过多的库存,确保利润和现金流。

2.技术风险管理

● "哇哇"创意平台保证创意的来源。

● 知识产权的保护:本公司将通过法律,对用户的注册进行设置,与创客之间签订协议等形式来保护其知识产权。

3. 经营风险

- 人才的流动：通过高薪聘请专业设计人员，发掘创客中的设计人才来保证技术的领先与长期稳定的创意技术支持。
- 加盟店的风险管理：采取一体化管理，本公司提供产品，而加盟店需按照我公司的统一定价并执行加盟店经营管理条例。

实训练习

快餐店：利润丢在"弹指一挥间"

随着中国经济的发展，人们生活节奏的不断加快，快餐以其简便、快捷、价格低廉的优势，已成为一种流行餐饮形式。餐饮业利润高，资金回流快，每天经营所收的都是现金，胜于其他行业。

在繁华的都市里，写字楼和大型的商业中心比比皆是，这些地方是众多企业单位的聚集之地。据不完全统计，这些企业单位员工的午餐，95％以上都是在单位内吃快餐！全国餐饮行业营业额中，快餐占了近1/3，市场份额很可观。因此，快餐有着广阔的市场空间。

此外，随着城市里新建筑越来越多，沿街店铺的租金成本也逐渐抬高，店面式餐饮店的经营压力会越来越大，送餐上门这种低成本餐饮创业项目的优势将会越来越明显！成功的快餐经营者固然很多，但亏损的人也很多。据统计，店面换手率最高的就是餐厅，尤其是中小餐厅。

2005年秋天，已经大学毕业的小于，工作仍无着落。于是他和家人商量了一下，打算自己创业，家人也很支持他。经过考察，小于打算投入10万元，在市中心的商业区内开一家快餐店。

这个想法的产生，小于有他自己的根据。首先，他认为这片商业区内有很多写字楼，写字楼里面有很多公司。据他了解，这些公司的员工都是自己解决午餐，如果能把这些人都培养成自己的客户，那么就有很大的潜在消费群。小于认为自己只要找到好手艺的厨师，饭菜达到物美价廉的标准，就不愁没有顾客。

小于决定主要做送餐业务。他在附近的一条街上租了一间门面房，花2万元装修了一下，又花2万元添置了冰箱、锅碗瓢盆、桌椅等基础设施。还雇了2名厨师、2名杂工和2名服务员。这几个人每月的工资就达到1万多元，加上万余元的流动资金，前后共投入11万元。

为了招揽客户，小于每天制定了30多个菜品。为了节省时间，每天的原料都由厨师按实际需求，就近到附近的菜场购买。虽然配菜工是新手，配菜、洗菜时扔掉的很多，但是雇的厨师没有让他失望，做出的菜口味很好。此外，由于小于的快餐价格实惠，开业第一个月，还真是生意兴隆，每天平均能卖出去将近两千份快餐。但是月底结账的时候，令小于感到迷惑不解了，除去房租、水电费、卫生费、买菜费和员工工资，基本没有什么盈余。

接下来几个月，情况依旧如此，每天都生意兴隆，但到了月底结账的时候，总是没有盈余。

几个月下来,他虽然没有赔本,但是也根本没有赚到钱。小于很纳闷,问题到底出在哪里呢?

然而接下来,小于就遇到了意想不到的麻烦。由于此时已经进入冬季,几场大雪落过之后,蔬菜价格大幅度上涨。在开快餐店之前,小于根本没有想到要囤积蔬菜。所以一道菜做下来,落到自己手里的钱就变成了一个负数。没办法,小于只好调高菜价,这样一来,又引起了很多老顾客的不满,流失了一部分客户。

其次,寒冷的天气给送餐带来了很多麻烦。开业初期小于曾经向顾客承诺:客户订餐后,保证 30 分钟内送到。迟到 5 分钟以上,免收餐费。但是下雪之后,天冷路滑,送餐难免迟到,结果只好是免收餐费。这样一来,小于又损失了不少。

到了月底结账的时候,由于下雪,小于不但没有赚到钱,反而赔了几万元。小于一时乱了方寸,不知如何是好。到了下个月,情况变得更糟糕。小于一时之间拿不出有效的应急措施,只好让快餐店彻底"歇"了下来。4 个月的创业,整整赔了 10 多万元。

事隔一年多了,小于还是无法从失败的阴影中走出来。直到今天,他仍然不明白:为何自己选对了创业方向,但最终还是以失败收场。

请对小于的创业经历进行分析,失败原因主要在哪里? 在创业初期小于没有考虑到的风险有哪些? 应该如何进行防范?

参考意见:

快餐是个大市场,不意味着这是个简单的行业。快餐递送的区域范围,日销售量以及节气的变化,行业起步时的预算、库存控制都是快餐业获得利润的主导因素。

所有快餐店有个很重要的成本因素就是交给国家的费用,如税收、卫生费、治安费等,除此外还有房租、水电等,这些费用构成了小本经营中,生产成本的重要组成部分。

快餐店的利润实际更多来源于省,而非来源于赚。只要节省的工夫稍微没做到家,赔本就不可避免。

其实有很多地方,小于都是可以节省的。如选店址的时候,既然是决定做送餐业务,就没有必要把店选在沿街铺面里,如果选在附近比较偏僻的胡同里,这样就会节省一大笔房租。开业之前,小于花了 2 万元添置冰箱和桌椅等设施,其实很多东西可以买二手的,价格会低很多。这样,他又能节省一笔资金。

此外,每天做菜的原料都由厨师根据实际需求,就近到附近的菜场购买。然而菜市场的价格比大市场的批发价高很多,加上厨房的配菜工是新手,配菜、洗菜时扔掉的也很多。这样一来,成本就很难降下来。

节省是做快餐的行规,可惜这条行业内的经营规则,小于当时并没有意识到。结果导致一个很好的创业项目就这么失败了。

游戏训练

事先的忧虑

参与人数:4—6 人每组　时间:15 分钟　场地:教室　材料:纸和笔

由于每个游戏参与者所处的环境、背景、身份不同,所以大家对游戏的目的、程序等必然有着不同的理解,他们可能不清楚自己将在这个游戏中扮演一个什么样的角色。主持者要明确游戏的目的和意义。

游戏步骤如下:

1. 将游戏参与者分成若干个小组,每组 4—6 人,让他们在小组内部讨论以下话题:"在今天来到这里之前,你有什么样的忧虑,或者期望?"比如:"我会不会是这群人中穿着最随意的?""会不会除了我以外的其他人说的都是专业术语呢?"

2. 每个组准备一张纸将自己组的意见记录下来,经过一个简短的信息收集过程之后,将这些信息公布于众,以供大家讨论。在这个游戏中大家的沟通和自我表达能力会得到很大的提升,但是参与游戏的人要明白游戏的目的。做这个游戏的时候要注意以下几点:

1. 游戏中的讨论会带来什么样的好处,看看哪些事先忧虑是必要的,哪些是不必要的。

2. 参与者的有些顾虑完全是不必要的,是由于主持者的疏忽,没有提供给他们充分的信息造成的,所以这样的一个游戏有助于大家打开心胸,以后进行更好的沟通。

3. 参与者的忧虑和期望能够帮助主持者更好地了解参与者的需求,建议主持者不要忽视。

4. 要提醒主持者的是,在游戏结束的时候一定要向参与者保证,你认识到了他们的忧虑,并保证会在以后的游戏中注意到这一点。

在这个游戏中我们明白了很多问题是不需要事先忧虑的,但在商业竞争中,需要有这种未雨绸缪,防患于未然的意识。

相关链接

金石堂书店是中国台湾的大型书店,它在台湾省有 91 家分店,仅仅是汀州、忠孝、城中、站前这四家分店的总销量,就占了全省书籍销售总量的 1/5。在加拿大,金石堂书店也拥有一些分店。书店还结合了文具店以及电脑销售系统复合经营。

金石堂书店成功的因素在于概念不凡、管理出众,不管是静态的设计布置或动态的促销活动,都突破了旧式书店的格局和方法而办得有声有色。它不但为读者创造了崭新的选购空间,也为台北市注入了书香与文化的气息。

书店对经营的地理位置的选择,也是其成功的一大原因。它每家分店的位置都吸引了不同阶层的读者。忠孝店、站前店、城中店都位于该地段最显眼、出入通畅的位置。

然而金石堂发现汀州店的位置的隐患在于,假如有人在罗斯福路东侧与新生南路北侧交会附近,设立一家大型卖场的书店,那么汀州店能吸引的人潮势必大为减少。

为了防止此不利局面的发生,金石堂书店未雨绸缪,经过审慎的评估之后,抢先在罗斯福路东侧成立台大店。这一策略不但能阻止其他投资者的侵入,解除了汀州店的隐患,还将台北市最大的一个文化圈,全部纳入金石堂书店的战略版图。

成功的商人之所以成功,是因为他们有防患于未然的意识,这样就能避免突如其来的损失和打击。这也是我们要学习的一种商业思维智慧。

模块十二 | 创业计划拟定

四小虫挥笔书写未来

四小虫发现有太多的事要做,有太多的问题要考虑,一个脑袋好像不够用,四个加起来还是不够。怎么办,好记性不如烂笔头,得把这些事情记下来,不然丢三落四的肯定要出错。对了,我们得有一个口号,我们要向大家宣传产品,我们要打响自己的品牌,要让顾客看见我们的产品都来点尖叫:"哇!哇!"

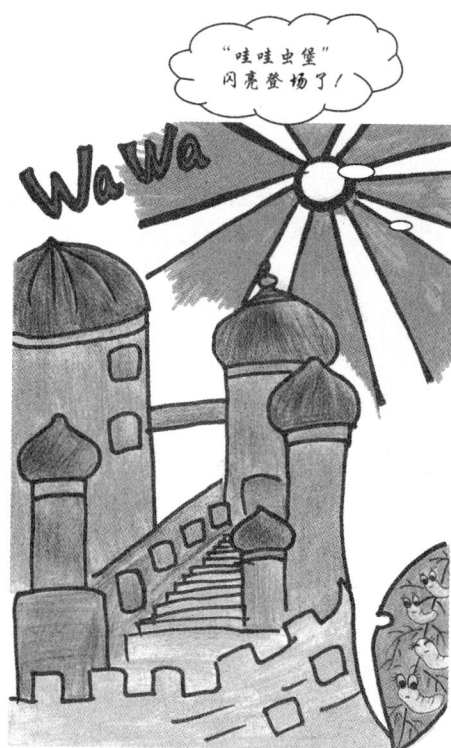

内容提要

好记性不如烂笔头,完美的计划要记在心里,写在纸上。计划跟不上变化,在实际活动中要经常对照计划,做优化调整,成为辅佐经营的利器。

第一节 创业计划内容

成功没有尽头,生活没有尽头,生活中的艰难困苦对我们的考验没有尽头,在艰苦奋斗后我们所得到的收获和喜悦也没有尽头。当你完全懂得了"成功永远没有尽头"这句话的含义时,生活之美也就向你展开了她迷人的笑容。

——新东方教育科技集团创始人 俞敏洪

1. 计划摘要①

计划摘要列在创业计划书的最前面,它是浓缩了的创业计划书的精华。计划摘要涵盖了计划的要点,以求一目了然,以便读者能在最短的时间内评审计划并做出判断。

计划摘要一般要包括以下内容:公司介绍;主要产品和业务范围;市场概貌;营销策略;销售计划;生产管理计划;管理者及其组织;财务计划;资金需求状况等。

在介绍企业时,首先要说明创办新企业的思路,新思想的形成过程以及企业的目标和发展战略。其次,要交代企业现状、过去的背景和企业的经营范围。在这一部分中,要对企业以往的情况做客观的评述,不回避失误。中肯的分析往往更能赢得信任,从而使人容易认同企业的创业计划书。最后,还要介绍一下创业者自己的背景、经历、经验和特长等。企业家的素质对企业的成绩往往起关键性的作用。在这里,企业家应尽量突出自己的优点并表示自己强烈的进取精神,以给投资者留下一个好印象。

在计划摘要中,企业还必须要回答下列问题:

(1)企业所处的行业,企业经营的性质和范围;

(2)企业主要产品的内容;

(3)企业的市场在哪里,谁是企业的顾客,他们有哪些需求;

(4)企业的合伙人、投资人是谁;

(5)企业的竞争对手是谁,竞争对手对企业的发展有何影响。

摘要要尽量简明、生动。特别要详细说明自身企业的不同之处以及企业获取成功的市场因素。如果企业家了解他所做的事情,摘要仅需2页纸就足够了。如果企业家不了解自己正在做

---

① http://baike. baidu. comview2525199. htm.

什么,摘要就可能要写20页纸以上。因此,有些投资家就依照摘要的长短来"把麦粒从谷壳中挑出来"。

2. 产品(服务)介绍

在进行投资项目评估时,投资人最关心的问题之一就是风险企业的产品、技术或服务能否以及在多大程度上解决现实生活中的问题,或者风险企业的产品(服务)能否帮助顾客节约开支,增加收入。因此,产品介绍是创业计划书中必不可少的一项内容。通常,产品介绍应包括以下内容:产品的概念、性能及特性;主要产品介绍;产品的市场竞争力;产品的研究和开发过程;发展新产品的计划和成本分析;产品的市场前景预测;产品的品牌和专利。

在产品(服务)介绍部分,企业家要对产品(服务)作出详细的说明,说明要准确,也要通俗易懂,使不是专业人员的投资者也能明白。一般地,产品介绍都要附上产品原型、照片或其他介绍。产品介绍必须要回答以下问题:(1)顾客希望企业的产品能解决什么问题,顾客能从企业的产品中获得什么好处?(2)企业的产品与竞争对手的产品相比有哪些优缺点,顾客为什么会选择本企业的产品?(3)企业为自己的产品采取了何种保护措施,企业拥有哪些专利、许可证,或与已申请专利的厂家达成了哪些协议?(4)为什么企业的产品定价可以使企业产生足够的利润,为什么用户会大批量地购买企业的产品?(5)企业采用何种方式去改进产品的质量、性能,企业对发展新产品有哪些计划等等。产品(服务)介绍的内容比较具体,因而写起来相对容易。虽然夸赞自己的产品是推销所必需的,但应该注意,企业所做的每一项承诺都是"一笔债",都要努力去兑现。要牢记,企业家和投资家所建立的是一种长期合作的伙伴关系。空口许诺,只能得意于一时。如果企业不能兑现承诺,不能偿还债务,企业的信誉必然要受到极大的损害,因而是真正的企业家所不屑为的。

3. 人员及组织结构

有了产品之后,创业者第二步要做的就是结成一支有战斗力的管理队伍。企业管理的好坏,直接决定了企业经营风险的大小。而高素质的管理人员和良好的组织结构则是管理好企业的重要保证。因此,风险投资家会特别注重对管理队伍的评估。

企业的管理人员应该是互补型的,而且要具有团队精神。一个企业必须要具备负责产品设计与开发、市场营销、生产作业管理、企业理财等方面的专门人才。在创业计划书中,必须要对主要管理人员加以阐明,介绍他们所具有的能力,他们在本企业中的职务和责任,他们过去的详细经历及背景。此外,在这部分创业计划书中,还应对公司结构做一简要介绍,包括:公司的组织机构图;各部门的功能与责任;各部门的负责人及主要成员;公司的报酬体系;公司的股东名单,包括认股权、比例和特权;公司的董事会成员;各位董事的背景资料。

4. 市场预测

当企业要开发一种新产品或向新的市场扩展时,首先就要进行市场预测。如果预测的结果并不乐观,或者预测的可信度让人怀疑,那么投资者就要承担更大的风险,这对多数风险投资家来说都是不可接受的。市场预测首先要对需求进行预测:市场是否存在对这种产品的需求,需求程度是否可以给企业带来所期望的利益,新的市场规模有多大,需求发展的未来趋向及其状态如何,影响需求都有哪些因素。其次,市场预测还要包括对市场竞争的情况——企业所面对的竞争格局进行分析:市场中主要的竞争者有哪些,是否存在有利于本企业产品的市场空当,本企业预计的市场占有率是多少,本企业进入市场会引起竞争者怎样的反应,这些反应对企业会有什么影响等等。

在创业计划书中,市场预测应包括以下内容:市场现状综述;竞争厂商概览;目标顾客和目标市场;本企业产品的市场地位;市场区域和特征等等。风险企业对市场的预测应建立在严密、科学的市场调查基础上。风险企业所面对的市场,本来就有更加变幻不定的、难以捉摸的特点。因此,风险企业应尽量扩大搜集信息的范围,重视对环境的预测和采用科学的预测手段与方法。创业者应牢记的是,市场预测不是凭空想象,对市场错误的认识是企业经营失败的最主要原因之一。

5. 营销策略

营销是企业经营中最富挑战性的环节。影响营销策略的主要因素有:

(1)消费者的特点;

(2)产品的特性;

(3)企业自身的状况;

(4)市场环境方面的因素。最终影响营销策略的则是营销成本和营销效益因素。

在创业计划书中,营销策略应包括以下内容:

(1)市场机构和营销渠道的选择;

(2)营销队伍和管理;

(3)促销计划和广告策略;

(4)价格决策。对创业企业来说,由于产品和企业的知名度低,很难进入其他企业已经稳定的销售渠道中去。因此,企业不得不暂时采取高成本低效益的营销战略,如上门推销,大打商品广告,向批发商和零售商让利,或交给任何愿意经销的企业销售。对发展企业来说,它一方面可以利用原来的销售渠道,另一方面也可以开发新的销售渠道以适应企业的发展。

6. 制造计划

创业计划书中的生产制造计划应包括以下内容:产品制造和技术设备现状;新产品投产计划;技术提升和设备更新的要求;质量控制和质量改进计划。

在寻求资金的过程中,为了增大企业在投资前的评估价值,创业者应尽量使生产制造计划更加详细、可靠。一般地,生产制造计划应回答以下问题:企业生产制造所需的厂房、设备情况如何;怎样保证新产品在进入规模生产时的稳定性和可靠性;设备的引进和安装情况,谁是供应商;生产线的设计与产品组装是怎样的;供货者的前置期和资源的需求量;生产周期标准的制定以及生产作业计划的编制;物料需求计划及其保证措施;质量控制的方法是怎样的;相关的其他问题。

7. 财务规划

财务规划需要花费较多的精力来做具体分析,其中就包括现金流量表、资产负债表以及损益表的制备。流动资金是企业的生命线,因此企业在初创或扩张时,对流动资金需要有预先周详的计划和进行过程中的严格控制;损益表反映的是企业的赢利状况,它是企业在一段时间运作后的经营结果;资产负债表则反映在某一时刻的企业状况,投资者可以用资产负债表中的数据得到的比率指标来衡量企业的经营状况以及可能的投资回报率。

财务规划一般要包括以下内容:

(1)创业计划书的条件假设;

(2)预计的资产负债表;预计的损益表;现金收支分析;资金的来源和使用。

可以这样说,一份创业计划书概括地提出了在筹资过程中创业者需做的事情,而财务规划则是对创业计划书的支持和说明。因此,一份好的财务规划对评估风险企业所需的资金数量,提高风险企业取得资金的可能性是十分关键的。如果财务规划准备得不好,会给投资者以企业管理人员缺乏经验的印象,降低风险企业的评估价值,同时也会增加企业的经营风险。那么如何制订好财务规划呢? 这首先要取决于风险企业的远景规划——是为一个新市场创造一个新产品,还是进入一个财务信息较多的已有市场。

着眼于一项新技术或创新产品的创业企业不可能参考现有市场的数据、价格和营销方式。因此,它要自己预测所进入市场的成长速度和可能获得纯利,并把它的设想、管理队伍和财务模式推销给投资者。而准备进入一个已有市场的风险企业则可以很容易地说明整个市场的规模和改进方式。风险企业可以在获得目标市场的信息的基础上,对企业头一年的销售规模进行规划。

企业的财务规划应保证和创业计划书的假设相一致。事实上,财务规划和企业的生产计划、人力资源计划、营销计划等都是密不可分的。要完成财务规划,必须要明确下列问题:

(1)产品在每一个期间的发出量有多大?

(2)什么时候开始产品线扩张?

(3)每件产品的生产费用是多少?

(4)每件产品的定价是多少?

(5)使用什么分销渠道,所预期的成本和利润是多少?

(6)需要雇佣那几种类型的人?

(7)雇佣何时开始,工资预算是多少? 等等。

第二节　计划编写步骤

商业计划绝对不是一个销售计划,里面有无数细节,无数人才的运营。

——马云

做生意一定要同打球一样,若第一杆打得不好的话,在打第二杆时,心更要保持镇静及有计划。这并不是表示这个会输,就好比是做生意一样,有高有低,身处逆境时,你先要镇静考虑如何应付。

——李嘉诚

准备创业方案是一个展望项目的未来前景、细致探索其中的合理思路、确认实施项目所需的各种必要资源、再寻求所需支持的过程。

需要注意的是,并非任何创业方案都要完全包括上述大纲中的全部内容。创业内容不同,相互之间差异也就很大。一般编写创业计划书可以分为六个阶段:

第一阶段:经验学习

第二阶段:创业构思

第三阶段:市场调研

第四阶段:方案起草

写好全文,加上封面,将整个创业要点抽出来写成提要,然后按下面的顺序将全套创业方案排列起来:

(1)市场机遇与谋略;

(2)经营管理;

(3)经营团队;

(4)财务预算;

(5)其他与听众有直接关系的信息和材料,如企业创始人、潜在投资人,甚至家庭成员和配偶。

第五阶段:最后修饰阶段

首先,根据你的报告,把最主要的东西做成一个1—2页的摘要,放在前面。其次,检查一下,千万不要有错别字之类的错误,否则别人对你是否做事严谨会产生怀疑。最后,设计一个漂亮的封面,编写目录与页码,然后打印、装订成册。

第六阶段:检查

可以从以下几个方面加以检查:

(1)你的创业计划书是否显示出你具有管理公司的经验。

(2)你的创业计划书是否显示了你有能力偿还借款。

（3）你的创业计划书是否显示出你已进行过完整的市场分析。

（4）你的创业计划书是否容易被投资者所领会。创业计划书应该备有索引和目录，以便投资者可以较容易地查阅各个章节。还应保证目录中的信息流是有逻辑的和现实的。

（5）你的创业计划书中是否有计划摘要并放在了最前面，计划摘要相当于公司创业计划书的封面，投资者首先会看它。为了保持投资者的兴趣，计划摘要应写得引人入胜。

（6）你的创业计划书是否在文法上全部正确。

（7）你的创业计划书能否打消投资者对产品（服务）的疑虑。

如果需要，你可以准备一件产品模型或样品。[①]

第三节　参考模板

决定经济向前发展的并不是财富 500 强，他们只决定媒体、报纸、电视的头条，真正在 GDP 中占百分比最大的还是那些名不见经传的创新的中小企业；真正推动社会进步的也不是少数几个明星式的 CEO，而是更多默默工作着的人，这些人也同样是名不见经传的，甚至文化程度教育背景都不高。在这些人中，有经理人、企业家，还有创业者。

——彼得·德鲁克

1. 概要

一个非常简练的计划及商业模型的摘要，介绍你的商业项目，一般 500 字左右。

2. 公司描述

（1）公司的宗旨

（2）公司的名称、公司的结构

（3）公司经营策略

在这里用最简洁的方式，描述你的产品/服务；什么样的困难你准备解决；你准备如何解决；你的公司是否是最适合。

（4）相对价值增值

说明你的产品为消费者提供了什么新的价值。

（5）公司设施

需要对计划中的公司设备详细加以描述。

我公司的生产设备及厂房主要集中于×××。

---

① 　http://baike.baidu.comview864365.htm? fr＝ala0_1.

我们公司认为到×年×月止,为了达到×××的产量和销售额,我们需要多少资金。

回答为什么需要这笔钱。

建立开发/生产设备,并努力提高生产和研究能力以便满足日益提高的客户需求。通过大规模的促销攻势提高我公司的产品/服务的销售量。

增加分销渠道零售网点区域销售,销售公司采用电气化/直邮式的分类等。

录用新的员工以便支持在新的市场计划下可持续的发展。

提高研发能力,创造领导潮流的新型产品,提高竞争能力。

3. 产品与服务

在这里用简洁的方式,描述你的产品/服务。

注意不需要透露你的核心技术,主要介绍你的技术、产品的功能、应用领域、市场前景等。

(1)产品/服务 A

(2)产品/服务 B

说明你的产品是如何向消费者提供价值的,以及你所提供的服务的方式有哪些。你的产品填补了哪些急需补充的市场空白。可以在这里加上你的产品或服务的照片。

1)产品优势

2)技术描述

①独有技术简介

②技术发展环境

3)研究与开发

4)将来产品及服务

说明你的下一代产品,并同时说明为将来的消费者提供的更多的服务是什么。

5)服务与产品支持

4. 市场分析

简要叙述你的公司处于什么样的行业、市场、专向补充区域。市场的特征是什么? 你的分析与市场调查机构和投资分析有什么不同。分析是否有新生市场,你将如何发展这个新生市场。

如果你在程序软件市场开发 C++或 NT 的平台工具,不要只泛泛地讲一下这是一个价值300 亿的大市场。如果你正在制作在 NT 工作平台上的 C++应用程序开发工具,你就应该在报告中详细描述去年共销售了多少 C++开发程序软件,有多少成长型的客户群,你的目标市场是什么,你的竞争对手分到了多少份额,是否有其他的市场/零售商/OEM 厂商在销售你的产品。

(1)市场描述

我们计划或正在××行业竞争。这个市场的价值大约有×××。我们相信,整个行业的主要发展趋势将向着(环境导向型,小型化,高质量,价值导向型)发展。

市场研究表明(引用源)到 20××年该市场将(发展/萎缩)到×××。在这段时期里,预计我们力争的细分市场将(成长、萎缩、不发展)。改变这种情况的主要力量是(例如电脑降价,家电商业的蓬勃发展等原因)这个行业最大的发展将达到×××。你的公司可能独一无二地将你的产品/服务和××公司/同级别的公司的现行业务合并。而当今的类似××公司的正面临着诸如逐步提高的劳动力成本等困难。

(2)目标市场

我们将目标市场定义为 X,Y,Z。现在,这个市场由 a 个竞争者分享。

我们的产品拥有以下优势:高附加值,出色的表现,高品位,为企业量体裁衣突出个性。

(3)目标消费群

是什么因素促使人们购买你的产品? 你的技术、产品对于用户的吸引力在何处? 人们为什么选择你的产品/服务/公司?

(4)销售战略

我们的市场营销部门计划能动用不同的渠道销售我们的产品。

我们之所以选择这些渠道,因为:

- 消费群特点
- 地理优势
- 季节变化引起的消费特点
- 资金的有效运用
- 可以利用市场上现有产品的销售渠道

针对每一个分销渠道,确定一个五年期的目标销售量以及其他假设条件。

5. 竞争分析

请告诉我们分别根据产品、价格、市场份额、地区、营销方式、管理手段、特征以及财务力量划分的重要竞争者。

(1)竞争描述

(2)竞争战略/市场进入障碍

请在这里研究进入你的细分市场的主要障碍及竞争对手模仿你的障碍。

6. 营销策略及销售

(1)营销计划

描述你所希望进行的业务是如何的,以及你所希望进入的细分市场。曾经使用的分销渠道,例如零售、对商业机构的直接销售、OEM 以及电子媒介等等。还要描述你所希望达到的市场份额。

(2)销售战略

描述你进行销售所采取的策略。包括如何促销产品:通过广告、邮件推销,电台广播或是电视广告等方式。

(3)分销渠道及合作伙伴

(4)定价战略

(5)市场沟通

你的目的是加强、促进并支持你的产品能更好地满足消费者需求的热点。唯一的原则就是寻找一切可能的有利的途径进行沟通。

7.财务分析

财务数据概要。包括销售与成本预测,现金流量表,未来三年每年赢利情况等。

8.附录

如有以下材料,请列出

(1)公司背景及结构

(2)团队人员简历

(3)公司宣传品

(4)相关政策与调查问卷

说明:

本商业计划模板仅供参考,各个创业团队可以根据自己的实际情况自由发挥。[lxxi]

案例分析

快乐创造馆创业计划书

第一章 摘要

一、概况

杭州快乐创造馆是一家专门致力于培养和提升少年儿童综合素质的教育服务机构。帮助家长解决3—13岁孩子放学接管问题和二次教育问题,还有0—3岁孩子早教问题。综合素质主要包括创新思维、创造力、动手实践能力、人际沟通能力、基本品德修养、独立精神及抗挫折能力等基本心理素质。我们快乐创造馆有别于传统的"应试教育"和"智力开发",主要提供"潜力开发"、"心理素质训练"与"人格培养"等方面的服务内容。为此,公司以"快乐创造人才,人才创造快乐"为经营理念,希望通过我们的服务让少年儿童在全新的成长空间——快乐创造馆找到成长的快乐,并开发自身潜能,培养健全的心理素质与人格。

二、项目背景

目前我国少年儿童同发达国家相比普遍存在依赖性重、自理能力差、动手创造能力弱、吃苦精神缺失、心理脆弱等多方面问题，而现有的正规教育与非正规教育普遍重视"应试教育"和"智力开发"，形成"素质教育"中的缺失与空白。因此，提高我国数亿少年儿童的综合素质是教育发展的关键，加大这方面教育服务的投入是关系到国计民生的大事，而这个市场是巨大的并极具潜力。因此，本公司的发展前景是光明而且颇具社会意义的。

三、服务内容

快乐创造教育服务公司目前以 0－13 岁少年儿童为主要服务对象。为保证服务品质和教育成效，公司将以少年儿童的年龄、目前的学习状态、兴趣、动手能力等相关的综合能力为依据和基础，按不同时段分别提供"成长俱乐部"、"快乐时光"和"快乐大本营"三大服务项目。

"快乐时光"为公司主推特色服务项目，服务对象为大中城市幼儿园的孩子、各所小学的学生在内的适龄儿童，为其放学后提供三至五小时安全托管服务，必要时适当延长包括接送、托管、方便食品代售等服务。在托管期间，本公司将根据孩子的不同需求，提供各式能够开发孩子创造力和想象力，提高心理素质等的独特服务。同时，结合孩子的天性和想象能力，我们每天都将提供不同主题的自主开发项目。

"成长俱乐部"主要为学龄前儿童提供脑力开发和社会交流的空间，因为家长没有专业的教育能力，对孩子的培养辅导能力水平层次不一，很难给予孩子成长中最有效的帮助，一方面通过服务对家长进行专业的辅导提高其教育水平，另一方面通过服务为孩子提供与更多同龄孩子的交流机会，提高其社会适应能力并增加与外界的接触。

"快乐大本营"在寒暑假期间为孩子提供集中学习和休闲的空间，帮助孩子在快乐中提高创造力，激发创新思维，同时促进智力发育，也为家长分担管教的责任。

四、技术背景

服务项目开发技术主要基于国际领先的创造教育理论，运用 SSR 创造教育模式，自主研发专门的教育课程体系，核心技术由本公司与浙江省创造学研究会联合开发完成，版权归本公司所有。公司有关创造教育思想和模式已有较成熟的应用基础。以杭州青少年业余发明学校为例。该校一贯十分强调在教学中重视学生创新精神和实践能力的培养，注重学生的动手操作和亲身体验，这对于当前国家大力提倡素质教育和新课程改革具有很好的促进作用。

五、创新之处

根据我们做的市场调查，发现现在儿童存在三个大问题：心理素质低，创造力弱，合作精神差。这三个问题吞噬了现代儿童的美好童年。而我们快乐创造馆正是为 0－13 岁的孩子提供了一个培养综合素质的平台。

根据不同年龄阶段的孩子，我们快乐创造馆开发出不同的课程，技术方面的合作单位有浙江大学、浙江省创造研究会等，一方面合作开发教育服务项目，一方面聘请著名的创造学和创造教育专家周耀烈，作为我们的教育顾问。这样不仅可以提高孩子的综合素质，还可以二次开发脑力，让孩子的一生都可以享受到快乐创造的乐趣。针对接管难的问题，我们快乐创造馆还专为家长提供接送服务，保证孩子的安全。同时，我们快乐创造馆也解决了大学生的就业问题，接触大学生毕业后的待业问题。

而且我们这个项目普遍受到社会人士的关注,包括企业界的、教育界的、家长界,因为这个项目解决的不仅仅是一个家庭的问题,很多学校、公司也为之烦恼。

六、经销模式

本快乐创造馆在开业初期采取直营模式开拓市场,会员费作为主要销售收入。自营模式主要由我方自主建立网点,通过招聘和培训职业馆长,纳入公司管理体系。每个创造馆设馆长一名,视规模情况配副店长辅助管理,下设专业教师和兼职大学生若干。由公司统一进行绩效评估与考核激励。在经营一段时间后,如果经营状况开始出现好转,公司讲采取自营和特许加盟模式"二加一"加快公司的发展速度来占领市场。合作方式为:我方负责品牌经营、输出服务项目、师资培训;加盟方负责日常经营管理,独立核算,有权使用我方品牌对外服务,每年向我方交纳一定加盟费,涉及服务项目中的教学用具统一向我方采购。

第二章 综述

一、产品与服务

1. 主要产品介绍

公司主要为大中城市的0—13岁少年儿童提供综合素质培养与提升服务。主要分为两大类群体:0—3岁婴儿;3—13岁少年儿童。

公司服务形式新颖独特,服务内容丰富多彩。快乐创造馆采取无桌椅全开放式,少年儿童可以席地而坐,只有活动,保持生理和心理的彻底放松状态,服务项目主题多样,包括人文、艺术、娱乐、DIY、创意等,主要采取团队合作活动比赛等实践方式。

服务项目按不同时间段分为三大类:

项目名称	服务时间	服务内容	服务对象
快乐时光	周一至周五晚上(15:30—20:00)	少年综合素质开发,课后托管	3—13岁少年儿童
成长俱乐部	周一至周五白天(8:30—15:00)	儿童综合素质开发培训、提供儿童活动场所	0—3岁婴儿
快乐大本营	寒暑假	儿童综合素质开发培训、儿童活动场所提供,假期托管	0—3岁婴儿;3—13岁少年儿童

"快乐时光"为公司主推特色服务项目,服务对象为大中城市幼儿园的孩子、各所小学的学生在内的适龄儿童,为其放学后提供三至五小时安全托管服务,必要时适当延长包括接送、托管、方便食品代售等服务。在托管期间,本公司将根据孩子的不同需求,提供各式能够开发孩子创造力和想象力,提高心理等素质的独特服务。同时,结合孩子的天性和想象能力,我们每天都将提供不同主题的自主开发项目。以最低标准服务项目设置为例:

时间	主 题	内 容
周一	童话的世界	在这里,孩子们将体验到童话的魅力,他们不仅可以听到世界上不同风格的童话故事,同时也可以利用自己的想象力,创作出属于自己的童话故事。
周二	我们的家	在这里,我们将构筑一个仿真的世界,让孩子们在这里实现他们的梦想——如果我现在是大人。通过让孩子们接触仿真的大人生活,不仅可以满足孩子们对大人世界的好奇心,同时通过对这个世界的了解,让孩子们更能明白父母的艰辛和为他人着想的心理。
周三	我们都是小主人	在这里,孩子们将接触到关于主人翁意识的培养,让孩子们从小就树立起主人翁的意识。同时,通过团队的合作,树立起孩子们团队合作的精神,为孩子将来的发展打下一个良好的基础。
周四	我的 DIY	在这里,孩子们可以充分发挥自己的想象力,制作各种各样的东西,同时我们会把部分的作品制作成成品送给孩子。孩子们不仅可以充分地发挥自己的想象力、创造力,同时又能提高他们的动手能力,实现脑力、动手能力的双向发展。
周五	童趣世界	玩是孩子们的天性,任何人都无法剥夺他们的这种天性,当然也包括我们。在这里,我们将孩子们爱玩的天性和创造力开发相结合,让孩子们在享受童趣中学会与他人交流,达到寓教于乐的效果。

"成长俱乐部"主要为学龄前儿童提供脑力开发和社会交流的空间,因为家长没有专业的教育能力,对孩子的培养辅导能力水平层次不一,很难给予孩子成长中最有效的帮助,一方面通过服务对家长进行专业的辅导提高其教育水平,另一方面通过服务为孩子提供与更多同龄孩子的交流机会,提高其社会适应能力并增加与外界的接触。

"快乐大本营"在寒暑假期间为孩子提供集中学习和休闲的空间,帮助孩子在快乐中提高创造力,激发创新思维,同时促进智力发育,也为家长分担管教的责任。主要现场效果如下图所示。

2. 产品的开发

服务项目开发技术主要基于国际领先的创造教育理念,运用 SSR 创造教育模式,自主研发专门的教育课程体系,核心技术由本公司与浙江省创造学研究会联合开发完成,版权归本公司所有。结合我国教育方面的空缺、青少年的特点,及其学习生活时间安排等多方面因素,针对中国青少年普遍受应试教育影响,思维不够活跃,动手实践能力弱,社会交际不足,创造力不强等弱点,通过课外辅导弥补少儿时期潜力开发不充分的教育缺陷,帮助广大青少年提高综合素质,为将来成为社会栋梁打下必要的基础。

公司将在成立初期主推"快乐时光"服务项目,形成系统的课程体系,同时不断创新,每一期课程都将有新的内容推出,一方面为提高教学水平和质量,一方面也防止竞争对手的仿制和抄袭。"成长俱乐部"是为学龄前儿童提供一个社交玩耍的场所,同时为家长开设脑力开发辅导讲座;半年后公司将推出"快乐大本营"服务项目,主要在寒暑假为青少年集中安排培训课程,一方面解决孩子的托管问题,一方面为孩子找一个有利于成长的学习新空间。

目前,同类创造教育服务项目在同样的时间段市场上还没有,其他时间段类似项目主要是各类学习兴趣班,都以提高学习成绩、提升某个专项技能或智力开发为主,没有专门针对少儿综合素质开发与提升的课程。

二、行业与市场分析

1. 行业背景

(1)我国素质教育中存在的问题

最近三十年我国教育实现了大发展并建成了世界上最大规模的教育体系,义务教育全面普及。党的十七大明确提出要优先发展教育、建设人力资源强国,这是党中央在新的历史阶段为进一步实施科教兴国战略和人才强国战略提出的新的重大战略目标。但是我国现有的素质教育还存在不少问题:如片面追求升学率的倾向没有有效遏制,学生负担普遍偏重;重智轻德没有根本改变,学生身心素质依然不容乐观;城乡教育差距拉大,部分地区择校现象严重;教师素质不能适应素质教育的要求等等。所以,1999年颁布的《中共中央国务院关于深化教育改革全面推进素质教育的决定》提出:创新精神和实践能力的培养是素质教育的重要内容。

(2)我国与国外青少年能力差距

有关调查表明,我国同发达国家相比在青少年整体能力上存在以下差距:动手创造能力弱、依赖心理强、吃苦精神不够。青少年教育问题上日本早在40多年前就投入大量资金发展青少年科技创造教育,保证各个地区教育资源的平衡,不仅有科技类玩具的开发,每天的报纸都有关于最新科技的报道。

(3)全球化下的孩子教育观

在全球化、现代化条件下教育我们的孩子,需要确立尊重青少年的个性、平等对话式的、启发式的教育理念;做到家长、教师和社会共同教育培养我们的孩子,要给青少年更多的自由选择的空间和时间。要从思想上彻底摒弃应试教育,包括变相的应试教育,用积极的、引导的方式,调动我们身边一切可能的资源,激发青少年的创造力,提升综合素质和能力。

(4)现有培训服务中的空白

我国的义务教育历史悠久,已形成了系统规范的教学体系,但由于社会经济、文化、人口等诸多因素的影响,虽然孩子的素质教育整体水平在提升,但对于个体的潜力开发还难以在现有教育体系下充分实现,预计在未来几十年中也很难有明显改观。目前,在体制外的教育形式中最常见的是学习班形式,按不同年龄可以分为早教与兴趣班两大类,按专业方向可以分为语言、体育、科学、文学、艺术等几个类别,一般孩子参加这些学习班的目的是应试需要,并且这些学习方式普遍存在大众化、形式化的共性,最大的问题是孩子很难有个性的发挥与潜能挖掘。因此,在校外通过专业的辅导,帮助孩子开发潜能,提高创造力是许多家长的共同心愿。

(5)家长在孩子教育方面投入较大

城市孩子家长普遍重视教育质量,并愿意为此投资,因此,教育培训服务业需求旺盛。据抽样调查,在义务教育下杭州市小学生平均每年用于教育的支出高达 5000 元以上。

(6)教育服务业发展的有利环境

在杭州,具有"人脑+文化+电脑"特色的文化创意产业,已经从一个"稚嫩"的新兴产业,成长为城市重要支柱产业、经济发展的新引擎。在宏观经济增长放缓的背景下,杭州文化创意产业的发展走势异常抢眼。杭州市统计局统计数据显示,2009 年上半年杭州市文化创意产业增加值达 284.02 亿元,同比增长 15.2%,增速不仅高于杭州市 GDP 增速,还高于全市服务业增加值 2%;一举超越商贸物流业、金融服务业,坐上服务业的"头把交椅"。杭州市政府为扶持文化创意产业的发展,专门制定相关优惠政策,如《关于鼓励为文化创意企业提供融资服务的若干意见(试行)》《关于鼓励为文化创意企业提供融资担保的实施办法(试行)》,2008 年起杭州市文化创意产业专项资金总额增至每年 1.52 亿元,还专门设立文创办以完成落实工作。教育服务业作为文化创意业中的重要组成部分处于良好的政策支持环境下,必将可以得到更迅速健康的发展。

2. 市场需求

(1)孩子潜能与创造力开发的需求

孩子教育主要分两个阶段,一是学龄前,二是学龄后。一般孩子 3 岁之前在白天由家长委托老人或保姆负责照顾,在这个阶段,父母真正与孩子一起交流的时间很少,对一般家庭而言,在这个阶段只要孩子健康长大就已经心满意足,但实际上把人类最宝贵的能力开发阶段白白放弃了,这可能影响人的一生。一般孩子在 3 岁后就进入幼儿园、小学接受正规教育了,但是孩子学业负担过重,使其很少有时间和精力开发潜能。现代素质教育的缺陷和家长教育水平与时间精力的限制,使得孩子即使上学了也无法根本解决创造力和潜能开发的问题。因此,怎样科学地对待孩子教育、充分利用黄金年龄对其进行培养,同时又不影响家长正常的工作生活,这是一个非常重要并急需解决的问题。

(2)家长工作时间孩子托管的需求

由于现在城市孩子家长普遍是双职工家庭,父母日常都要忙于工作,而孩子未成年时还不能独立生活,特别是放学后到家长下班之间的时间段,是一个真空地带,孩子苦于无处可去,家长苦于无法陪同。各大中城市的少年儿童目前普遍存在放学后的接送难问题,并由此产生了无人接送或集中多车接送导致的交通拥堵等诸多问题,教育管理部门的"减负令"出台后各学校被迫取消了原有的"困难班"。所有问题直接推向孩子家长,也推向了全社会。如何安排孩子放学后的这两三个小时成为一个令学校和家长、孩子头疼的难题。这迫切需要有除了学校以外的第三方帮助解决两难问题,为家长提供孩子的托管服务成为一个很大的市场需求。

因此,在既解决孩子的托管问题,又可以帮助开发孩子创造力的两全服务下,家长的需求是非常明显的,只要双方达到一个利益平衡点,服务项目便可以顺利开展。

(3)庞大的市场容量

未来社会是充满竞争的社会,孩子长大后都需要去社会中担任多种角色,首先要解决基本的生存问题,如果没有基本的综合素质,也没有能力的差异化和最大化,很难在社会中保持长久的立身之地。而潜能和创造力的开发必须在青少年时期开始,否则将会对孩子成长带来困难。因此,可以说,现在青少年普遍需要开发创造力,需要专业的创造教育来改变现状。目前,大陆31个省、自治区、直辖市和现役军人的人口中,0—14岁人口为222459737人,占16.6%[1],这个市场是非常巨大的。

有关统计数据表明,全国在读少年儿童约6000万人,以杭州(上城区、下城区、江干区、拱墅区、西湖区、滨江区等六大城区)为例,现有公办幼儿园近50所,在园儿童约15万名,现有公办小学250多所,在校小学生约50万名,合计约70万。在对5所幼儿园和学校调查发现,约70%的孩子存在接送难问题,其中对放学后三小时托管有需求的占60%,主要希望解决安全接送、安全收留、辅导作业及充饥问题。对于利用此段时间促进孩子创造力开发表示赞成的占75%,愿意接受全面收费服务的占46%,其中每月收费标准承受能力:500元以下39%,500—1000元50%,1000元以上11%,如图12-1所示。

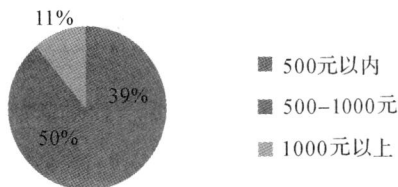

图12-1 每月教育预算

按此预测,假设全市幼儿园及小学中有10%即7万名孩子接受以上服务,收费按500元/位/计,则每月将有3500万元营业额。若此项目推广至全国,类似杭州规模城市约50个计,则全国每年约350万孩子接受服务,每年按8个月计,全国市场份额约达140亿元以上。假设市场竞争逐渐激烈,本公司占杭州市场份额10%估计,则每月营业额可达350万元。

3. 市场定位

针对城市内的家长上班时间长、下班时间较晚及其他原因,对孩子的照顾欠佳,还有我国长期实行的应试教育已极大地遏制了青少年创造力的开发及缺少创新的问题,快乐创造馆开发了以城市少年儿童(0—13岁)为服务对象,在提供托管、学习辅导的同时,对孩子进行创造力开发

① 2010年第六次全国人口普查主要数据公报[1](第1号)中华人民共和国国家统计局2011年4月28日。

的教育服务项目,使孩子在快乐中得到成长。

它不同于一般的托管或者是兴趣班,是一家以综合素质开发为首要目的,同时带有托管义务的公司。不仅解决了家长的问题,同时满足了孩子的需要。针对普遍存在的问题和巨大的市场容量,我们将公司定位于中高端的服务公司,使城市内广大的市民都能够享受到这种服务,同时也希望能够为国家未来更好更快的发展尽一份绵薄之力。

4. 竞争对手分析

竞争对手主要有三类:

(1)个人代接送 虽然有部分教师或者其他人员从事着个人代接送、管理的工作,他们可以把全部的精力投入到所代管的学生身上。可是他们的精力毕竟是有限的,个人的能力也是有限的,其所能代接送和管理的数量更加是有限的。

(2)以哈乐堡托管为代表的代管机构 这些机构虽然也提供代管的服务,可是他们所提供的服务较传统,内容缺少创新性和自主的创造力。并且,作为私人的代管机构,它缺乏规模化、连锁的经营,各个代管机构间的差异性大,服务的水平更是参差不齐。收费中等,适应收入与服务要求较低的家庭。

(3)课外兴趣班 兴趣班虽然可以进一步开发孩子们的才艺,但它只是校内教育的一个延伸,有些兴趣班以发展个人才艺或特殊技能为主,有些还是应试教育的产物,它极大地扼杀了孩子们的创造力,从服务内容上与创造馆没有可比性,服务时间与创造馆错开。

本公司从孩子的角度出发,结合孩子的天性,通过先进的教育理念和形式、规模化的连锁经营以及强大的团队和特色服务,为少年儿童创造一个在快乐中提高创造力,为自己为社会创造真正的快乐的平台,从而弥补其在校内应试教育中的不足之处,成为素质教育的重要补充,为孩子的成长打下一个良好的基础!

主要比较情况如表 12-1 所示:

表 12-1

项目	个人	托管班	兴趣班	创造馆
代表公司	小区大妈、退休教师	哈乐堡	杭州市少年宫兴趣班	快乐创造馆
目标市场	父母没空接送的孩子	各年龄段的孩子	各年龄段的孩子	城市少年儿童
服务时间	课后及周末	课后、周末、放假期间	课后、周末、放假期间	课后、周末、放假期间
服务内容	代管为主	代管,同时进行课外的辅导	个人兴趣、特长的培养	代管同时进行综合素质的开发
服务价格	500 元/月/人	300—600 元不等	200—600 元不等	400—1200 元不等
规模、管理情况	规模小,管理一般	规模不大,管理较合理	规模小,管理模式单一	连锁经营、管理规范
师资力量	较差,未接受正规的培训	师资力量较雄厚	有经验教师指导,水平较佳	师资力量雄厚
业内声誉	一般	较好	一般	较佳
服务品质	一般	较佳	一般	优良
销售渠道	朋友间的转告、介绍	广告、朋友间的转告	广告、学校	广告、口碑宣传、公关
竞争障碍	规模小,服务品质不佳	规模小,教育品质一般	教育模式传统	前期进入竞争压力大

5. 公司竞争优势

本公司服务特点主要有:理念先进、形式独特、内容丰富、时间合理、价位合适。

相比竞争对手公司服务项目,优势主要体现在:

- 服务规范周到(由专业教师与工作人员统一接送,安排用餐,统一管理,场地交通方便,环境整洁宽敞)

- 适应群体范围大(0—13岁)

- 师资力量强大并专业,有自主开发的课程

- 服务价格适中(不高于一般兴趣班价格)

- 服务内容具创新性、唯一性和独特性(课程系统设计,孩子易于接受,对孩子快乐成长非常有利)

- 服务时间完全满足客户需要

- 促进大学生实习与就业,符合社会需要,响应国家号召

6. 市场战略

创造馆属于新兴的文化创意服务业,目前的竞争压力小,同时有政府政策的扶持。在这块具有巨大潜力的市场上,我们的目标是在五年内占据杭州80%的市场,然后以杭州为样板,向中国沿海的大中城市推广,争取在15年内占据中国30%的市场份额。

为实现此战略目标,公司计划采取分三步走的战略:

第一年,创造馆的开办,重点工作是通过媒体、学校、公关等方式进行宣传,建立六个直营馆作为示范,平均一个馆服务于2—3个学校的学生,使广大市民都能够了解、知道并认同公司品牌。

第二年,在得到市民的认同后,树立品牌,有针对性地集中开发部分新市场,完善服务体系和课程设计,让市民们通过自身体验来感受对孩子成长的帮助。

第三至五年,公司将采取主动集中攻势,在市区范围内增设5—10个新馆,同时吸引品牌加盟商,稳扎稳打,一步一步地扩大市场份额,最终占据杭州的大部分市场。

三、市场与销售

1. 公司SWOT分析(表12-2)

根据公司的SWOT分析,将采取差异化、集中战略快速进入市场。具体营销策略如下文所述。

2. 产品定价

以"快乐时光"服务项目为例,主要分珍珠班、白金班、钻石班。

珍珠班　本班以40人为一单位组建,每人每月收费400元;

白金班　本班以25人为一单位组建,每人每月收费600元;

钻石班　采取小班化教学,每班12人,每人每月收费1200元。

同时配有专业老师和辅导员各一名以上。主要负责孩子的初步托管,并进行一定的学习辅

导,为家长们解决下班晚、接送难的问题。

表 12-2　创业项目 SWOT 分析

内部环境	STRENGTH	技术:与各类高校合作,能够提供目前国内较为先进的技术支持
		人员:公司能组建一批能力较强的技术团队,再给予下属企业一定的技术支持和人员支持
		渠道:通过学校及书店,能让直接客户群体即学生及其家长了解我们的产品和品牌
		产品:产品概念较为先进,目前还处于国内空白市场
		竞争:同质化产品较少,竞争态势目前较为缓和
		资金:政府能够提供部分先期投资,同时,国内对于此类涉及教育的产品的投资者较为丰富
	Weakness	品牌:品牌影响力还不够
		经验:经验不够丰富,在前期突发事件发生几率较高
外部环境	Opportunity	市场:目前市场较为空白,竞争者较少
		政策:政府严禁学校办理各类兼职接送站,同时各类专家学者呼吁有较为规范的公司能够经营这块产业
		市场需求:通过差异性竞争,创新性,可以进入中高端市场
	Threats	一旦市场成熟会有潜在者进入
		市场可能被小对手瓜分
		客户观念不成熟,进入市场有难度

3. 经营地点

租用离学校较近的一些商住两用房或者一些生活小区内的商业店铺,要求交通方便价格适中,宽敞明亮,通风好,面积约 200 平方米。

4. 促销方式

主要采取与学校合作集中推广、媒体宣传或亲子活动宣传、网络口碑宣传等方式。

(1)借助学校进行宣传,通过亲子活动赞助等。

(2)利用一些书店进行宣传,如在新华书店内张贴宣传画报,同时,在新华书店内购书满 100 元凭小票给予 10 元的优惠。

(3)会员优惠价。如加入会员则半年只需要 1000/700/400/元/月,如果一次办理全年会员则给予 1800/1200/600/元/月的优惠。

(4)传媒网络、论坛等广告定向宣传。

5. 经营方式

公司采用直营和品牌加盟两种模式。品牌加盟模式下设立加盟费、管理人员资质评估、收益分配等几方面的管理制度。一般合作方式为:我方负责品牌经营、输出服务项目、师资培训;

加盟方负责日常经营管理,独立核算,有权使用我方品牌对外服务,每年向我方交纳一定加盟费,涉及服务项目中的教学用具统一向我方采购。

直营馆模式下,由我方自主建立网点,通过招聘和培训职业馆长,纳入公司管理体系,每个创造馆设馆长一名,视规模情况配副店长辅助管理,下设专业教师和兼职大学生若干。由公司统一进行绩效评估与考核激励。

四、财务计划

1. 资金来源与用途

第一年计划开设 6 个馆,其中上半年 3 个,下半年 3 个。全年公司启动资金需 100 万元(按 3 个馆计),其中自筹 60 万元,来自各种风险投资 40 万元。

资金用途说明如下:

(1)固定资产及装修费用(表 12-3)

表 12-3　固定资产及装修费用

设 备 描 述	数　量	单价(元)	总费用(元)
木质黄色圆桌+4 圆凳	20	240	4800
木制卡通小凳子	20	8.5	170
25 格实木书柜	4	250	1000
实木凳子	10	28	280
各类书籍及玩具	60	15—25	15000
清华同方 V7000-B002	2	3500	7000
惠普打印机 CP1215	1	1500	1500
办公桌	2	300	600
办公椅	2	200	400
步步高电话	1	250	250
海尔 KFRD-50GW/V 空调	3	4200	12600
装修改造			25000
单馆合计			68600
面包车(总部,二手)	2	50000	100000
合　计		68600×3+100000=305800	

(2)单馆其他经营成本(表 12-4)

表 12-4　单馆其他经营成本

项　目	月费用(元)	说明
租　金	8500	150 平方米
馆　长	5000	工资
老师、辅导员	20000	专业人员,4 个班,每班 1—2 人
水电费	300	
维护,维修	200	
其他费用	1200	
总　计	35200	

(3)总部费用(表 12-5)

表 12-5　总部费用

项 目	月费用(元)	说 明
广告宣传费	3000	
经理工资	15000	
其他人员工资	25000	公司市场部、财务部和行政人事部门人员工资
产品开发专家	15000	3 人
租 金	4500	
办 公 费	1500	
其他费用	3000	
总 计	67000	

前期资金投入：

固定资产：$73600 \times 3 + 100000 = 305800$

创造馆其他经营成本(按 4 个月计)$35200 \times 3 \times 4 = 422400$

总部费用(按 4 个月计)：$67000 \times 4 = 268000$

共计：996200 元

2. 盈利情况预测

(1)第一年销售收入预测

第一年公司销售收入合计 380.1 万元。具体如下：

1)成长俱乐部　第一年收入 49.5 万元

营业时间 8：00—15：00。每馆 100 人。分半年制和一年制。半年制 600 元每人，一年制 1000 元每人。上半年开设 3 个馆试运行，平均每馆吸收会员 100 人，销售收入($600 \times 50 + 1000 \times 50 \times 0.5) \times 3 = 165000$ 元。下半年 6 馆，增加销售收入 330000 元，全年收入 495000 元。

2)快乐时光　第一年收入 175.8 万元

开放时间 16：00—19：00。每馆将开设三个班级，分别为珍珠班 40 人、白金班 25 人以及钻石班 12 人。收费标准：珍珠班 400 元/人月，白金班 600 元/人月，钻石班 1200 元/人月。上半年 3 个馆将作为标准馆试运行，先开设珍珠班和白金班各一个。

珍珠班 $400 \times 40 \times 3 = 48000$ 元，白金班 $600 \times 25 \times 3 = 45000$ 元。

下半年将在上半年的基础上，增设 3 个场馆，同时上半年 3 个场馆根据市场需要，再各增开 1 个珍珠班和 1 个钻石班，即下半年 6 个馆，将共有 9 个珍珠班，6 个白金班，3 个钻石班。

珍珠班 $400 \times 40 \times 9 = 144000$ 元，白金班 $600 \times 25 \times 6 = 90000$ 元，钻石班 $1200 \times 12 \times 3 = 43200$ 元

上半年(3 月—6 月)托管业务收入 37.2 万元，下半年(9 月—1 月)托管业务收入 138.6 万元。全年"快乐时光"共收入 175.8 万元。

3) 快乐大本营 第一年收入 154.8 万元

在每年的 2 月、7 月、8 月我馆将进行长假业务,第一年计划 3 个场馆开设长假班。分别开设快乐 A、B、C 班。每班 30 人,两周为一期。收费标准如下:快乐 A 班 1000 元/人/期,快乐 B 班 1800 元/人/期,快乐 C 班 1500 元/人/期。2 月份一期,7 月两期,8 月一期。

2 月销售收入(三馆一期):快乐 A 班 $3 \times 30 \times 1000 = 90000$ 元;快乐 B 班 $3 \times 30 \times 1800 = 162000$ 元;快乐 C 班 $3 \times 30 \times 1500 = 135000$ 元。共 38.7 万元。

7 月销售收入(三馆两期):快乐 A 班 $2 \times 3 \times 30 \times 1000 = 180000$ 元;快乐 B 班 $2 \times 3 \times 30 \times 1800 = 324000$ 元;快乐 C 班 $2 \times 3 \times 30 \times 1500 = 270000$ 元。共 77.4 万元。

8 月销售收入(三馆一期):快乐 A 班 $3 \times 30 \times 1000 = 90000$ 元;快乐 B 班 $3 \times 30 \times 1800 = 162000$ 元;快乐 C 班 $3 \times 30 \times 1500 = 135000$ 元。共 38.7 万元。

快乐大本营全年合计收入 154.8 万元。

公司第一年的总销售收入:$49.5 + 175.8 + 154.8 = 380.1$ 万元。

(2) 第一年成本费用预算

1) 创造馆经营成本

a. 折旧及装修摊销(表 12-6)

将每馆的固定资产分为教学用具与办公设备,教学用具分三年摊销,办公设备按 5% 的残值,分五年进行摊销。

表 12-6 折旧摊销

资　产	价值(元)	年折旧/摊销(元)
教 学 用 具	21250	7083
办 公 设 备	22350	4246.5
装 修 摊 销	25000	5000
单 馆 合 计	68600	16329.5

以上半年 3 个馆,下半年 6 个馆计算,第一年折旧摊销的成本共 $16329.5 \times 3 + 16329.5 \times 3 \times 0.5 = 73482.75$ 元

b. 培训部其他经营成本

$35200 \times 3 \times 6 + 35200 \times 6 \times 6 = 1900800$ 元

2) 总部费用开支

a. 折旧

面包车按 5% 的净残值分 5 年折旧,计入总部管理费用。由于下半年增设三个馆,将增加一辆车。

面包车第一年折旧费:

$100000 \times (1 - 5\%) \div 5 + 50000 \times (1 - 5\%) \div 5 \times 0.5 = 23750$

b. 总部其他费用

由于下半年增设 3 个馆,总部将增加司机一名,人工工资、办公费用等均有所增加,下半年总部费用开支增加到 70500 元/月。

67000×6＋70500×6＝825000 元

(3)第一年盈利预测(表 12-7)

表 12-7　预计利润表

单位:万元

项目	金额
一、销售收入	380.1
减:营业成本	197.43
营业税金及附加	20.91
管理费用、营销费用	84.87
二、利润总额	76.89
减:所得税	19.22
三、净利润	57.67

备注:营业税金及附加主要指营业税(按 5％计)、城市建设维护税(7％)及教育费附加(3％)。

(4)未来销售收入预测(表 12-8)

表 12-8　未来 3—5 年销售收入预测

年份 收入	第一年	第二年	第三年	第四年	第五年
每馆金额(万元)	63	92	100	110	128
开馆数(个)	6	10	15	20	25
总金额(万元)	380	920	1500	2200	3200

第一年因为各方面经验不足,在服务项目定价方面相比市场水平较低,并且上半年开馆数为下半年的一半,这样全年的收入相对偏低,同时支出成本相对偏高。在第二年以后,全年收入将会先稳定,部分支出成本将会降低,然后适当扩大经营规模,利润率将会逐步提高。本项目整体财务风险较低,前期启动资金主要用于流动资金,并且利润与开馆数量相关,在前期为降低财务风险,主要通过控制开馆数量来实现,以确保赢利后能扩大经营规模。另外,由于公司在招生时,学费都是以预收方式进账,不存在应收款问题,部分业务按半年或一年收费,现金流状况良好。

五、风险控制

1. 政策风险及防范

资质问题　对于一家涉及学生服务的企业,其注册成立资质非常重要,要能让学生及学生家长放心是重点。并且在办理注册时对于企业可能对学生造成的人身伤害会提出疑问。

防范措施　注册成立资质除了要与工商部门有良好的沟通外,还要与教育部门有一个非常好的沟通,保证教育部门对我们企业的支持。同时通过媒体树立公众新形象,更多体现社会责任形象,策划与当地政府的联动合作,组织"安全在快乐,安全在杭州"等公益宣传活动。

2. 安全风险及防范

安全风险　实际工作中会遇到学生接送时的安全问题,可能造成的饮食安全隐患,可能造成的因细小零件造成的误食隐患。

防范措施　建立规范的接送制度,对工作人员定期进行安全教育培训,与校方、家长保持良好的合作与沟通,对车辆、场地等设施定期进行安全检查,确保没有安全隐患。对外来食品采购严格把关,固定品牌,尽量选择与本地质量过关的厂家合作。

3. 竞争风险及防范

竞争威胁　现有竞争对手的主要经营情况以及后来模仿者的经营将对我们构成一定威胁。

防范措施　将企业的运作与管理模式规范化,形成一种标准模式,以便于开展加盟连锁运作。扩大我们品牌的知名度,避开与现有对手直接竞争,采取差异化策略,突出服务特色,发挥产品开发的技术优势,真正做创造教育的专家!

﹡此案例将组织结构团队介绍的内容隐去。

📖 实训练习

请根据你选择的创业项目,运用所学的知识和技能对其系统全面分析,并形成自己的创业计划书。

🔍 游戏训练

死亡游戏

参与人数:4—16人　　时间:半小时　　场地:不限　　材料:无

在这个讲故事的游戏中,要在"死亡"压力下让故事的参与者活下来。每次讲故事的人数控制在 4—8 人,因为观众越多,表演的压力就越大。

游戏步骤如下:

1. 在讲故事的过程中,如果有人停顿或者说"嗯",或者重复已经说过的话,那么观察者,也就是观众就会喊"死亡",这个人就要退出这一轮游戏了。胜利者是最后一个继续流利地讲故事的人。

2.领头人将随时指向讲故事的人。如果指向你,你就要讲故事;如果指着另一个人时,你就停止讲话。

3.故事的题目由两部分组成,一部分是团队的某个人提议的一个人物,另一部分是另一个人提议的家庭日用品。例如,"纳尔逊海军上将和灯台"或"比尔·盖茨和按摩椅"。

4.每次只要有一个讲故事的人"死亡",就开始故事的一个新章节。记住要保持故事的连贯性,尤其是要保持从一个章节到另一章节的连贯性。

在开始前,可以让大家练习一两次,放松一下心情。数到Z时让大家喊"死亡",领头人可以改变讲故事者的速度。对参与者和观众来说,这个不可预知性会使游戏变得更加有趣。当然,讲故事的人可以在适当的时刻变换故事主题,以便于其他讲故事的人继续进行下去。

游戏结束后讨论以下问题:

1.表演的压力如何影响了讲故事所需要的创造力?

2.你想怎样提高讲故事的能力,包括个人的和集体的?

3.领头人和讲故事者之间的交流是否清晰? 它对故事的进展有何影响?

在这个游戏中要想表演好,需要参与者有很敏捷的反应能力,这种敏捷的反应力对于玩好这个游戏是很关键的。运用到投资上,敏锐的反应力会帮助你找到适合自己的投资领域。只有敏锐地找到自己的投资,才能获得更多的财富。

相关链接

有一个名叫拉里的投资者。他在20岁的时候身无分文地来到纽约,在华尔街找了一份工作。两年之后,他的投资利润已经达到了5万美元。又过了两年,他辞去了他的正式工作,开始全心为自己投资。他基本上就是自己做风险资本基金,甚至连个秘书都没有。现在已有数百万财产的拉里擅长在有前途的生物科技创业企业中取得与创办人相当的股权地位。拉里的成功秘诀在于他建立了自己的投资领域。

发现属于自己的投资领域需要敏锐的眼光。比如,约翰·麦肯罗、迈克尔·乔丹、贝比·鲁思和泰格·伍兹,他们凭借敏锐的洞察力发现了自己的地盘。同样,每一个成功投资者都有他自己的地盘。说巴菲特这样的投资"鲸鱼"只占据了一小片地盘,可能听起来有些奇怪,然而,在全世界所有上市企业组成的23.1万亿美元的"池塘"中,就算是巴菲特的净资产达719亿美元的伯克希尔公司也只是一条中等大小的鱼。不同种类的鲸鱼都生活在自己的特殊环境中,很少彼此越界。类似地,巴菲特也在投资世界中占据了自己的地盘。而且,就像鲸鱼的生态领域与它能吃的食物有关一样,投资者的市场领域也是由他懂什么类型的投资决定的。每一个投资者都应依据自己的实际情况,审查自己了解什么类型的市场,从而找准自己的投资领域。

参考文献

[1] lxxix http：//baike. baidu. comview189055. htm

[2] lxxxi img6. vikecn. comTask2009－9/2/163743512_8. . . 2009－9－2

[3] lxxxiv http：//sociology. ccnu. edu. cn/super_admineditUploadFile/20091117233410422. doc

[4] http：//www. yn56. comhtml200706/200706161315239579. html

[5] [英]泰勒著. Google 品牌战略. 王甜甜译. 北京：中信出版社,2007.

[6] 高志坚. 杰克·韦尔奇的 53 个管理秘诀. 北京：人民邮电出版社,2007.

[7] 郭继伟,第一次做总经理,广州：广东经济出版社,2006.

[8] 李亚雄,杨兆力. 创业教程：政策与战略. 杭州：浙江大学出版社,2008.

[9] [美]汤姆·凯利,乔纲森·利特曼著. 创新的艺术. 李煜萍,谢荣华译. 北京：中信出版社,2004.

[10] [美]巴林杰著. 创业计划：从创意到执行方案. 陈忠卫等译. 北京：机械工业出版社,2009.

[11] 宋克勤. 创业成功学. 北京：经济管理出版社,2002.

[12] 雷霖,江永亨. 大学生创业指南. 长沙：中南大学出版社,2001.

[13] 汪萍,熊丙奇. 大学生创业. 上海：上海交通大学出版社,2001.

[14] 张仁寿,杨轶清. 浙商：成长背景、群体特征及其未来走向[J]. 商业经济与管理, 2006.

[15] 吴敬琏. 中国增长模式抉择[M]. 上海：上海远东出版社,2005.

[16] Zahra S A, Ireland R D, & HittM A. International expansion by new venture firms：international diversity, mode ofmarket entry, technologi2 cal learning, and performance[J]. Academy ofManagement Journal, 2000

[17] 姜彦福,张健,雷家骕,张帷. 公司创业战略的跨文化研究[J].科学学研究, 2005.

[18] Antoncic B & Hisrich R D. Intrap reneurship：construct refinement and cross－cultural validation [J]. Journal of Business Venturing, 2001.

[19] 何志聪,王重鸣. 企业成长与公司创业精神的培育[J]. 科研管理, 2005,(26)：51－54.

[20] Barkema H G, & Vermeulen F. International expansion through start-up or acquisition：A learning perspective[J]. Academy of Manage2 mentJournal, 2008.

后 记

　　当这本书终于定稿时,我感觉到的并非是轻松,而是一份始料未及的沉重。要将创业这个看似神秘而复杂的事物用简单的文字通俗流畅地表达出来却非易事。这仿佛要将一个伟人一生的经历用三言两语说清楚,实在显得仓促与草率。我甚至怀疑自己当初作出这个写书的决定是一个错误,是一个不明智的决定。

　　不过,事已至此,覆水难收。我只能让自己背负一种被指责的风险暂时为这本书画上句号。姑且给自己一个借口:"写书也是一种创业",创业不论成败,在于不断的追求。为了让读者能够给予一点理解与支持,我在此回忆本书真实的由来。

　　"创业教育"这个名词我最早接触始于 2006 年,当年一个偶然的机会让我结识了一批在校创业的高职学生,发现他们的言行举止与我以往接触到的大学生有着明显的差异。起初我并未深究原因,只是喜欢和他们在一起,并且也有幸成为学校的创业导师,虽然有聘书,但并未获取报酬,然而我竟深深被他们吸引,并连续几周在晚上与他们一起探讨各类问题到深夜。

　　慢慢地,我开始琢磨我这种看似公益性的行为能坚持多久,更重要的是能起到多大作用。于是我和更多人谈及大学生创业这个现象,查阅更多文献资料,这时我才明白,我所从事的行为就是"创业教育",而这些学生之所以与众不同,就是因为他们接受了创业教育,当然不仅仅来自我的帮助。

　　如果要让更多大学生成为这一类人,则应当让更多大学生接受这类教育。一个简单的推论在我心中应然而生。这种念头在一闪而过时并未让我预见到将来的我会走上一条陌生而全新的道路。但是这个火花没有在我心中昙花一现,反而成为星星之火,我开始在熟人、陌生人之间奔走相告,结交志同道合的朋友,于是有了下面这些让我永生难忘的贵人。由于篇幅有限,我在此只能列举他们中的一部分。

　　首先感谢陈龙春老师,让我曾有幸合作出版了《大学生创业基础》《大学生创业实践》系列书籍。然后感谢浙江商职院的贾新民书记和骆光林校长,经贸学院院长孙玮琳老师给我了充分的信任和极大的支持,感谢同事王婉芳、皇甫梅风、程燕婉、郁菊萍等等,让我对专业有了更深的认知。当然也要感谢我的浙江大学的导师周耀烈、魏江、戚译等,不断让我有充电提高的可能。还要特别感谢我的学生陆琦宏、虞文玉、胡红梅、叶珊珊等等,他们给了我创业教育的收获和灵感。每一位我接触过的学生,永远是我前进的动力。最后还要感谢家人和每一位帮助过我的人,你们永远在我心中。

　　这本书也许对别人而言不算什么,但于我却是一个成长的里程碑,让我学习独立思考、学习教书育人,更让我体会到教育事业的崇高,创业教育的深远意义。它可能不仅影响到我,更影响到子孙后代。因此,无论前路有多艰险,我始终坚持信念:将创业教育进行到底!

杨　敏

于钱塘江畔

2011 年 6 月 1 日

图书在版编目（CIP）数据

创新与创业指导 / 杨敏编著. —杭州:浙江大学
出版社,2011.8(2020.7 重印)
ISBN 978-7-308-08965-4

Ⅰ.①创… Ⅱ.①杨… Ⅲ.①职业选择－高等职业教
育－教材 Ⅳ.①G717.38

中国版本图书馆 CIP 数据核字（2011）第 157963 号

创新与创业指导

杨　敏　编著

责任编辑　周卫群
封面设计　联合视务
出版发行　浙江大学出版社
　　　　　（杭州市天目山路 148 号　邮政编码 310007）
　　　　　（网址:http://www.zjupress.com）
排　　版　杭州中大图文设计有限公司
印　　刷　嘉兴华源印刷厂
开　　本　787mm×1092mm　1/16
印　　张　17.5
字　　数　426 千
版 印 次　2011 年 8 月第 1 版　2020 年 7 月第 6 次印刷
书　　号　ISBN 978-7-308-08965-4
定　　价　46.00 元

版权所有　翻印必究　　印装差错　负责调换

浙江大学出版社市场运营中心联系方式:0571－88925591;http://zjdxcbs.tmall.com